U0928213

珍藏本
纪念版

汉译世界学术名著丛书

福利经济学

下卷

〔英〕阿瑟·塞西尔·庇古 著

朱泱 张胜纪 吴良健 译

2017年·北京

分解目录

下　　卷

第三编　国民所得与劳动

第四编 国民所得的分配

第 三 编

国民所得与劳动

第1章　劳资和睦

当一个产业的全部或任何部分劳动力和设备由于罢工或关厂而闲置时，国民所得必然受损，从而也损害经济福利。此外，由这些纠纷造成的产量损失常常扩展到直接受影响的产业之外。这点可由以下事实很好地说明：在1912年3月煤矿罢工期间，英国全体工会会员的失业总百分比不低于11％，而1903～1912年10年间每年3月份的平均失业水平为5.5％；必须记住，在1921年罢工期间（这次罢工发生在明显的工业萧条时期），相应的百分比高达23％。此中的原因是，一个重要产业生产的停顿，以两种方式抑制其他产业的生产活动。一方面，实际陷入停工中人们的贫困化，减少了对其他产业制造的商品的需求；另一方面，如果出现停工的产业所供应的商品或劳务是其他产业经营活动大量使用的，这就减少了供应后者生产经营的原材料或设备。自然，并非所有罢工和关厂都以相同程度产生第二种后果。罢工的产业涉及的范围越大，供应的商品或劳务越重要，它们的影响就越显著。例如，煤炭和运输服务是几乎所有产业必不可少的基本商品，因而煤矿工人或铁路服务人员的罢工要比棉纺工人同等规模和时间的罢工产生大得多的间接影响。但是，在某种程度上，所有的停工除了为本身带来直接损害外，由于它在其他产业中引起的反应，都将间接损害国民所得。无疑，因产业纠纷引起的产量净缩减，一般少于当

时的直接缩减，这是正确的；因为在一个地方的停工可能导致竞争企业在同一时候做更多的工作，也导致发生停工企业在以后时间做更多的工作（以完成拖延的订单）。还必须承认，在某些情况下，由罢工和关厂引起的直接损失，部分会由间接促进机器和劳动组织的改善来补偿。史密斯先生在1868年工会委员会中所作的证言十分强调这一点。他说："我相信，如果存在由罢工和关厂造成的有关社会利益的借方和贷方账目，我们会发觉在某种程度上是赢利。罢工和关厂带来的无法忍受的烦恼对创造力有促进作用，这种创造力尤其会使自动化机器得到惊人改进，改进你生产窗架或蒸汽机的活塞杆，使它们的精密程度会令欧几里得一见之下口水欲滴。令人烦恼的罢工会刺激创造力，其结果是这些产品大量涌现。刺激作用不是由远处巨额奖赏引诱而来，我认为，从后面踢来一脚有时和从前面循循指导同样有用"。[①] 劳资冲突的这种反作用无疑是重要的。但是认为产业机体对通常威胁它的灾祸的反应力量超过那些灾祸本身，那是不合常理的。使自己适应有害环境的改变，的确它能够减轻、但它不能完全消除它所遭受的危害。极好的相类似例子是一个国家对另一个国家港口进行封锁的后果。封锁对被封锁国家和中立国家的直接后果是明显的，有时是相当严重的损害。这些国家改变贸易的方向和性质可以减小它们损失的程度。甚至可以想象，寻找新的贸易机会会导致发现否则

① 《证言记录》第71页。克利福德（《农业停工》，第179页）描述了农场主受1874年纠纷的刺激改进他们组织的做法，用较少雇工做与以前一样的工作。同样，1902年美国无烟煤矿大罢工导致发明了利用其他燃料的节约方法，这种代替品在恢复正常情况后继续得到使用。

将不会找到的新贸易地，那里具有的有利条件好得足以超过封锁时期的全部损失。但是，产生这样的结果的可能性极小，没有人会据此梦想地认为，一般说来，封锁可能对世界利多于害。劳资纠纷的情况也一样。可以想象，有一次纠纷可能激励某个否则便会湮没无闻的发明家行动起来；但充其量它只能使他的发明稍稍提前发生，不可能做得比这个更多。概括说来，假设的收益根本抵不过直接受影响产业所受的一定生产损失，以及相关产业因其原料断绝或产品不能完成最终所受的损失。此外，对中断工作的工人群众可能有长期性的损害，如他们为应付暂时紧急事态背下的债务负担，因坚持时期的营养不良对他们孩子健康的永久性伤害。当然，这些祸害的程度不同，部分由于停止生产的商品为贫穷阶级消费的程度不同，部分由于该商品对生活、健康、安全和秩序的重要性各异。但无论如何，劳资纠纷威胁国民所得的总危害是十分严重的。有人曾恰当地发问："任何经理委员会愿意使用肯定要周期性地损坏，在草草修复前不可避免地要闲置的机械设备，去尝试经营铁路或开办电灯厂或创设工厂或建立海上班轮吗？这个情况几乎与全部这类企业的劳动条件状况绝对相似"。[①] 任何能使这种损坏可能较少发生的事情，必定证明对国民所得有巨大好处。因此，社会改革家渴望建立和加强产业和睦的机构。当然，他们承认签订和解章程和协议的工作难望有重大成就。在产业谈判中和在国际谈判中一样，机构的完善不如人的诚信与善意价值更大。因此必须小心不要不适当地强调纯粹技术上的问题。尽管如此，运

① 戈因，《工程学杂志》，第20卷，第922页。

用某种类型的机构肯定有某种作用，可能对雇主和雇员彼此采取的一般态度有重大的影响——直接的和由它反射的影响。因此，对于我们当前的目的来说，考察一下在建立机构时必须面对的主要问题十分重要，人们希望通过机构的帮助可以保持劳资的和睦。

第 2 章　劳资纠纷的分类

第 1 节

进行分析的必要第一步是给劳资纠纷分类。人们首先自然而然地想到的分类方法，是根据产生纠纷的事情的性质来分类。这样的分类产生两个部分，每一部分又包含若干细目。这两个部分分别是关于“工资部分”的纠纷和关于“职能界限”的纠纷。关于工资部分的纠纷可细分为：

(1)那些与劳动报酬有关的纠纷通常引起关于货币工资率的争议，但有时也涉及诸如车间罚金问题以及货币或实物的特殊津贴数量问题；

(2)那些与雇员工作和负担有关的纠纷通常涉及工时问题。

关于职能界限的纠纷，除了大家所知道的但不那么重要的同类行业之间的“界限纠纷”之外，所有纷争全是由工人要求在管理工作中有较大份额引起的。它们一般指：

(1)在不同等级工人和机床间分配工作的方式；

(2)雇主招收工人的来源；

(3)确定工作条件时，工人可享有的发言权。

上述细目的第二项还包括关于歧视工会会员、偏爱工会会员或完全雇用工会会员等所有问题。

第 2 节

对于许多目的，依照上述分类法分类最为方便。但是对于为维持产业和睦而建立机构的任务而言，这种分类方法并无重要价值，因为实际上这个机构的设计从不根据工资纠纷、工时纠纷或工作界限纠纷之间的区分。因此，我们必须找寻更适应眼前目的的某种分类方法。在找寻中，我们不得不遵循两种思想路线，但没有一种提供精确或清晰的区分方法，但两者（如同一会儿便会明白）不知怎的凑到一起，产生一种复合分类法。它们分别根据纠纷双方享有自给的程度和它们共有的理论基础的范围。

第 3 节

依据这两种“根据”的前一种，决定的因素是控制谈判的团体与那些直接受谈判影响人们之间的关系。参与谈判的雇主和工人可能是完全独立的，或者可能都是较大组织的下属分支；或者雇主是独立的而工人是分支单位；或者雇主是一个分支单位而工人是独立的。但是这样的区分实际上有点含糊，因为作为一个较大组织的分支与在影响它本身利益的谈判中有无控制权并不是一回事。在这件事情中当地组织听命于全国性组织的程度在不同时间和地点有很大的差异。它们可能有完全的自由；它们也许有签订协议的自由但没有废止协议的自由；它们也许会得到劝告或者被剥夺罢工津贴；或者它们仅仅是分支单位，被迫执行中央执行机关的指令。结果是，在这种形式的分类中无法划出明确的界线。

第 4 节

同样的话也适用于上文所区分的两种形式的后一种。在每一桩劳资纠纷中，双方间都存在某种共同的基础。那就是甚至当分歧最大时，双方都同意作出的决定必须“公正”。有时协议的构架就用这句话来表达。恰当的事例是 1893 年的煤矿罢工，在那次罢工中，雇主对公正的理解是根据效率支付工资，工人对公正的含糊理解是根据需要发给工资。当达成不论正式还是非正式协议时，共同基础相当宽广，正确地解释，公正的原则就是工资水平应该像某些已接受的外部指数一样，向同一总方向移动。当讨论的是一小批工人的工资时常常达到这一步；因为普遍承认，作为规律，工资水平不应与邻近在同样行业受雇的其他工人的平均工资水平相差太远。关于人数较多的工人工资，当接受这样的原则，即其他条件相等，在某种意义上工资应该跟随物价，同样也达到了这一步。因而，普赖斯先生研究了英格兰北部炼铁业的整个一系列仲裁后说：“在那里普遍同意，裁定的基础主要是工资与商品出售价格的关系”。[①] 可是，这里的共同基础仅是，当物价上涨时工资提高，当物价下落时工资下降。至于在上下变动之间应保持何种比例，或者对一方的特定变动另一方应“相应”作何种变动的问题，并无答案。当工资变动应与物价指数的一定变动保持确切比例得到同意时，就达到了第二步。在任何地点或企业的雇主和雇员（如在纺织业中）接受行业或地区的平均效率工资作为他们自己的标准的地

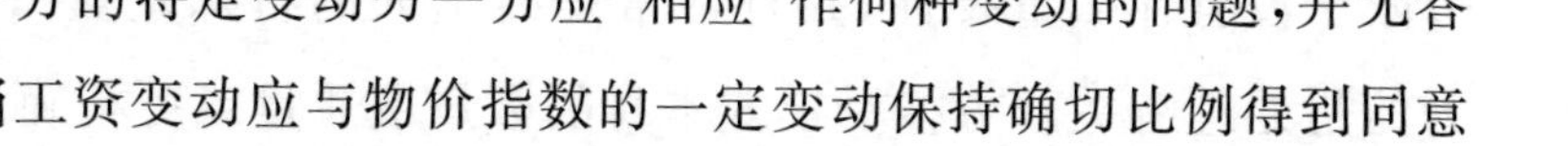

① L. L. 普赖斯，《劳资和睦》，第 62 页。

方，或者当工资与物价以明确的浮动计算法挂钩时，这个工作就完成了。就原则而言，这里的共同基础是完整的，双方之间的分歧只能出现在事实问题上。

第 5 节

以上两节的讨论表明，沿着已讨论的两种分类界线都找不到尖锐的分歧。但是这不是有关这个问题的最后结论。这里和其他地方一样，对于怀有实际目的的学者来说，还是有必要稍微离开宏伟的大自然连续性，并树立起他自己的随心所欲的界标。这样的界标可以理解为劳资纠纷的普通划分，即分为“关于现有雇用条件解释的纠纷”和“与今后一般雇用条件有关的纠纷”。[①] 这种区分法与法学理论中人们熟悉的区分法相类似。“解决此类一般问题可以比作一项立法行为；解释和应用这种一般合同可以比作一项司法行为。”[②]指派给任何特殊纠纷的地位主要是根据它是否受双方正式协议约束的问题。当有一项协议时，出现的所有纠纷叫做“解释性纠纷”，它们不同于“那些为今后时期存在的雇用条件或劳务合同提出的建议中产生的纠纷”。[③] 此外，这些纠纷常常与上级组织代表地方分支单位着手解决的那些纠纷一模一样；它们“大部分限于没有什么重要性，并且常常是纯个人的特殊企业”；[④]可能为的是处理有关双方接受模式本身的数量或质量或更精确定义问

① 《美国劳资委员会》，第 17 章，第 125 页。

② 同上，第 126 页。

③ 《皇家劳工委员会报告》，第 49 页。

④ 同上。

题的争执。另一方面,“一般问题”大都相当于与独立组织直接有关的那些问题;它们是“常常令许多人感到兴趣、影响很多人,并是大规模罢工和关厂的最普遍原因”。[①] 当然,这并不是说,上述意义上的解释性纠纷必定只有很小重要性。如判例法那样,不但解释的行为可能不知不觉地变为改变法律的行为,而且所谓解释可能包括广阔的领域和提出像一般协议中制定的那样根本性的问题。例如,在一吨煤要多少英镑或工人必须把车装得多高的问题与每吨煤或每装一车应是多少工资的问题之间不存在差别。此外,有时出现这样情况,即有人把显然涉及解释性范围的一般问题故意提交讨论。例如,在 1871 年陶器业兴旺中,对该业的每一分支都作这样安排,即应挑选一个个别事例提请仲裁,并规定整个分支应依照裁定书行事。[②] 在随后的场合,寻常类型的一般仲裁达到完全相同的结果。同样,人们不认为,关于未来合同条件的纠纷若不是依照某种特别重要协议的解释来处理,必定会影响很多的人。如果组织不健全行业的当地分支机构必须为它们自己谈判新的合同而不必顾及这种协议,则可能产生的纠纷影响所及的人数必然不多。不过,上文引自美国劳资委员会和英国皇家劳工委员会的话,极好地说明了实际情况,据此可以为大致的实际分类提供基础。

① 《皇家劳工委员会报告》,第 49 页。

② 参照欧文,《陶器》,第 142 页。

第3章 调解与仲裁的自愿解决

第1节

众所周知，随着产业组织日益健全和雇主与雇员协会日益强大，有关全体问题以外事务的纠纷可能越来越容易调解。强大组织为小事争斗不符合它们的利益，控制成为它们会员的小单位，一般（当然不是永远）是它们权力以内的事情。各种不同解决办法——最完善的也许是兰开夏棉纺业中的著名“职业专家”制度——的订立，就是为了迅速而有效地解决那种小麻烦。我们不必中止对它们的查考，但我们面对的真正问题是与那些广泛全体问题有关的、并运用自愿方法能成功解决的问题，英国可以合理地宣称，它提供了这方面典型的事例。

438

第2节

在研究为此目的而建立的不同类型机构的相对优点中，首先要决定的问题是满足于一个简单的协议——当然，它要随时更新和被废除——是否较好，当出现冲突威胁时，运用规定的调解程序或建立和永久维持某种正规建立的谈判机构是否较好。对这个问题的正确回答有相当普遍的意见一致。除非已经建立起某种机构，否则在出现激烈争论时刻必须任命谈判人，在试图做这件事时，不但会产生稽延而且会有阻碍和摩擦的可能。更一般地，如多年前福克斯韦尔评论说："事实是，就人类而言，应该建立个人关系，并要使道德力量发生作用，某种永久性的条件似乎是至关重要的。利他主义和社会同情就是社会结构的黏合剂，要大大减少对辛劳工作的厌恶和产业中的摩擦，看来需要时间让黏合剂发展，除非它们体现为一个组织的信条，总是难以发挥它们的全部力量"。[①] 毫无疑问，当双方的协会特别强大、它们之间的关系特别令人满意时，这个考虑失去它的大部分重要性。但是一般说来，建立包括雇主和雇员代表的联席会议，定期一起开会，无疑能大大改进劳资和睦的前景。如果这种联席会议能像惠特利为每个主要产业的全国、地区和当地的产业委员会制定的计划中所设想的那样，它受委托的职责不仅仅是解决纠纷，还有在决定工作条件、酬劳方式、技术教育、产业研究、生产工序的改进等等方面进行协作，劳资和睦将进一步改善。因为在这些广泛问题上联合工作，雇主和雇员代表慢慢把自己看做更多像伙伴而较少像敌对的讨价还价者。因此，当他们之间出现纠纷时，不但谈判气氛良好，而且双方的内心有一种感觉，要避免双方必然受损的极端行动，免得破坏证明有能力为他们共同利益做许多有价值工作的组织。

第 3 节

其次考虑联席会议或委员会的章程。至关重要的一点是，双方代表、特别是工人代表应该得到他们委托人的信任。能最好地获得信任的办法根据两个组织性质而稍有差异。在钢铁工业某些

---

① 《劳动的权利》，第 190 页。

委员会中和根据1914年协议成立的铁路调解委员会中,代表由不同的企业或地区的雇主和雇员选举任命。然而,当协会强大时没有必要使用这个办法。不用这个办法,委员会也能获得基层会员的信任。重要的是协会主要官员应对协会有信心。如果这些官员被说服,其余人的忠诚保证能够得到;要是他们没有信心,委员会的权威就会失去价值。因此,虽则不同工作岗位的代表可能依旧致力于供应信息,基本上委员会应该代表协会本身。存在老形式的地方可以保留,同时可以开始组建新的委员会,它们的形式与老委员会一样,但其代表必须始终受协会官员的控制,在许多情况下也可以有效地由他们任命。

第4节

下一个问题提到程序。"一般问题"很重要和对有关各方有直接长期利害关系这个事实,使得对它们的讨论对于委员会本身和受其决定约束的那些人特别微妙。因此,即使在双方关系不错的时候,应将可能发生激怒对方的任何事情从劳资和睦机构排除出去是重要的。

根据这个原则,最明显的推论是,不允许技术细节和律师出现在委员会。这个措施——除了节省费用和时间外——往往能使双方对抗的出现实际上间接地减少到最低程度。由于较少为胜利而斗争,因而不怕提出"带感情色彩的问题"。在英国主要委员会的习惯做法中以及在劳动委员会的报告中,排除法律代表和可能由他们带来的法律形式的政策得到充分的承认。最后,不同于诉讼性质的调解性谈判,在调停办法中依旧常常受到进一步的重视,根据此种办法，主席（雇主代表）和副主席（工人代表）并排地主持委员会，从而保证有机会在讨论中对关键性问题进行商谈。①

第二个推论是，不允许委员会以简单多数裁定任何事项。当双方的团结完美时，当然不大有可能任何投票出现不是完全一致也不是平均划分的情形。但当组织不大完整时，双方中任何一方总有出现一两个代表背叛的可能。允许讨论的结果被这种小事所左右会招来严重危险。可能引起极大的不满，以致整个调解机构立即被推翻。的确，这个国家似乎没有经历这种困难，的确，在许多事例中，规定简单多数票制的规则当然常常有这样的状况发生，即倘若碰巧出席的雇主和雇员人数相等，只有相等的人数有投票机会。但是在美国，由于工会的无力，有较大的可能进行跨组织的投票，那么出现的情况就不同了。因此，产业委员会秘书杜兰德先生断言，简单多数办法行不通，通过一致同意作出决定已成为通常的习惯做法。②

第三个和最后一个推论是，作为规律，委员会像美国州际烟煤大会理事会那样公开举行会议并不可取。实际上，有人可能认为，公开开会有教育意义上的优点；但从另一方面说，在英国通行的秘密商议的办法，可以期望它诱导双方在讨论中开诚布公和无抱怨地接受作出的决定。

第 5 节

其次我们必须将仅仅同意把纠纷提交调解的协议与规定作为

---

① 如同在米德兰钢铁委员会的情形（阿什利，《英国工业》，第 57 页）。

② 《劳资调解会议》，第 43 页。也许可以认为，由极大多数作出的决定（如由 7/8 的出席者作出）将是较好的办法，由于它将消除少数趋附时尚者阻碍策略的可能性。

最后一招要求仲裁的协议作比较。这两种方法的相对功过很久以来就是激烈争论的主题。许多权威人士为赞同前者而辩论，兰开夏棉织业、英国工程业和大部分“美国重要集体谈判系统”[①]即根据他们的观点行事。另外一些权威人士恰好相反，他们同意克朗普顿先生的意见，认为所有调解协议应包含一项条款，规定“保留某种权力，用作避免使用罢工的手段”。[②] 某些经营良好的英国产业先后遵照这个主张办事。因此，煤矿、铁矿和制鞋业中的重要调解条款中都作了这样的规定，以这种或那种方式提到仲裁。

在对这两种方法争论点的是非曲直进行讨论之前，我们先谈谈这两个观点的有力支持者同意的初步问题。大家都承认，像“一般问题”那么重大的纠纷，由仲裁解决几乎总会惹起相当多的麻烦和愤懑，而在调解委员会上相互协议解决就要好得多。因此，除非绝对必要，绝不要依赖前一种手段。应该发展调解，把仲裁减少到最低程度。在英国，可以恰当地说，没有一个行业的雇主与雇员关系融洽得用不到这个建议。在美国，政策的正确方向更加明显；如同 20 年前强烈敦促过那样，允许在由外来者决定的条件下工作“使工人特别讨厌”，工人们在会谈失败又没有可供选择办法之前绝不会同意这个办法。[③] 所以，在一般问题上，即使协议里保留着仲裁条款，最好缓一点实施，希望在延期讨论中的较大冷静会带来解决办法。联邦地区煤业委员会完全理解这一点，当它们意见不一致时，就召开第二次会议，开会必须在 21 天前通知。在这次会

---

① 《美国劳资委员会》，第 17 页 c。

② 《劳资调解会议》，第 134 页。

③ 参照奥尔德里奇，《美国劳动联盟》，1878 年，第 253 页。

上，持中立立场的主席到会，但只有在作再一次努力，希望作出双方可接受的解决办法失败后，他才行使他的投票权。

可是，即使仲裁是不得已而为之，但问题依然存在，即是否应该规定最后一招作为求助于仲裁的条件。主张在劳资协议上在这方面加上一个条款的论点，出于由此可获得的明显的直接好处。没有这样的规定，纠纷可能招致罢工和关厂，造成物质损失和相互间的恼怒，甚至可能形成这种状态：即使找到对眼前争端的临时解决办法，我们也绝无把握认为，争执过去后不会不经意地破坏已经建立的调解制度。[①] 但是，如果保证得到仲裁者的方法在事先规定，双方在平静时候就已有警惕，不使自己在今后有发生激情和冲动的可能。他们的办法就像一个人不能相信自己的意志清醒，自愿进入精神病院一样。惯性现在落在和解一边，因为，除非以坚定的步伐退出委员会，否则只有友善地解决争端一条道路。

相反的论点依据某些间接的不利条件，据某些人说，订有仲裁条款就是导致不利条件的原因。首先，双方代表将对取得协议就不那么认真努力。他们会迟迟不能提出让步，惟恐在随后的仲裁中他们的提议被用来反对他们；[②]或者，为了忠于选他们当代表的人，他们可能“感到（如果可能）必须通过双方僵持时由持有决定性一票的人取得胜利”。其次，取得胜利的可能性抵不过停工的危

① 这个结果发生在 1896 年联邦煤业地区（麦克弗森，《美国劳工统计局公报》，1900 年，第 478 页）。

② 参照 1893 年制鞋业仲裁前协商会中的讨论。雇主小心地坚持：他们提出的让步不能作为仲裁成为必要时不利于他们的口实。同时参照 V. S. 克拉克先生论新西兰劳动条件的报告，刊载于《美国劳动公报》，第 49 期，第 1192～1193 页。

险，且往往滋长难以确定的纠纷。如果发生这种情况，虽然仲裁能阻止一两次罢工，但是提到仲裁阶段的纠纷次数将大大增加，以致产生大量摩擦，结果是未过多久，整个协议被破坏殆尽。实际上，当双方相互关系良好，双方都得到教诲对自己的最终利益有正确评价时，这样的危险将相对轻微。如果有一条规则，使仲裁者能按照他们慎重决定，命令败诉方支付全部仲裁费用，因而遏制带着疑问的申诉，也能在一定程度上避免这种危险。但这个办法无法彻底消灭这种危险。

在这两组互助冲突的论据中间无法作出一般性的推理决定。在我们了解每个特殊产业中双方的心情，他们对"使人烦恼政策"的爱憎，他们组织的力量，领导人对群众的威望和裁定能得到服从的可能性之前，不可能判断在调解失败的事件中能否把仲裁条款安全地写入产业协议中。在某些环境中，第三种方法可能是最好的。例如，在东北海岸铸铁厂、莱斯特染色业和英格兰煤矿业的许多调解协议中，虽然没有包括正规的仲裁条款，但是订定"双方同意"可进行仲裁，当时间成熟，只要双方有此要求即可。当然，在这个规定下，一桩棘手的纠纷要比有仲裁条款支持的那种规定更可能以罢工告终。但是，只要我们不能分别精确估量在这两种规定下的可能性，这个结果就不是决定性的，这就会达到难以对付的局面。可是显然，当情况允许仲裁条款插入而不致产生间接不良结果的危险时，由它产生的直接利益，使人们应当毫无疑问地采用它。

第 6 节

采用了它，必须决定仲裁机构的章程。我们得查究组成机构的人员的品质、人员的数目和任命他们的最佳办法。这几点可以按照我们刚才说过的次序方便地加以审核。

成功的仲裁小组成员最需要的品质显然是公正的名誉与胜任的名声。可是这两种条件兼备不是容易达到的。不管是雇主或工人凡在行业里受过熏陶的大都相信,没有行业“实际知识”的人不可能形成对行业问题的高明判断力。自然的推论是,应该遵守米德兰钢铁委员会的规章[1],该规章需要独立的主席,由他与该产业作个人接触。但是由于实际知识除了实际在过去或现在从事这个职业的雇主或工人中间外难以找到,所以很少出现双方都相信他不偏不倚的实际专家。由此看来,需要“实际知识”这点将不得不放弃。这一点较易做到,因为事实上,决定诸如工资和工时这种事情的广泛纠纷,主要“需要一般性有关产业的经济知识,如果涉及所有产业时,要熟悉整个国内行业的情形”。[2] 当他需要技术知识时,可以与代表双方的仲裁人助理接触,那些人的任务是给予他所需要的任何帮助,但不参与决定。然而即使这样,挑选仲裁者的范围还是有限。例如,雇主对下院中的政治家并不热情,因为工人群众的选票值得争取;而工人容易这样想,任何自由职业阶级成员,由于其生活和所受教育的特性,不自觉地偏向于支持资本家。因此,虽然法官或上院议员可能使雇主满意,工人群众的理想仲裁人很难是他们队伍以外的人。因此,除非偶尔得到像戴维·戴尔爵士和阿斯克威思勋爵那样声誉卓著并为双方信任的人,否则挑选

① 《劳资委员会》,第 17 期,第 500 页。

② 舒尔策—盖弗尼茨,《社会和睦》,第 165 页。

只能是一种妥协。[1] 在这种环境里，摆脱困难的最好方法常常在于挑选某一个杰出的权威人物，不管他潜意识的动机如何，他在所有事情上，有意识的动机是无可怀疑的。此外，如果有人像已故赫里福德的詹姆斯勋爵和爱德华·弗赖伊爵士那样，以同他们一样方式服务而不经常接受酬劳，可以逐渐为自己赢得整个产业界的巨大尊敬和信任。另一个解决办法是仲裁人可能在政府培植的专业仲裁人员中找到。当贸易委员会建立官方仲裁人小组时，就尝试进行了这方面的某些事情。根据 1919 年法案设立的工业法院是向同一路线前进的又一步。

刚才含蓄地提到的道理决定组成仲裁小组的人数。我们不可能得到成批的杰出局外人。如果要从根本上保证他们执行任务的话，这个小组只有一个人才合乎实际需要——很可能要此人同时担任调解委员会的中立主席。可是这不是反对集体裁决的惟一论据。一般性质的推理表明，这样一种安排即使实际可行时也要遭到反对。集体组织最有吸引力的形式包含双方各一个代表，加上一个公断人，此人由这些代表选出，或者由他们的领导人选出，在发生意见不一时由其仲裁。支持这个形式的论点是，这两个代表有可能意见一致。在一桩纠纷事件中，梅斯尔斯、芒代拉和威廉斯这样做获得成功，在卢瓦尔矿工罢工中，M. 若雷和雇主代表跟随他们的先例。以这种方式作出的决定很可能要比由单个仲裁人强加在双方头上的决定博得较高程度的信任。另一方面，代表之间

① 甚至戴维·戴尔爵士虽然得到雇工领导人的完全信任，似乎有一次被对他不很了解的基层人员所怀疑（参照普赖斯，《劳资和睦》，第 50 页）。

不大可能有一致意见，真正的决定一般落在公断人身上，当发生这种情形时，集体裁决犹如精心设计的机器，它的三分之二是装饰品。事实还不止于此。在这种类型裁决中常常出现意见分歧，此时就减弱了决定的权威性。确实，分歧可以使用类似斯塔福德郡陶器业协议曾经采用的策略加以掩盖。“在这种一般裁决中作出的裁定书应由公断人和仲裁人签字，作为他们联合裁定书发表，以他们的个人签名生效，他们中任何人不得公布任何消息，不得在裁定书的书面上表明公断人还是仲裁人在他们的决定中是否意见一致，或者这只是他们中多数的裁定。”[①]但是，这种权宜之计是否真正有很大用处尚有疑问。因为极有可能，也许部分由于这些情况，人们会认为委员会有分歧，而这一点十分重要。因此，除非双方强烈主张多样性，看来很清楚，仲裁小组最好是一个人。

第三，我们必须考虑任命仲裁人的方法。选择他有几种不同方式。[②] 也许最令人满意的是德拉姆工资委员会采用的方法，在那里他是在每年第一届委员会会议上当选的。每年一次的这种选举，虽然与延长任期并无多大出入，但它可以避免永久性或非常长任职的危险。如果一方认为那个仲裁人一上任就不能撤换，而他们又倾向于支持他的对手，就有可能产生大矛盾。此外，固定期限的选举优于临时决定的选举，因为经双方同意选出的仲裁人最有

① 《罢工和关厂》，1892 年，第 217 页。全国仲裁委员会有同样规则，那是美国出版商协会和国际印刷工会间于 1901 年同意的(《劳资委员会》第 17 期，第 367 页)。

② 北美窗玻璃切割者联盟有如下有趣的选择方式：“如果仲裁人不同意这个公断人，那么每一个仲裁人写下两个与玻璃业无任何关系的公正出名的人名，把所有名字放入一个口袋，摸出来的第一个名字就是当选为公断人的那个人”(规则 18，出处同上，第 365 页)。

可能得到信任，如果选举延迟到出现纠纷后才举行，很难选出双方同意的仲裁人。尽管有这种考虑，当大家选择临时性任命时，最明显的安排是这样：双方首先努力试图同意某个仲裁人，要是不成功，只能接受公正的局外人提名的仲裁人。然而，存在这样的危险：即他们可能试图（但失败了）同意后来由外界强加给他们的那个人，可是他们曾竭力反对其他人提出名字的理由，在此人身上同样存在。因此，能使他们较满意的是任命一位公正人士，就像下院议长，他的任务是，在要求他这样做时，由他任命一个仲裁人，此人必须是未经调解委员会此前讨论过的。

第 7 节

下一个应注意的问题有关（作为最后一招）有仲裁规定的办法以及没有仲裁规定的办法。总的说来，允许全体投票性质的任何办法，把责任从指定谈判人转移给大部分雇主或雇员似乎是不明智的，最好予以避免。必然将紧随其后的消息不灵的群众讨论，极可能激起愤怒，助长冲突的种子。当调解委员会不能取得一致意见，又没有仲裁规定时，初一看，代表对其选民的呼吁作为避免冲突的渺茫希望似乎值得一试。但是实际上，这样的做法常常有害无益。如果工人的代表——只有在工人看来全体投票问题才有实际重要性——认为某一点值得争取，可以完全肯定，他们的选民至少与他们一样好斗。要是代表不认为值得为它战斗，如果没有全体投票，他们就会调停解决；如果进行全体投票，他们可能懦弱得推卸责任，而工人可能选择战斗。此外，当协议失败时，对雇主意味着不是绝对肯定的罢工，而仅仅是有罢工的可能性时，乐观主义的极端伟大可能引导他们把事态作最低估计，他们也许会限制调解的尝试。[①] 因此达到协议机会非但不增大，实际上减小了。当有仲裁规定时，在调解失败后，调解人将问题提交委员会的选民决定，至少有同样的危险。同样当领导人好斗时，实际上工人肯定支持他们，如果他们全体一致地投票反对那些条件，而仲裁人后来发觉接受它们是他的责任时，这就很难诱导他们心情平静或感觉良好。避免仲裁的极小希望比避免罢工的极小希望是会员全体投票更坏的理由。

在调解委员会无法意见一致的争论中，反对这个政策所说的论点，在它获得成功的那些地方当然还是有较大的力量。如果没有仲裁条款，在那种环境中使用会员全体投票，完全可能导致以斗争取代和睦。另一方面，若是有这种条款，就用不到全体投票，因为由于任何一方拒绝批准委员会决定召来的仲裁人，如果不对反对不满一方进一步态度强硬，实际必定要重申支持这个决定。

当然，这些结果需要普遍的小心谨慎，注意到看来最合乎理想的东西总是实际上不可能做到的。当工人组织衰弱或者它们领导人的权威降低时，有时用会员全体投票可能是接受决定的惟一方式，在全体投票中可以完全保证一项决定被大家接受。在 1902 年格里姆斯比的渔业争端中，煤气工人工会的官员甚至觉得有必要举行投票，决定应该不应该接受不是由调解委员会而是由双方指

① 当美国钢铁和锡工人混合协会规则中制定的会员全体投票已列入计划时，这个论点更有力量，而前一个论点相当无力。这里，当雇主与雇工之间的会谈不能达成协议时，“需要有该组织全体会员三分之二人数投票才能坚持那个曾经引起分歧的要求”（《劳资业委员会》，第 17 条，第 340 页）。

定的正规任命的贸易委员会仲裁人公布的决定。这些困难必须清楚地认识。但它们并不干扰我们的结论,那就是由谈判人向他们选民号召的全体投票,在有可能避免的任何时候都应该避免。

第8节

最后还有保证问题——不管是双方直接签订的协议的遵守,还是他们同意向其提交争端的仲裁人的裁定的接受。在某些协议中,由每一方提供可以没收的以货币存款形式的保证金。这样,在1895年大罢工后,英国制鞋业全国协会同意每一方存放1,000英镑作为保证金,不论哪一方"被认为破坏协议、裁定或决定",将没收这笔钱的一部分;同时,如果任何工厂或属于联盟或全国工会的工人团体破坏协议任何条款或裁定或决定,而联盟或全国工会在10天内既不劝导其会员遵守协议、决定或裁决,又不把他们从组织中开除,该联盟或全国工会应被认为破坏协议、裁决或决定,[①]因此有可能没收它们存款的一部或全部。无疑,当协会在会员中维持纪律的力量不确定的时候,它对它们的行为将对被罚款的桀骜不驯的会员表示能力,做些事情会加强它对它们的地位。可是,除了这种考虑外——在强大的工会中这点并不重要——货币保证的价值令人怀疑。1912年产业委员会论它的优点与缺点的报告

① 《集体协议报告》(1910年,第231页)协议第9款。当工会无法开除1899年伦敦罢工者时,赫里福德的詹姆斯勋爵从工会存款中判给雇主300英镑损失赔偿(同上书,第505页)。以拒绝补充存款中已提出款项来规避罚款时,有一条规则可以对付这个情况,即碰到此种事态,将没收全部存款。这个协议在1909年重订时,删除规定从组织开除这个条款。

有如下议论："关于货币保证的效用，存在的意见看来很不一致。如果这笔资金意在支付相等于遭受损害数量的罚金，显然，为了提供涉及很多人的案件中必要存款的金钱总数，将是许多较小单位无力将其资金的这么一大部分任其闲置的，或者无法为这个用途筹集得到的。另一方面，如果支付的款项仅仅是罚金性质，看来采取这个方针不会为遵守协议的道义责任已经发挥的遏止影响上增加很多……因此我们的意见是，普遍采取金钱存款形式的货币保证制度，难以认为是建立保证完成协议的实际有效的方法。与此同时，在自愿提出货币保证的时候，我们认为不必反对采用这个方法"。[①] 这个结论可能获得普遍的同意。

① 《集体协议报告》，第 11 页。

第4章　调　解

第1节

英国和美国的经验提供充分的证据表明，由雇主与工人在友好精神中达成的纯粹自愿约定，对促进劳资和睦能起很大作用。但是这些约定不是在所有环境中都足以防止罢工或关厂。纯粹的调解方案即使在它的有效时期有可能被冲突所破坏；订有仲裁条款的方案当限期届满时可能不再继续下去。在这种情况中，当产业中没有调解机构或者有可能证明它不适合使用时，若要避免劳资冲突，有必要采取进一步的行动。人们自然会想到的解决办法是友好的调解。支持这个办法的论据有力而率直。一旦劳资纠纷加重，且已形成公开冲突时，双方均倾向于争取“优势”，并争取达到纷争中特定的目的。他们准备失去尊严，失去金钱，结果是他们的固执程度之大不是单单物质问题解决得了。不但事实上是这样，而且双方本身也常常知道是这样。他们将时常考虑到，某种事情值得冒决裂的可能性，但不值得冒决裂的必然性。因此，当决裂实际来到时，可能需要的一切是某种策略，用以不失尊严地从为唬吓目的而假设的位置上撤退下来。即使在冲突的早阶段，似乎不存在可以接受的出路，有一点肯定会或早或迟来到，那时有一方会愿意屈服，只要这样做能“保全它的面子”。因此出现调解人“斡旋”的机会。他的出场使在热烈争执中容易看不到的事实显然突

出。那就是一般群众以及直接有关的双方在和睦中都有好处。仅仅是他提出应该召开会议商谈本身，在某种情况下，就足以带来解决办法；在达不到这样巨大成功的地方，一次圆滑和友好的午餐会可能依旧会间接地促进和睦的前景。[①] 因为有调解人在场，“自尊心”和“绝不屈服和投降的勇气”这些因素被一种暗示所消灭，那就是和解是对朋友的善意，不是对敌手的让步。此外，即使斡旋没有产生实际解决办法，它可以保证，纠纷将以仲裁来解决而不是由劳资冲突来解决。调解人能促成这样结果的最有效办法也许是帮助陷入困境的争吵双方找寻一位双方都能接受的人在他们之间进行裁定。在这件事情上，在英国贸易委员会的职责被劳动部接管之前，人们经常习惯于求助于前者。

第 2 节

由于存在调解斡旋的余地，所以审核由它进行有效调解的不同机构是重要的。有 3 种调解人——杰出的局外人、非政府委员会和与国内政府系统某部分有关的委员会。这些调解人并不互不相容，而且可以有利地用以相互补充。第一个调解人的巨大优点是，像韦斯科特主教、[②]罗斯伯里勋爵[③]詹姆斯勋爵[④]或当时的首相阿斯奎斯先生[⑤]这种人的干预，这些人本身使争吵者产生他们自

① 参考韦布先生和夫人对罗斯伯里勋爵在调解 1893 年煤矿纠纷中双方举行午餐会所产生效果的评价(《劳资民主》，第 242 页)。

② 1892 年达勒姆煤矿罢工。

③ 1893 年联邦煤矿罢工。

④ 1895 年克莱德和贝尔法斯特工程师行业纠纷。

⑤ 伦敦出租汽车罢工。

身重要的感觉而不胜荣幸，往往使事情进程顺利发展。普通的调解委员会，不论是自愿的还是官方的，一般没有如此出名的被认为很有权力的人物，因而在号召力上较差。但对于某一等级的纠纷而言，著名的局外人是省不掉的。

第3节

非政府委员会的效用较少得到普遍的承认。实际上它有超过杰出局外人的优点，由于不是特别地设立的，它更容易发挥作用，并有较好的机会在罢工或关厂真正开始前的喘息时刻，让它的声音被大家听到，那时调解最可能成功。但是有人竭力主张，尽管这个国家许多城市由商会和行业理事会建立起大量调解委员会，除伦敦委员会外所起的效果极小。简言之，根据这个理由，非政府委员会制度根据经验检验，发现它没有价值。可是，所引证的证据不足以支持如此绝对性的结论，失败的委员会完全是市一级的委员会，那里的劳工组织像在英格兰一样，甚至纯粹当地性纠纷的处理也不可能完全交给出事单位的工人。那么，认为这些委员会的失败不是由于它们非政府性质而是由于它们所处地区的狭隘性不是公平的吗？而伦敦委员会的相对成功不是增加这个说法的分量吗？然而，如果这些事实能如此解释，它们没有一定要我们作这样的设想：如果把它们尝试着设立在欧洲大陆工会化不完全的地方，地方性非政府委员会一定会失败。它们更没有证明，非政府全国性委员会注定要失败。事实上，这种委员会在全国城市联盟产业部名义下，在美国已经获得相当大的成功。

第4节

虽然无视非政府委员会成功可能性是错误的，不过，情况很明白，它们没有某些优点，而这个国家附属于政府机构的委员会很容易得到它。首先，后者具有特殊的便利条件——仅次于特定劳资纠纷中自愿调解委员会享有的那些便利——可以在尽可能早的时候查明纠纷的存在。不论何时出现罢工或关厂或这样的严重威胁，它们能要求行政官员为它们提供最新信息。其次，政府机构委员会有较多的智力和财政资源，可能更大方地使用它们。因此有可能，劳动部——如以前贸易委员会一样——能拥有受过训练的才智之士在小地区纠纷中出现双方对他们的偏爱（与对当地委员会态度作比较），他们有大量事情可做。最后，如英格兰采取的办法一样，当使用的使者是从中央国家部门直接派出，而不像法国那样仅仅是赋予调解权的当地官员时，他们运用一点点声望，就有可能对他们工作有很大帮助。因此，发现近时劳资纠纷的调解工作，大部分被隶属于某政府机关的机构接管，就不足惊奇了。在某些国家，只有在纠纷双方中这方或那方要求之下才提供调解。因而比利时1887年法律授权建立地方性劳资和劳动委员会，下属代表不同产业的部门，并规定："不论何时当形势需要调解时，在任何一方要求下，省长、市长或发生纠纷的劳资部门主管必须召集该部门开会，努力以说服方法，安排解决纠纷"。[①] 可是，更经常的是，不论有没有纠纷一方的要求，调解多由当局决定授权进行。这是

① 《美国劳工统计局公报》，第60期，第421页。

1892 年法国法律和 1896 年英格兰调解法规定的办法。后一个法律规定:“当一次纠纷业已存在或者即将在雇主和工人间发生时,如果贸易委员会认为妥当,他们会施展全部或任何以下权力:即(1)调查发生纠纷的起因和环境;(2)采取委员会看来适宜的步骤,其目的在于能使纠纷双方聚在一起会商,参加会谈的可以是它们本身,或者是它们的代表,由双方同意的主席主持,或由贸易委员会或怀有友好解决纠纷目标的个人或团体指定的主席主持;(3)在利害有关的雇主或工人的申请下,考虑到该地区或行业存在合适的进行调解的有效手段和这个案件的环境,指定一个或几个人作为调解人或组成调解委员会”。由 1919 年劳资法庭法加强的劳动部,从贸易委员会继承这些权力。经验表明,根据这些方针巧妙和同情地进行的调解,常能带来纠纷的解决,否则这种纠纷很有可能导致停工。

第 5 节

这样,我们可以作出一般性的结论:杰出局外人、非政府委员会和调解的官方机构在他们各自范围内都有价值。但是必不可忘记,它们也是有危险的。作为运用它们的间接后果是,各个产业中推进和睦机构的发展——比“斡旋”可能做到的更有效的纠纷解决办法——可能遭受遏制。为避免这个结果,干预单位方面谨慎从事至关重要。它绝不应无根据地自称具有比过渡性效用更大的作用,并应小心地鼓励——如根据 1896 年法案行事的英国贸易委员会和它的后继者劳动部工作中一直对准的目标——在产业里组建双方联席委员会,并与它保持接触。

第 5 章　强制性干预

第 1 节

正如证明纠纷很难用自愿调解方案解决，所以有人看不起调解人的努力。除了有些国家的发达产业已达到劳资和睦的高阶段外，经常发生这种棘手争执的可能性，使得有必要弄明白是否和在多大程度上必须求助于国家强制力量的干预。这种干预以 4 种主要方式出现。这些方式中最简单和最温和的方式是为争执双方制定条款，当双方愿意遵顺时就开始接受强制裁定的束缚。例子相当多。在新南威尔士，1901 年的产业仲裁法准许任何产业工会就有关任何劳资事务与其他工会或与雇主订立协议，此协议"如果订立的明确期限不超过 3 年，如果有副本存入注册官方档案，就将对有关各方以及属于参与协议任何工会会员的全体人员具有约束力"；并宣告"受同一协议约束的各方之间的任何这类协议均有同样效力，可以用同样方式实施，犹如仲裁法庭的裁决"。[①] 新西兰法律规定，产业协议以国家仲裁法庭裁决同样方式实施。芒代拉先生流产的 1872 年英国法案和马萨诸塞条款规定，当双方将纠纷提呈政府委员会时，它的决定自动具有约束力。1898 年的联邦铁

① 《劳动报》，1902 年 2 月，第 39 页。

路法使州际运输业者自愿建立具有强制权力的仲裁委员会,[1]它们的性质与目的相同。那个英国法案证明是一纸空文,于1896年废止,但马萨诸塞与新西兰的那些法律规定获得相当可观的成功。

反对这种做法的人可能认为:第一,一旦仲裁得到同意,一种认为它公正的感觉和对舆论审慎的尊敬已经提供合适的保证,裁定会得到服从;第二,使用法律制裁的办法就此范围说来将损害可尊敬的一方——缴纳罚金被认为可以抵消过错[2]——以致净制裁不会比以前严厉;第三,由于强制这个概念在公众思想上与仲裁的概念联系在一起,"为他们不同目的求助于(调解委员会)会比目前受到拘束"。[3] 但是对这些意见可以这样回答,在最坏情况下,非强制性仲裁对那些愿意选择它的人还是开放的。几乎没有理由相信,除了作这种变化外,现在将陷入冲突的劳资纠纷能和平地解决。而且,强制制裁对遏止人们求助于执行强制制裁的那种法庭的作用,比一般设想的要小得多。在某些环境中,它们的影响实际上趋向相反方向。在劳资纠纷中,每一方认为自己较强,同时知道对方也认为自己较强,因之在无力的制裁制度下纠纷可能得不到解决,按照这种想法,任何一方都不会认为突然放弃是值得的。因此,由于人们不喜欢这种无效制裁的风险,仲裁办法可能衰落。但是,如果提供的制裁强大有力,情况可能会不同。一系列可能的解

① 《美国劳资委员会》,第17卷,第423页。

② 参考《劳资委员会论劳资协议的报告》,1912年,第7页。

③ 《皇家劳工委员会报告》,第99页。当然,全面强制接受裁定,不同时全面强制提交仲裁,将在最显著程度上出现这个后果。

决办法展现，当裁定作出，任何一方破坏它不会有好处，而遵守它的风险，双方都愿意承受，因为失败带来的额外损失将被成功的额外收益所抵消。最后，有求助法律制裁的力量可以加强双方组织领导人对付它们不满跟随者的控制力。在像美国这样工会执行委员会对个别会员直接控制比较薄弱的地方，这个考虑特别重要。无论如何，即使在英国也不可忽视它，虽然在我们较大的工会中，蔑视中央权威破坏裁定是很少有的，但在技术低的产业中，这种情形相当普遍。因此总的说来，这种情形看来是为某种制度描绘的，在这种制度下，将劳资纠纷提交有强制权力的法庭的机会，给予那些希望利用它的人。

第 2 节

政府可以干预的第二种方式是使雇主和雇员组织在由代表雇主和受雇工人主体的协会订立的一项协议推广到一个地区或全国的整个行业时，能向政府要求帮助。在南澳大利亚，1910 年的一项法案规定，在没有设立工资委员会的行业中，有五分之三的雇主和雇员同意，可以签订协议，可要求政府予以公布，从而使协议约束全行业。1917 年英国军火法案包含基本上类似的条款。赞成这种立法的主要论据是，若没有这种立法，产业中大多数人签订的协议容易被少数“坏”雇主的竞争所扰乱。因为常常有一个或一批雇主支付较高工资或缩短工作时间，若是他的全体竞争对手都这么做，他不会受任何损失，但是，如果他这样做，要是别人不这样做，他将遭受巨大损失，结果是他会拒绝这么做。因而有人说：“伦敦第二次灾难性运输罢工惹起的原因之一是一家卡车运输公司退出它签订的协议，目的是要支付比其他公司较低的工资来跟它们竞争”。[①] 可是另一方面，可以提出几点有分量的应予考虑的事情。首先，那种经深思熟虑的政府行动将危险地促使形成不利于消费者的小集团和联盟。其次，在决定推广应持续多长时间上有时有很大的实际困难。因为一个产业在不同地区的产品之间的相似性常常是表面上而不是实质上的，在这种情形下，保持各地价格与工资率平行变动，可能对劳资和睦起不利而不是有利的作用。这个困难可以用某些自愿约定来说明，这种约定在英国的不同时期流行过。例如米德兰和英格兰北部钢铁业在1874年建立联合工资等级制。但是在北方，铁轨依旧是主要产品，而在米德兰，钢铁厂已经从事生产钢锭、钢板和角铁。因为前者的市场在衰落，后者的市场在上升，结果是北方的雇主在第一次工资等级调整时被迫提高3便士工资，尽管它们自己主要产品的价格下落。就这样，当年这个工资等级就垮台了。同样，在兰开夏的许多地方有一段时间存在一种谅解，棉纺工人的工资根据奥尔德姆地区工资的增减而涨落。但是“日益增强的地区专业化——尤其是关于那里生产的棉纱——使得前段时间即使不很合意但至少可行的协议不起作用。大致说来，过去需要棉纱一个市场，现在变成许多市场；不同系列和质量棉纱的价格开始更加独立地变动，使得各种产品价格之间的升降安排不惬人意”。[②] 确实无疑，推广一个政策并不绝对排除调整，以适应不同地区不断变化的条件。但是不能怀疑，作

① 拉姆齐·麦克唐纳，《社会动荡》，第109页。

② 查普曼，《经济学杂志》，1899年，第598页。

这种调整的工作常常需要在推广中的弹性，而不是有关官员有能力提供的耐心与聪明。第三，可以这样认为，在工人组织强大的地方，由当局推广是多余的，因为私人企业足以保证做到这一点。雇主急于使难以对付的竞争者就范，工人群众同样急于帮助雇主。因此，“工会支持雇主协会迫使雇主屈服，同意他们未签字的协议，”从而“集体协议就这样推广到比工会推动的大得多的区域”。[①] 例如，美国产业委员会发觉，在伊利诺伊州，为了使不驯服的雇主答应条件，期望联合矿工协会进行罢工或威胁进行罢工，实际上在保证得到预期结果上一般能获成功。[②] 可是上面这个所考虑的事情显然不适合工人组织荏弱的产业。从整体上说，尽管有对消费者的可能风险和上面提到的实际困难，尽管有这样的危险，即“将组织的利益扩展到未参加组织者，往往会使非工会会员的混事的劳动者和未加入协会混事资本家阶级永远存在下去，这些人获得组织的利益，但拒不支付他们应负担的一份，”[③]看来这个国家的舆论现在还赞成在劳资纠纷中使用这种有严格限制的强制干预形式。劳资委员会 1912 年的报告给予它明确的支持，根据条件，贸易委员会不应接受任何扩展协议的申请，除非这个申请是由该协议双方提出的。1920 年煤矿业法案规定，凡由地区委员会、区域委员会或全国委员会推荐的，如果贸易委员会这样指示，应该强迫在该产业从业的个人服从和执行。在 1921 年谷物产量法案（废止）中——3 年后由建立农业工资委员会制度取代——自愿调

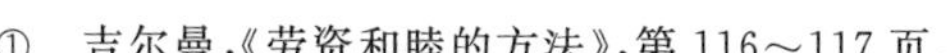

① 吉尔曼，《劳资和睦的方法》，第 116～117 页。

② 参考《劳资委员会》，第 17 卷，第 329 页。

③ 科尔，《劳动世界》，第 314 页。

解委员会对最低工资率的决定，如果有一个委员会希望如此，在农业委员会批准后，可以在整个地区通过法律手段实施。

第 3 节

国家干预的第三种手段是使用法律强迫劳资纠纷在法律允许任何罢工或关厂之前提交某个仲裁法庭。这个制度由 1907 年加拿大产业纠纷调查法案作最好说明。该法案被南非等地模仿，并成为美国针对蔓延几个州的劳资纠纷制定 1925 年通过的法律的典范。[①] 1925 年 1 月，实施 18 年后，该法被枢密院司法委员会宣布为越权，理由是该法侵犯了地方政府的职权。由于这个判定，通过了一个修正法案，修正法案稍稍限制它的范围，但是它的实质没有改变。[②] 该法案不是普遍应用的，而只是应用于某些产业，有理由相信这些产业工作的停顿证明将对整个社会特别有害。包括的产业有开矿、运输、所有形式的铁路服务、供应电力和其他动力、轮船服务、电报和电话服务以及供气和供水。实在说，不论何时当停工严重威胁这些产业时，就使用这个法案，但当双方共同拒绝求助于它时，也就无法成功地避免停工。该法案的主要规定如下：雇主与雇工间合同条文有任何改变的提议，必须在 30 天前通知。如果提出的改变被对方拒绝，由政府当局任命委员会对争执进行调查并由委员会提出报告，推荐适当的解决办法，并在劳动部公布之前，禁止由此引起的罢工或关厂，否则予以处罚。当报告已经公布

① 参考蒙德，《劳资与政治》，第 131 页。

② 参考工商业委员会出版的《劳资关系调查》，1926 年，第 355 页及以下各页。

时，双方没有义务接受报告中推荐的办法，可以合法地出现停工。但是，在报告公布之前法律禁止停工，并要对参与停工的任何个人进行罚款；对从事关厂的雇主每天罚款 100～1,000 美元；对参与罢工的工人，每天罚款 10～50 美元。

应予注意的是，这个法律有三个不同方面。第一，它对于保证双方间进行认真讨论很有帮助——这实际上包含在委员会调查的范围之内——使它们在公正当局的引导与帮助下努力解决它们的纠纷。第二，它授予由政府任命的仲裁法庭充分的权力“去调查纠纷的事实，在有关取证、起草文件和进行检查上，有与授予民事案件的纪录法院的权力相似，其目的在于，如果调解失败，推荐的建议是可以相信的公正条件”。[①] 第三，它规定在完成纠纷调查并提出报告之前停工是犯法的。研究此法制订过程的有能力权威人士认为，这些方面中的第一方面实际上最为重要。英国劳动局的报告人写道：“委员会的主要工作是把争执双方集合一起进行友好的讨论，并引导谈判达到自愿解决”。[②] 他接着写：“政府在任命委员会时和最成功的委员会在进行工作时，都解释说这个法案是以非正式方法进行调解的法规，以促使双方间订立自愿协议为目的”。[③] 阿斯克威思勋爵（当时的乔治爵士）以同样方式，在他于 1913 年向英国贸易委员会所作的报告中表达了这样的意见：“转达调解的精神与意图是那个加拿大法案的更有价值部分”。[④] 同

① 乔治·阿斯克威思爵士的报告（敕令书，6603，第 17 页）。

② 《美国劳动局公报》，1910 年，第 86 号，第 17 页。

③ 同上出处，第 76 号，第 666 页。

④ 阿斯克威思爵士报告（敕令书，6603，第 17 页）。

样，规定在需要时公布权威性的报告和建议，有时也会取得良好的结果。确实，在不重要的产业纠纷中，对公众没有大的利害关系，也引不起什么舆论压力；在所有争执中，一旦勾引起冲突的激情，甚至强大的压力可能不起作用。但当问题严重影响整个社会，有引起混乱的威胁时——例如铁路服务或煤炭供应——舆论是至少必须加以考虑的力量；有趣的是我们可以看到，在许多情况下，当双方中这方或那方开始时拒绝接受委员会的建议，发生了罢工或关厂，争执最后还是基本上根据委员会建议的基础解决。该法的第三方面规定，在委员会提出报告之前罢工或关厂是非法的，这一条是人们表达最严重怀疑的条文。有一种反对的意见认为，考虑到反对的坚决，可能证明这条法律是无法实行的；[1]另一种反对意见是，罢工的成功常常依靠它的突然性，所以任何强制性的拖延必然对工人不利。这些反对意见无疑极为重要，尽管某些产业——如运输业——的罢工武器不会被求助于拖延的方法所削弱。在另一方面，强调的是这样的事实：一旦爆发劳资冲突，纠纷中主要问题易于在争取优势中变得模糊，这种斗争只有到精疲力竭才能告终，因此，虽然这项法律常常不能阻止爆发罢工，但是它有时获得成功的机会和因而避免对社会带来严重伤害，为它构成适当的辩护理由。显然，在这个问题上不可能作出一般性的结论。事实上，必须要做的事情主要取决于工人和雇主认为必须要做因而准备加

① 在加拿大，事实上有无数的非法停工，试图对它们实施处罚得极少。劳动部副部长公开宣称："这一直不是历届部长的政策；在他们的主持下切实执行这个法规，试图实施这项规定"。——《美国劳工统计局公报》，第 233 号，1918 年，第 139 页。参考《调查加拿大和美国劳资状况的代表团的报告》（敕令书，2833，第 80 页）。

以支持的事情。可是现在普遍同意的是，按照加拿大模型的法案，不列入在委员会建议公布前进行罢工和关厂的惩罚条款，尽可能加上保护规定以防止对自愿调解和仲裁方案发展的伤害性反应，用阿斯克威思的话说，“以适应这个国家的实际状况”。1919 年劳资法庭法第二部实际上便是这样的法案。它授权劳动大臣，当劳资纠纷存在或即将爆发时，任命一个具有强制起誓作证权力的调查法庭，其职责是起草给大臣的关于纠纷双方功过的报告，如果他认为合适即予公布。在目前法案中不能安全地包含严厉的惩罚条款。但对惩罚条款可以讨论之处甚多；如果国际联盟证明有能力强制延迟政治战争的爆发，舆论便能立即准备接受对产业冲突爆发的同样限制。

第 4 节

国家干预的第四种也是最后一种方式是一般和含糊地称作强迫性仲裁的方式。根据加拿大法案，如果双方一直对仲裁努力和舆论劝导不肯服从，罢工和关厂最后还会发生而不破坏法律。这种情况只有到澳大拉西亚殖民地开创一种新的立法类型才有改变，根据这项立法不但规定国家任命的委员会提出解决纠纷的条件，而且使提出的条件有法律上的约束力，违反这些条件的罢工和关厂便是可以处罚的犯法行为。这种类型的立法，当其全面执行时，堵住了加拿大法律让停工洞开的漏洞。一般说来，人们所作的某种努力并非不适当地以商讨和调解来解决纠纷，但它主要重点放在在一般紧急措施失败时阻止在那些困难冲突中依靠罢工和关厂。实际上新西兰立法仍留下漏洞。因为那个殖民地的强制性仲裁法只应用于根据仲裁法登记注册的工会，其他工人还是根据加拿大类型法律的变体——1913年的修正法案办事。[①] 但在新南威尔士法律（早于1918年的放松修正案）和西澳大利亚法律中，不存在这种保留，同样的说法也适用于英联邦关于产业纠纷的法律，联邦法律在不止一个国家中实施。在所有这些法律中，仲裁裁定以金钱罚款进行“制裁”。在新西兰，破坏法律的个别雇主和工会可能遭受500英镑的罚款，如果工会付不出钱，它的会员每人可能被罚款10英镑，这笔钱通过法令在工资中扣除。西澳大利亚与新西兰一样，完全依靠罚金，但新南威尔士法律还规定不付罚金的个人入狱，英联邦法律对第二次违法者判处徒刑，不准选择罚款。1923年德国根据政府决定采取实际上就是强制性仲裁的法规。建立调解委员会，有权干预产业纠纷，干预可以是应双方中一方的请求，也可以出于委员会自己的主动。“要是委员会在取得双方协议中失败，它可以提出建议性的裁定，如得到接受，将有书面集体协议的效力。如果此建议性裁定不被双方接受，只要它的条款显得公正和合理，考虑了双方的利益，或者，只要裁定书的应用合乎经济和社会准则，委员会可以宣布裁定书必须遵守。地方调解官或在某种情况下的联邦部长是宣布裁定书具有约束力的有法定资格的人员。”[②]1927年鲁尔煤矿的一次重大纠纷就是求助这个规定解决的。1926年意大利通过一项普通法，用以在劳资纠纷中进行强制

① 这项修正法案承认罢工可以是合法的，如果（1）罢工者不是在裁定书或劳资协议下工作，或由秘密投票决定裁定书不再约束他们，和（2）在开始罢工前14天，已将他们的意图向劳动大臣提交通知（《经济杂志》，1921年，第309页）。

② 《最低固定工资的方法》，国际劳工局出版，1927年，第56页。

性仲裁，以罚金和判刑作为对付不服从者的制裁手段。[①] 当然，任何法律的禁止和惩罚规定显然不能保证永不发生被禁止的行动。因而在澳大拉西亚殖民地尽管有强制性法律，为了劳资纠纷而停工事实上仍然发生，不必为之惊愕。这是完全在意料之中的。强制性仲裁的倡导者不会加以否定。他们也不是看不到防止共谋规避法律和决心拒付罚金所显示的实际困难。他们要求的不是这些法律能够建立一个“没有罢工的国家”，而是求助于较之加拿大法律作为最后一招单独依赖没有组织起来的舆论有更直接和有力的压力，使停工比没有这种压力时较少发生。在新西兰和澳大利亚诸州的经历中，这个要求在多大程度上实现是有长期争论的问题，这个问题只有在当地现场作长期研究后才能作出令人满意的回答。但是从目前英国政治家的实际观点而论，没有必要作这个研究。普遍的意见是，人口中广大群众的意见强烈反对的这个立法，很可能被立即证明难于实施，并损害公众对法律的普遍尊敬，而维持此种尊敬合乎每一个社会的利益。新西兰这项法律的作者彭伯·里夫斯本人宣称，“试图对不同意的人民实施这样的法令将是事先注定的灾难”。[②] 在英格兰——美国情况看来也一样——强制性仲裁明显不同于组织得很差产业中的劳资协商委员会制度，在目前不论雇主和雇工都以极不信任的眼光来看待它。在这种普遍情绪面前要一步到位实施它，将是既不可行且不明智之举。无疑，舆论会转变，会在将来欢迎现在反对的东西，可是在眼前，对于

① 《最低固定工资的方法》，国际劳工局出版，1927 年，第 85～87 页。

② 《澳大利亚国家实验》，第 168 页。

它抽象的功过人们不管怎么想，英国的强制性仲裁在任何产业部门都不是行得通的政治主张。战争年代部分依靠它并不说明它能提供令人满意的避免罢工的方法——在实施战时军火法案的33个月中，该法被大约150万工人破坏[①]——在平时，国家需要的压力减轻，它将可能遇到更少的遵守，从而得到更少的成功。[②]

① 参考蒙哥马利，《英国与欧洲大陆的劳工政策》，第345页。

② 参考重建部的《关于调解和仲裁的报告》(敕令书，9099)，1918年，第2节。

第6章　分析地看劳资和睦

第1节

以上几章所说的道理足以达到大致上的实际目的。但是经济学家有兴趣作稍微深入的探索和阐明某些以不同形态提出的较广泛问题。从分析观点看来，工会和雇主协会之间的争执类似两个国家间的争执。当争执有关这种事情时——如一般工作条件、支付工资方法、劳动时间和工作计划——类似性更加接近。但是当争执涉及工资时就出现重大区别。政府之间的争端通常不涉及两种东西之间的交换比率和未具体指明的准备交换的数量，而工资争端常常涉及它们。[①] 在这种性质的谈判中，一方强迫对方接受越来越不利的条件常常对自己并无好处。相反，超过某一点，任何进一步提高于对方不利的工资率，将带来他打算购买物品数量的大幅度减少，以致——用似非而是的话说——胜利者由于得到较好的条件而实际上情况更糟。因此，当讨价还价是关于工资率时，将存在一定的上限与下限，在上下限之外，不值得任何一方去争取，然而当讨价还价的是一桩事情时，就没有这样的界限。

第2节

当工人一方和雇主一方完全自由的竞争能起作用时，有关工

① 参考本书第2编，第9章，第14节。

资率谈判的结果确定在单一明确的工资率上，它是由相互的需求条件决定的。要是任何工人向任何雇主要求比这较高的报酬，雇主将拒绝雇用他而雇用别人，同样要是任何雇主付给任何工人的报酬比这较低，工人将拒绝为他做工而去找其他工作。但是，在工资率的确定不是通过自由竞争行为而是通过一方为工会另一方为雇主协会之间的谈判时，工资率不再是确定在单一的一点上。相反，产生了不确定范围。工会要求比这个工资率稍高的竞争性工资率，雇主协会希望支付稍低的工资率。鉴于这样的事实，即工资率上升将减少可得到的就业量，因而存在一定的最高工资率，超过这一点，工会不愿去争取；鉴于这样的事实，即工资率降低将减少可得到的劳动量，因而存在一定的最低工资率，低于这一点，雇主协会不愿去争取。不确定范围包括在这两个界限以内的所有工资率。让我们假定这两个界限分别为 40 先令和 30 先令。从在这个范围以外任何工资率出发，趋向同一方向，符合双方的利益。因此，在这个范围以外决定任何工资率是不可能的。如果要作出任何决定，工资率必须落在这个范围以内的任何一点上。雇主对劳动需求的弹性越小，或工人为这些雇主工作的需求弹性越小，则这个范围的广度将越大。

第 3 节

在考虑其政策时，工会将反复思考，倘若他们选择为工资而战斗，这场仗将使他们付出沉重代价，斗争终了得到的条件可能是这样或那样。权衡了这些得失，他们将决定值得接受而不值得争斗的某个最低工资。这可以说是他们的**顶住点**。如果他们认为战斗将会付出很大代价，以致他们愿意最终得到不理想的条件，那么这个顶住点不会高。它可能远远低于 30 先令，我们曾假定它是不确定范围的下限。另一方面，如果他们认为战斗付出的代价很小(他们甚至认为战斗实际过程使他们有利)，并认为他们最终会得到很理想的条件，他们的顶住点不会低。它可能高到 40 先令但不会超过它，这是不确定范围的上限。这样，工人的顶住点根据环境可能是 40 先令以下的任何工资。据同样推理可以明白，雇主的顶住点根据环境可能是 30 先令以上的任何工资。当工人的顶住点低于雇主的顶住点时，这两个顶住点之间的工资范围，经过此刻提出的限定，形成**可行的谈判范围**。这样，如果工人愿意接受 32 先令不愿争斗而雇主愿意支付 37 先令不愿争斗，这个范围包括 32 先令和 37 先令之间的所有工资率。不过，要是工人的顶住点高于雇主的顶住点，例如，工人愿要低到 35 先令的工资不愿争斗，但不能再低，而雇主愿付高到 33 先令不愿争斗，不能再高，这就没有了可行的谈判范围，就不可能不经过争斗来解决双方之间的争执。

第 4 节

如果关于争斗终结的方式和在这个方式影响下确定的工资率双方有相同的期望，如果每一方都相信争斗过程将要承担实实在在的成本，那么工人的顶住点**必须**低于雇主的顶住点，因此**必然**存在可行的谈判范围。然而，如果工人盼望一场争斗以获得比雇主愿付的较高工资率，尽管每一方都预期这场争斗会带来实实在在的成本，争斗未必一定发生；如果一方预期这场争斗实际上对它有利——可以说承担负成本——只要工人与雇主双方预见到这场争斗的同一结果，争斗未必一定发生。

第 5 节

在这点上应该再说一些，负成本绝不是乍一见可能想到的仅仅是数学上虚构之事。在雇主方面，如果他们商品的需求缺乏弹性，如果在冲突时他们手头积压大量存货，就容易招来负成本。因此人们有时断言，煤矿主在冲突时能够“以因缺货而形成的高价出清他们的存货，同时能根据罢工条款，延迟完成他们的合同”。[①]他们还可以预见到负成本，如果他们有理由相信，在业务萧条时促成冲突，他们可以保证自己不受业务改善时冲突带来的损害。[②]在工人方面，在产业组织的早期阶段，负成本相当普通。因为那时工人的真正目标不是要雇主为较高工资让步，而要求雇主对他们工会的尊重和随之在今后更乐意公平地对待他们。或者劳资冲突的真正目的可能是加固工会本身，并吸引非会员参加他们的行列。至于为这种目的而进行的冲突，从获得那些目的预计的好处，需要减去由纠纷引起的预计物质损失，这样减去后，留下的可能是净负效果。在这些情况下，工人可能选择争斗，即使他们预期双方都会受到打击，并在争斗过程中蒙受巨大损失。但是负成本是例外，作为一般规律，双方预期冲突的实际行动将使他们蒙受损失。

第 6 节

第 3 节中预测的限定，现在须加说明。因为工人的顶住点无

① 《政治科学季刊》，第 12 卷，第 426 页。

② 参考查普曼，《兰开夏棉纺业》，第 211 页。

论如何低于不确定范围的最高点，它还可能低于这个范围的最低点。雇主的顶住点以同样方式可能高于这个范围最高点。因此，在 30 先令和 40 先令之间的不确定范围中，工人的顶住点可以低到 25 先令而雇主的顶住点可能高到 48 先令。在这种情况下，可行的谈判范围达不到两个顶住点，因为在不确定范围以外不存在可行的谈判。即使一方愿意对这样的工资让步而不愿争斗，另一方不会愿意接受它。因此任何高于工人顶住点的工资率和任何低于雇主顶住点的工资率，它们落在不确定范围以外，因而是完全不起作用的。可行的谈判范围是指双方宁愿要它而不愿争斗的一系列工资率，它由落在工人顶住点以上和雇主顶住点以下的工资率构成，也就是落在不确定范围以内的工资率。这样的解释对于我们现在要进行的实际推理十分重要。

第 7 节

不确定范围的广度，如在第 2 节中业已指出，是由双方相互需求的弹性决定。可以不根据目前观点把它看作是固定的。可行的谈判范围在任何情况下不能超出这样决定的界限。**在这些界限内**使工人顶住点向下移动或使雇主顶住点向上移动的任何因素都能增加可行的谈判范围。他们见到冲突中使遭受的成本损失增加的任何事情会使工人的顶住点向下移动；他们见到会在其中遭受增加成本损失的任何事情会使雇主的顶住点向上移动。单是工人组织力量的增强有可能降低他们的预期成本，同时增加雇主的预期成本。由此，它可能会提高双方的顶住点；但不可能确定它会不会扩大两个顶住点间的距离。单是雇主协会力量的增强，将以同样方式降低双方的顶住点。实际上，对立组织中一个组织的发展，几乎可以肯定也会导致另一方的发展，力量增强的最可能形式是双方同时增强，导致双方预期的成本增加。这就意味工人的顶住点的降低伴随雇主顶住点的升高。因此在由不确定范围设定的界限内，这种情况将使假说业已存在的可行的谈判范围向两个方向扩展，如果不存在这种范围，它可以使其存在。这种倾向在国际谈判和劳资谈判中都能清楚看到。如果用战争来调整某种政治纠纷，就意味着用双方都有强大同盟者的世界大战来调整，硕大的战争费用肯定会出现这样的状况，即除非争执的问题是或被认为是极端重要，就会得到某种可行的谈判范围。当某个产业中工人和雇主组织以同样方式扩展到包括整个国家而不仅是一个地方时，如果发生罢工或关厂，它的规模将是全国性的。譬如，在某一小地方发生影响工资支付争执，这种事在先前得不到可行的谈判范围，现在可能不再证明是难以解决的了。广泛地说，今天的情况是，国家和产业协会同样掌握巨大力量。我们可以有把握地作出结论：几乎所有小事情和解释性纠纷都将得到广阔的可行的谈判范围。我们将经常拥有多种办法去解决（譬如说）一个无名非洲村庄的政治地位问题，或者在一特定煤矿确切应用矿主与矿工间的总工资协议，任何一种协议对双方来说都要比一场冲突所能产生的多得多的利益。当争执的问题很重要时，诸如一块巨大而富饶领土的占有或者产业中全体工资标准的决定，当然这就不能同样肯定存在可行的谈判范围。

第 8 节

当两个国家或两个分别代表雇主和雇工的协会签订协议不用

争斗而以仲裁解决纠纷时，对破坏协议的任何一方会产生部分为道德部分为物质的真正成本（包括可能失去外界支持）。不管是否存在仲裁协议，这个成本加入由冲突带来的直接成本。就这样，签订这样的一份协议对双方增加了争斗成本。所以，在不确定范围设置的界限之内，往往出现可行的谈判范围，如果已经存在这种范围，就会把它扩大。若无协议，工人本来不会接受 32 先令而选择争斗，由于有协议，他们可以保持工作，虽然只给予 31 先令；雇主要付 35 先令本来就会关厂，现在可以付 36 先令仍旧开厂。

第 9 节

当仲裁是自愿时，在上面周密考虑的环境中，接受仲裁对每一方意味着不得不接受，否则，就有要比它没有接受仲裁未进行争斗本来会接受的最坏工资率更不利的工资率的风险。这样的考虑不会阻止双方接受仲裁，只要每一方都这么想，这样做要承受的损失风险，将被相应的收益机会大致上抵消。但是不能肯定将有这种平衡。例如，如果可行的谈判范围的下限业已落在不确定范围的下端，开始执行仲裁协议从有利于雇主意义上不能扩展可行谈判的范围，而从不利于雇主意义上能够扩展它的范围。在这样的环境中他们会不愿签订仲裁协议，工人在相反情况下也是如此。但是当情况是履行仲裁协议使可行的谈判范围两端都落入不确定范围之内时，由此形成的收益与损失的机会可能对双方都平衡，结果是双方常常愿意订立仲裁协议，尽管由此产生损失有大过他们指望争斗本来会带来损失的危险。

第 10 节

但是问题还不止于此。如果使用排除仲裁人在可行的谈判范围以外作出裁定的这样办法能够建立自愿仲裁协议，它以一般条件加上协议事实构成，确实，那就没有更多的话可说。但是在任何可执行的方案中很难包括这种条款。甚至在提出的仲裁只与单一现有的纠纷有关时，双方几乎不会泄露他们的实情，造成事先向仲裁人暴露什么是他们各自的顶住点，并约束他不要超出它们。当它是涉及尚不存在的未来纠纷的一般仲裁协议时，困难更大。可是，如果不包括这种条款，每方当事人将担心仲裁人会裁定对他很不利的条件，以致不顾协议如何，他会感到不得不竭力反对它们，因此使他的名声蒙受净损失。知道对方由于相反性质的裁定而处于相似处境，这种危险得不到补偿。因此，双方全都倾向于把仲裁协议限制在解决纠纷类型，据他们判断，使用这种类型的协议可以切实肯定仲裁人不会将裁定落在他们各自的顶住点以外。在国际条约中，各国常常在仲裁时保留“必不可少的利益”和“国家荣誉问题”；在国际联盟若干计划中把纠纷划分为“应由法院审理的”纠纷和“不由法院审理的”纠纷，前者提交国际法庭，它的裁定由国联实施，后者提交只有作出无约束力建议权力的委员会。同样，在劳资纠纷中，虽然雇主与工人一般准备把细小问题或解释性分歧提请仲裁，他们常常不愿意用同样方式处理工资率那种普遍性问题。

第 11 节

这种双方不愿意自愿地接受有深远影响的仲裁协议的约束，

一直是形成政府当局进行干预的重要因素。强制将纠纷提交有权提出裁定但不予执行裁定的机构，如加拿大劳资纠纷调查法规定的那样，常受上文列举条件的限制，往往扩大可行的谈判范围，因为怀有敌意的舆论增加反对公正政府当局提出的任何解决办法的斗争成本。因而在某些情况下，这种状态可以形成在其他状况下不会存在的谈判范围。加拿大制度确切类似国际争端在国际联盟允许进行战争之前，应提交国联委员会的那种安排方法。法律规定不但纠纷必须提交仲裁，而且仲裁人的裁定必须接受，否则将受法律惩罚的痛苦，因为这些法律使斗争的代价更大，而斗争的成果较少可能落入桀骜不驯的一方，这就更有力地形成和从两方面扩大可行的谈判范围。

第 12 节

现在我们必须说清楚这些结果对产业和睦前景的意义。业已看得明白，若没有可行的谈判范围，不可能有不发生冲突的解决办法。但是由此推论，有了这样的范围**必定**出现和睦的解决办法是错误的。情况绝不是这样。可行的谈判范围的存在含蓄地表示存在许多可能的调解办法，不管它有关领土、工资或其他别的事物。不论是哪一种，争执双方宁可接受调解不愿陷入冲突。但是每一方自然希望获得能够得到的最好的条件，并且几乎肯定（虽然分析起来不一定）每一方都不知道对方要多少代价才放弃争斗。因此我们假设工会决定争斗而不愿接受低于 30 先令的工资，相应的雇主协会决定争斗而不愿支付 35 先令以上的工资。于是出现包括 30 先令和 35 先令之间所有工资率的可行的谈判范围。但是，尽管工人知道35先令是雇主的顶住点，雇主也知道30先令是工人的顶住点，至于从30先令到35先令范围内应定工资的精确点，依旧有意愿上的冲突。每一方努力推动对方到他的界限。雇主可能这样想，如果他说得足够坚决，“31先令，一个便士不加”，工人便会让步；工人可能这样想，如果他们毫不动摇地坚持34先令，雇主将会让步。结果双方同样成为不成功的虚张声势的受害者，会发现自己在大家都知道不值得为之争吵的问题上大动干戈。在避免冲突的机会显然较大的情况下，工人与雇主间总的关系越友善，带来友好谈判的机构越有效。这样，当一个正规的调解委员会准备进入案件，当一位双方接受的调解人准备干预时，到此和平解决的前景改善了。当作为最后一招的仲裁人现成可用时，前景有进一步的改善。因为一旦作出了落在可行的谈判范围内的裁定，双方就不值得去争斗而宁愿接受这个裁定。当然这方或那方希望在以后谈判中修改裁定，可能认为值得虚张声势唬吓对方。这个裁定有了或者将会有——特别当仲裁是自愿地接受的时候——道德力量的支持，除非它落在一方顶住点以外，也就是说落在可行的谈判范围以外，否则不可能遭受抵抗，达到进行争斗的程度。可是，可行的谈判范围越宽广，仲裁人成功地把他的裁定落在范围内的机会越大。结果是，裁定解决办法时，在可行的谈判范围宽广的地方，和平调解的机会要比范围狭窄的地方较多。但是当由谈判达成解决办法时，这个结论成立。相反，可行的谈判范围越宽广，双方虚张声势的机会越多，相反的结论似乎更有道理。

第13节

从以上讨论的一般过程容易看出，对仲裁人的需要，不像有时设想的完全出于纠纷双方的无知，而仲裁人的职能不是“简单地找出劳动价格本来会自然地趋向于变得怎样”。[①] 宣布这个观点的舒尔策—盖弗尼茨博士提出，“相对力量的测定是比赛的功能，但是运用智力同样能很好地完成，就像我们用仪表测试蒸汽压力而不是以锅炉爆炸来测到它”。[②] 这个论点的含义是，当双方知道全部事实时，可行的谈判范围必然是代表等于争斗原本会确立的工资的那一个点。但如我们已知，事实并非如此。老实说，一个仲裁人如果他要获得成功，他的行动必须像一个经济趋势的解释者，不能是经济趋势的控制者，也就是他必须将裁定放在可行的谈判范围以内——大家还记得，这个范围在任命仲裁人时可能已有所拓宽。如果双方知道全部事实，争斗本来会建立的工资率必然由这个范围内的一个点来代表，这也是正确的。但是说这个工资率是仲裁人惟一可选择的而双方当事人准备服从的工资率就不正确了。可行的谈判范围不限于那一点，除非不但双方知道全部事实而且知道对于两者根本不存在的一场争斗预期会产生的成本。[③]

① 舒尔策—盖弗尼茨，《劳资和睦》，第 192 页。

② 同上，第 136 页。

③ 本章讨论的数学分析问题，参考我《劳资和睦的原则与方法》，附录 A。

第7章　劳动时间

第1节

我们要讨论的下一个问题和通过国民所得规模所反映的经济福利与工人劳动时间之间的关系有关。关于经改进的轮班工作制的效果,在这个制度下工人有了一定的工作时间,以及雇主机器的工作时间延长,维持一定产出所需要的机器数量相应减少,这些问题这里不予讨论。很明显,任何产业中正常工作的劳动时间的增加,超过某一点,由于工人疲乏不堪,最后将降低而不是提高国民所得。生理学告诉我们,做了一定时间某种强度工作以后,身体需要一定间隔时间的休息以便恢复原来状态,这个间隔时间的增长要比工作时间快得多。若无适当的间隔时间,我们的官能日益迟钝。用增加的收入提供的额外营养难以好好消化,几乎没有什么益处。"疲倦紧密地封闭了进入体内的道路,以至于教育无法对其施教,娱乐无法使其快乐,休息无法使其恢复精力。"[①]此外,除了这种直接伤害效率外,还有间接伤害也接踵来到,以至于求助于兴奋剂或不健康形式的刺激,也由于精疲力竭的事实而引起。[②]作为结果,由于逃避出工和迟到早退而损失工时以及由于在整个

① 戈德马克,《疲倦与效率》,第284页。

② 参考查普曼,"劳动时间",刊于《经济学杂志》,1909年,第360页。

当班时间缺少精力和专注，产量大受影响。当然，工作日的确切长度根据气候而变动，超过这个长度的工时增加将缩减国民所得。在炎热国家，以低强度长时间工作可能使生产力更高，在寒冷国家，那里有多种消费的食物，以高强度短工时效力更好。[①] 效率还因受影响工人的类别而不同。儿童和妇女，尤其是妇女，她们除辛劳工作外还有照顾家庭的担子，所以一般地承担的工作要比成年男人较少。对于她们较多的闲暇能产生较大的回报——对儿童是有益健康的睡眠和游戏的机会，对妇女是更好照料家庭的机会。[②] 还有一个重要因素是所做工作的种类。长时间沉重的肌肉运用和精神或神经紧张比仅仅是长时间的轻度专心更大地损害效率。同样，赚钱多的工人营养较好，因而可以比贫穷工人承受更多工作。然而还要根据工人消费其闲暇时间方式的不同决定效果的不同，要看他们把空闲时是否白白地浪费掉，还是在自己的菜园里辛勤工作，或者用于真正的消遣。效力还将根据缩短的工作时间是否导致在工作时间里更大的劳动强度和随之而来的极度紧张而变化——这件事部分取决于工资支付是计件还是按时，部分取决于所做的工作是否可用改进工作方法而加速，或者只能用更大的体力劳动而加速；部分取决于休息间隙和开始工作的时间是否经仔细检测以最能促进有效工作的方法为基础。[③] 考虑到

---

① 参考吉尼，《对国际联盟作原料和食物的报告》，1922年，第41页。

② 参考马歇尔，《皇家劳工委员会》，季刊，第4253号。

③ 关于早餐前开始工作对产量的效果，参考（敕令书，8511）第58页及以下各页。这个报告的结论是，在某种类型军火工作中，取消早餐前开始工作，可能对产量有利（第66页）。

这些问题，很清楚，劳动时间和国民所得间的关系难以作出一般性说明。这个关系在不同类型工人和不同种类工作中有所不同。“在产量主要由机器控制的地方，损失（由于长时间工作而形成）可能不大。产量特别取决于工人的地方，损失会很大。对于纯粹机械工作，疲劳的工人有时做得相当好。需要判断力和谨慎的技术性强的工作，要求工人有新颖思想和精力充沛。”[①]真的务须记住，甚至单纯为自动机器添料，要有或多或少的规律性和完整性才能完成，可以信任一个不疲劳工人管理的机器台数要比可以信任一个疲劳工人去管理的台数较多。[②] 无论如何基本要点在于，在若干产业中对于每种工人要有某种长度的工作日，超过这个长度将不利于国民所得。1916 年对军火工人工作条件的官方详细调查，导致调查人员作出这样的结论，生产最大产量的工作时间是，从事“极重劳动”的男工约每周 56 小时，从事“重劳动”的男工约每周 60 小时，从事“轻劳动”的男工约每周 70 小时，从事“适度重”劳动的妇女为 56 小时，从事“轻劳动”的妇女为 60 小时。[③] 可是务须记住，正如调查人员指出，关于那些将要成为军火工人中最适合者的数据指的是在相当紧张状态下的工作时间。而且，因为在和平时间，工人自然希望保留一些多余精力以便在工作之余从事业余爱好和娱乐，而在战时，他们可以准备完全竭尽他们的精力，和平时期的长时间工作可能每小时中要比他们在战时产生较严重的松

① 《关于产业疲劳的第二次临时报告》（敕令书，8335），第 50 页。

② 参考利弗休姆，《六小时工作日》，第 21 页。

③ 《军火工人的健康状况》，《备忘录》，第 12 号（敕令书，8344），第 9 页。

劲情形。[①]“因此适合和平时期的最佳工时，在任何情况下要比上边提到数字作相当明显的缩短。”[②]

第 2 节

初看时人们可能要想，这个结论有学术重要性没有实际重要性，因为雇主和工人必然会阻止不适当长的工作时间。但是有大量经验否定这个乐观的看法，表明个人的自私自利常常严重地做不到这一点。没有必要援引工厂制度早期的可怕历史。在很近时候，蔡司公司的阿贝博士认为，根据他本人主持的试验认为，在至少四分之三产业工人中，大部分绝对产量——不仅仅是每小时大部分产量——可望是从每天 8～9 小时的正规工作而不是从较长时间正规工作中生产出来的。[③] 在他自己的工厂里，“他发现在 253 个不同工种里，使用完全相同的机器，9 小时工作日比 10 小时工作日多得 4％的产量”；[④]其他工厂在战前和战后时期也有许多同样事例记录在案。[⑤] 实在说，甚至在这个领域中最小心的实验也很难得出有把握的结论。因为实验结果将会误导：(1)每小时额外产量会不会是仅仅由于工人暂时性的精神突然振作而不是效率的真正提高；(2)工作时间的减少是不是由于一般工作组织的改善，也就是以 3 班制取代 2 班制，并牵涉使用机器时间的增加，譬

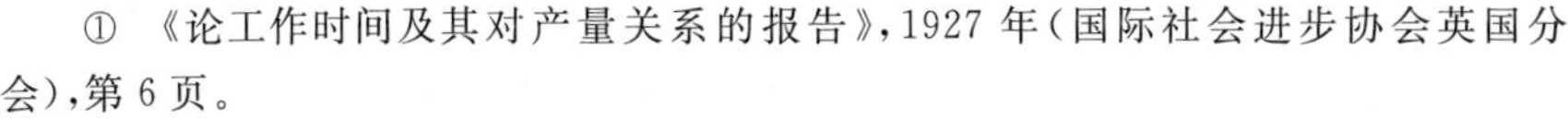

① 《论工作时间及其对产量关系的报告》，1927 年(国际社会进步协会英国分会)，第 6 页。

② 《军火工人的健康状况》，《备忘录》，第 12 号(敕令书，8344)，第 10 页。

③ 康拉德，《政治学手册》，第 1 卷，第 1214 页。

④ 劳动协会报告，《连续产业中劳动时间特别委员会》，第 10 页。

⑤ 同上，第 10～11 页。

如说从15小时增至24小时;(3)工作时间的减少是不是由于做实验工作时吸引来的一档子工人比那里原先使用的工人优秀。但是,尽管有这些或别的困难,[①]证据有相当的说服力,表明事实上人们常常采用超过国民所得要求的最大利益的劳动时间。当我们考虑到这些实验不能表达任何遥远的后果——如较短工时可以延长有关人员的工作寿命——使这个推论更有力量。

第3节

初一见难以理解,在什么过程中能够产生这样的事态,因为允许工时超过能达到最大产量的时间,看来有违工人和雇主的利益。可是这个显然似非而是的问题不难解答。第一,工人在考虑他们同意工作每天多长工时常常没想到不适当长的工时对他们效率的损害。在这个问题上他们缺乏先见之明就像所有阶级的人们普遍没有能力适当地预见他们将来会做些什么事情以及他们将来会遇到什么事情一样。第二,雇主也常常不理解,较短工作时间将提高工人的效率,因而有助于他们自己的利益。第三,对雇主一方这是主要事情——除非在某个产业部门掌握实际垄断权的企业里,并可以期望长期保持同样的工作能手,雇主与工人间缺乏持久的接触,使得为了他们利益把工作时间定得比从长期看来符合整个生产利益的时间更长。一位为他雇用工人的福利成功地制定许多计划的雇主的几句话很好地说明了这一点。他说,“像这样的雇主主

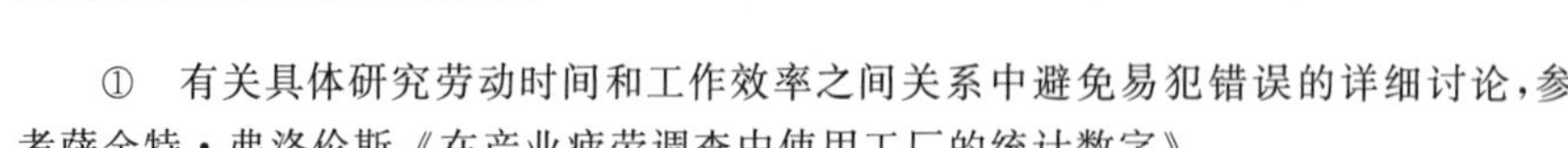

① 有关具体研究劳动时间和工作效率之间关系中避免易犯错误的详细讨论,参考萨金特·弗洛伦斯,《在产业疲劳调查中使用工厂的统计数字》。

要的兴趣不在保持劳动力优良状态。他要的是有效劳动力的充分供应以满足他的眼前需求，虽然到最后这种供应将减少，除非整个国家允许折磨工人，以刺激进步效率，否则在我们目前的竞争制度下，他采取的不可能是长期的观点。他能与别人打交道，但不能领先于别人。就当时达到的程度而言，他典型地反映了眼前和有限的利益而不是最后和普遍利益，他的经济观点必然与整个国家的经济观点形成明显的差异”。[①] 这种把雇主利益等同于眼前产量而不是最后产量的看法因为下列理由而显得特别重要。在工人流动性和工会组织不完善的地方，正如我们开始讨论“不公平工资”时所表现的。在雇主和工人之间谈判中存在一定的不确定范围，雇主的讨价还价能力与工人相比较，在谈判劳动时间问题时要比谈判工资问题时大。因为，争取获得较高工资的工人可以说他只要提高自己的砝码就行，一般说来这是由于技术原因，但不可能在关于劳动时间上得到任何让步，因为这件事在性质上非同一般，因而对方不大愿意给予。此外，如果雇主成功地在工资问题上剥削工人，由此导致工人的贫穷会使他们**愿意**做较长时间的工。结果是，当剥削存在的时候，绝对有可能让大家都感到，对于国民所得的最大利益来说劳动时间太长了。它的影响在任何地方都不好，但在受影响者是妇女和青少年的地方后果特别坏，他们毕生的总效率可能由于青年时过度紧张而大受损伤。

① 参考普劳德，《福利工作》，第 50～51 页。

第 4 节

此外,在这个问题上把注意力局限于对国民所得产生的后果上是会使人产生误解的。因为一般说来,适合于长时期产量最大化的工作日,考虑到工人和其他人之间的现有财富分配,从经济福利观点来看不是确当的工作日。经济福利要求的是,工人应该每天做工这么多的小时,也就是由最后一个小时挣得的工资——考虑到每一个额外小时的工作减少他们享受其工资能使他们购买的不论什么东西的机会——应该正好补偿他们较长时间工作的不愉快。有一种假设认为,能满足这个条件的工作日要相当地短于即使从长期看来能使产量最大化的工作日。如果那时,如我们已经表明,正常经济力量的发挥有可能使工作日对国民所得的最大利益来说是太长,对经济福利的最大利益来说更是太长。

第 5 节

上面所说的足够构成国家干预显而易见的理由。可是即使在雇主剥削的危险没有强大工会行动抵制组织不健全的产业里,在考虑到逃避法律的可能性之前,不能认为这个理由已经确立。在有关工资的法律中,立即就能见到,这一点有极大的实际重要性。例如,以增加工资将立刻使生产量相应增加为理由建议强制提高工资率时,这个理由会受到反对,因为生产量的反应不是立即出现的,雇主将受强制增加工资率的刺激而开除那些业已不值他们要求工资的工人。但是针对减少劳动时间的建议,这类反对意见站不住脚。若是不提高每小时工资率,劳动时间的减少,无论如何在雇主有时间为此减少工厂机械设备之前，不会使雇主为自身利益雇用比以前较少的工人。结果是充分的间歇将得到允许，但要求工资率增加时，就不会常常被允许了，因为增加工资有助于生产力的提高，由此来产生所增加的工资。这就意味着当开除工人的危险即将出现时，生产力有了改善，就能抵消这个危险。这样的考虑是重要的，但当然不是完全肯定的。还需要考虑政府在多大程度上有能力制定出经过分析表明切实可行的经精细调整的规则。迄今为止制定政策的系统知识基础一直不大，今后研究仍有宽广的范围。同时大家可能同意，限制产业工作时间立法的一般基础是健全的。战后早期许多国家中进展显著迅速地在所有产业中固定实行一天 8 小时最高工作制的运动(容有某些特殊例外)，在广泛社会基础上得到赞同和支持。应当承认不同类别工人的不同需要，普遍最高工时不应趋向于变成普遍的最低工时，这点十分重要。

第 6 节

关于这个问题的一个进一步方面必须加以考虑。显然，在这个规则上不论施加什么限制，也不能使它绝对僵硬；因为如果是这样，在某些情况下，当工作的立即需要是如此迫切以致压倒任何间接后果时，却没有办法工作。例如，某种原材料只适合在短时间使用，如果不在那时加工就彻底浪费掉。适当的例子是使用于水果罐头厂的水果，在这个产业里拒不同意偶尔超过工作时间，可能意味着时时有宝贵农作物的全部损失。[①] 某些形式的修理工作情形

① 但是如戈德马克小姐指出，这个考虑不能为加班提供任何借口，事实上，在美国水果罐头厂里在罐头密封后在罐上贴标签和印标记的工人中加班盛行(《疲劳与效率》，第 187 页)。

相同。它们必须立刻进行工作，否则会造成非常严重的损失，从这个意义上说，它们是十分紧急的工作。很明显，当这些情况频繁时，严格规则应该作某些放松，不管规则背后有立法的权威或者有工会和雇主联合会间的集体协议。换言之，有时应该允许正式批准时间以外一定数量的加班。可是这个让步不应被滥用，这点十分重要。务必清楚地理解，即使在工人加班之后给予同样长的休闲时间，它还是常有损害的。“在加班时间，就在此时没有了闲暇和休息，对人的机体加上更重更长的劳动。实际上不可避免的是，新陈代谢的平衡失调……当我们的弹性能力被过分地拉紧时，就不能回弹，或者只有极慢的回弹。一个年轻女工要恢复这样的代谢损失，需要的时间、休息和补充是她无法得到的。淡季时的补偿来得太迟了……做了双重工作后，肌肉需要的不是双倍而是四倍那么长的休息才能恢复，我们身体的其他组织和我们的全部机体也是一样，过度工作后同样需要超过比例增加的休息。”①“一个人经过寻常时间的劳动，一旦达到一定程度疲劳时，继续进行进一步的劳动（加班）而不作必要的休息以消除已经产生的疲劳，这进一步的劳动发生更大的生理后果并消耗机体，其程度较之不疲劳时做同样分量工作大得多。”②在正常工作时间已经达到适合全部效率的最大程度的所有产业中，必然出现加班劳动后的损害性后果，为此提出的借口不论如何令人信服，应该以极大的谨慎加以详尽检查。在进行这样的检查时，至为重要的是牢牢记住，禁止加班带

① 戈德马克，《疲劳与效率》，第 88 页。

② 《关于产业疲劳的第二次临时报告》（敕令书，8335，1916 年，第 16 页）。

来的即时损害，事实上常常比初见时小得多。因为第一，只要一个产业里有一批企业发生生产压力时其他企业业务松闲，禁止加班不一定会阻止它们本来能完成的工作，但可能或者根据委托或者由直接命令，把压力转移给其他企业。第二，在一些产业中，制造商品可以成为存货，在一般旺季禁止加班实际上将直接减少那个时期的工作时间，但是也会间接增加先前萧条时期所做的工作时间。此外，在这一点上应该给予"为存货生产"这个概念比寻常更广泛的含义，为订单必须制造的物品不能作为寻常意义上的存货。但是，只要它们能够在顾客需要之前存贮起来，根据当前的观点必须把它们看作存货。济贫法委员会中的少数派在写下面一段文字时考虑的就是这类商品："使用法律限制劳动时间的办法可以使消费者压力的变化不会大起大落。当棉纺工人的工作时间由个别棉纺厂主确定时，棉纺和棉织就是季节性行业的极端例子；厂主不能拒绝顾客坚持要立即交货。现在法律规定了最高工作时间，买主已知道他的需求应更加正规。伦敦制衣业的季节性的极端不规则，如果绝对阻止制衣工超过固定最高工作时间做工，无疑会有所减轻。顾客也显然不能坚持要求在不合理的短时间内交货"。[1]结果是，在旺季以前时间生产的产量会增加，这样部分地抵消旺季时直接受加班减少影响而降低的产量。第三，有某些物品，不管它们能否为任何意义上的存货而制造，对它们的需求可以推迟一段相当长时间。一次使用就消费掉的商品和劳务一般地不属于这一类。如果不能满足现在存在的对面包、啤酒、医疗或铁路旅行的欲

① 《皇家济贫法委员会报告》，第 1185 页脚注。

望这个事实不会引起将来对这些东西存在的欲望，比现在如果能够满足时对将来存在这些东西的欲望更大。某些商品和劳务——甚至是立即可以消费的那一种——受可以推迟需求的支配。例如，一个人希望在他有生之年作一次去欧洲大陆的观光旅行；要是今年办不到，他想望明年做到。对其需求可以推迟的大部分重要物品是耐久商品，如靴子、衣服、钢琴、机器和房屋。对这些东西的欲望是基于期望它们能在相当长时间内给予服务。例如，假定自行车的正常使用寿命为7年，我想现在买一辆。如果我现在买了，我将不再想望明年再买一辆；但是，如果我现在没有买，其后果是把需求转入第二年，需求强度至少是现在需求的七分之六。在所有制造这类商品的产业中，禁止加班对旺季施加的限制，部分被随后淡季对工作的刺激所抵消。针对这些考虑，有必要提出对另外一方面的一种考虑。如果禁止了加班，雇主会认为，通过提供较高工资招收比可以加班时他们原来认为必要的较多工人作为储备，符合他们的利益。因为储备越多，由于不能加班而阻止他们完成他们想要完成的订单的可能越少。[①] 可是，当储备巨大时，包含了辅助性的工人，他们只有在生产旺季时才实际受雇用；在一般或清淡季节，他们空闲着依附这个产业，不是被雇用而是叫他们干些杂活，否则他们可能到其他产业干同样的工作。只要发生这种情况，限制加班使直接受影响产业所做的工作量在旺季和淡季基本上不

① 这点从订做服装成衣业中女工加班时间比男工少这个事实中得到间接说明。男工的技术高，他们的人数不容易补充。但女工的技术差，“因而容易得到半熟练女工的储备，她们在任何时候都急着找工作，这种情况往往能减轻技术性不强或妇女的产业在部门的季节性压力。”（韦布，《季节性行业》，第87页）

变，但它使整个产业在淡旺季时所做的工作量少于能加班时本来可以达到的数量。这种形式的反应在流行以临时方式雇用工人的产业特别容易形成。当受到这种威胁而不能成功地抵抗时，支持严格限制加班的理由就这样被削弱了。

第8章　产业酬劳方法

第1节

产业酬劳方法施加于国民所得并通过它施加于经济福利的影响，其重要性的确小于劳动时间，但仍然十分重要。任何产业不论采取何种方法，经济力量的总趋势将使提供给每一类工人的工资大致上接近那类工人的社会净边际产品的价值，但须接受几点与这里无关的限定性条件。乍一见，如果真是这样，看来不管流行的报酬方法什么样，事物必定以同样方式发展。但实际情况并非如此。因为，虽然在所有制度下，付给一个人一年的报酬就值他一年的工作，但在某种制度下，干较多的工作对他有利，因为这样做得到比在其他制度下较大的价值。因此可以使工资与这个工人在任何时刻得到的结果无关，只是被调整到经验表明可以希望他在那种报酬方法下达到的平均结果；或者可以被调整到不仅是平均而且是连续和详尽的结果；或者可以采取这些办法中间的某种折中办法。概括地说，用流行的报酬方法把工资调整得越接近个人的结果，工人的产量将越大。当然，这个说法并非到处都是正确的。在某几种工作中，工作本身的兴趣或者做这种工作给予人的兴趣，诱导人们尽可能努力工作，不计较为他们所做工作付酬的方式。大部分独创性的艺术创作工作、政府部门的高级行政工作以及甚至某些自由职业都有这种状况。在这些职业中，如果支付固定年

薪或者固定钟点工资，不考虑工作人员在特定期间实际完成的业绩，对国民所得丝毫无损。如果这些职业足够稳定，没有必要作高度的流动，甚至完全可以实行终身薪金并逐年增加的办法，薪金主要不是按雇员工作价值的假定变化而调整，而是根据他国内的地位和需要的假定变化而调整。可是，普通体力劳动工人要做的大部分工作是一般性的日常工作，由于劳动分工，他们与他们感兴趣的任何最终产品关系遥远，很难期望足以唤起他们持久、自发和无私的努力。即使如此，还会发现一些人，为追求优秀而卓越工作的热情或出于严格的社会责任意识，促使他们不考虑回报竭尽全力做好工作；出现这种情况的前景，在劳工合伙制成功地唤起工人对雇用他们的公司产生主人翁思想和爱心的地方特别有可能。但是，在从事体力劳动职业的普通工人的绝大部分中，目前找寻不到这种事迹。如果付给工人的工资随着他们工作量的变化而变化，不是后者变化而前者不动，那么工人所做的工作量在任何小时、星期或年份都将增加。工人方面增加的努力得到的工资回报越接近增加努力所造成的产量增加的差额，国民所得将越大；在这件事情上，由改善的调整所产生的国民所得的增大，不言而喻将带来经济福利的增加。[1] 当然，这样说并不暗示，工资应该如通常理解的那样等同于工人的产量；因为这个产量部分是由于有机器和设备，如果它们不帮助他，原本会帮助其他工人增加产量。这样说甚至也没有这样的意思：工资应该像通常理解的那样与工人产量的价值成精确的比例。在工厂里——当然与家庭佣工不同——当工人慢

① 请参考下文第 13 节。

腾腾工作时，他在生产一定量产品中“占据”雇主的机器或工作场地要比他快速工作时较长；因而阻挡了别人使用机器或工作场地。因此，为了在工资和净边际产品间作完善的调整，我们需要的不是与工人产量成比例地变动的工资而是与工人产量成累进关系的工资。当工厂设备的价值相对于工资数量越大时，这一点变得更加重要。[①] 可是这还是次要的问题。从目前的观点看，工资应该如寻常理解那样与产量成比例（可计算的比率在不同职业中不同）。换言之，工资应该与任何工人在不变条件下实际达到的结果相一致。

第 2 节

为了建立这种工资制度，在这个制度下工人的工资直接和贴近地根据他的产量，我们必须有某种方法或多或少精确地随时确定实际产量有多大。在这样的做法中有许多阻碍，其重要性在不同职业中有所不同。这些阻碍中第一个是——虽不是主要的——工人的产量严格分析起来除了他的劳力与交给他的机器相结合而产生的实物产品外，还包括其他要素。如杰文斯很久前所说：“在每一个工厂中，工人有极多机会为它做好事或坏事，如果能使他真正感觉到他的利益与雇主利益是一致的，工厂的利润在许多情况

① 有时使用这个道理作为反对付给与男工从事同样工作的女工相等的计件工资的论据。例如，在某些工程作业中雇主声称，妇女做事比男人慢，但她们需要比例上高得多的间接费用（《战时内阁产业妇女委员会报告》，第 84 页）。可是显然，这种类型的推理是指给全部做工缓慢者而不是给做工快速者的较低计件工资，而不管其是男人还是女人。

下无疑能大大增加”。[①] 在这些外加的要素中，最重要的也许是工人能提出更有效或更节约的工作方法的建议和以他的影响为推进车间的融洽气氛和良好伙伴关系作出贡献。这些要素的确可以用大致上一般的方式加以考虑，可以提供旨在诱发工人提出建议和贡献的金钱奖励；但要近似地测定它们的价值显然是不可能的。[②]

第 3 节

第二个困难是，个别工人生产的实物产量不但有数量上的不同，而且有质量上的差异。所以能够测量产品的数量是不够的，除非能防止工人为了较大产量把产品做得较坏。在某些情况下利用仔细设计的检查和监督手段能做到这一点，在某种类型工作中也可以使用机械仪器。有人说过“在军火工业里，精密度至关重要，雇用从事测量产品的雇员和实际生产产品的雇员一般多，每一件产品——不仅是样品——都要经受检查过程”。[③] 可是这种设计不能有效地应用于工人必须在分散地点完成的工作以及其成果必须迅速覆盖的工作，如管道工程和铺设下水道。在这种类型的工作中，由于质量恶劣严重损害人的健康，所以普遍认为最好不要试

① 杰文斯，《社会改革的方法》，第 123 页。

② 在美国和英国，进步的企业经常作出安排，使工人能向企业的高级职员提出建议，不受监工和工头可能受妒忌动机的驱使，对他们进行干预；如建议决定采取，将对他颁发奖品和奖金(参考吉尔曼《给劳动者的红利》，第 230 页；朗特里《产业的改进》，第 31 页；米金《模范工厂和村庄》，第 322 页)。在范・马肯的工厂中，为“良好伙伴关系和合作”颁发奖金，从而鼓励了其行为导致企业顺利经营的那些人(米金，《模范工厂和村庄》，第 315 页)。

③ 萨金特・弗洛伦斯，《在产业疲劳调查中使用工厂的统计数字》，第 72 页。

图根据产量决定工资。

第 4 节

即使在可以实施恰当数量标准并不存在对质量有损害性反应危险的地方，度量产品数量本身也常有困难。工作中包含一般监督和照顾而不是特定的机械操作时尤其困难。海员、电报和电话操作人员、卡车司机和铁道信号员所做的工作就属于这一种。许多农业工作也是如此。因此，M. 贝西写道："可测量事物的本质是它们的同质性和它们本身的同一性。例如，收获和清除根株可以实行计件工资，因为这种工作几天和几周都一个样，为了测量工作效率，所需要的就是点清堆在一起的谷物捆数，或者计算清除根株的表面积。大部分耕种工作都是一样。但是另一方面，饲养和管理家畜者的工作一天中时时变动，每天早上以这样的方式重新开始，他的工作不可能概括或汇总。它包括看守牧场，照料牲畜，清洗厩棚等等，所有工作本身复杂，不可能有普通的计算方法在限定时间里和固定的钟点中完成计算，它常常属于这样的一种性质，施加任何外加的刺激起不了任何作用。这就是为什么在英格兰东部和东南部适于耕种地区使用十分广泛的计件工资而在畜牧地区十分稀有的原因"。[①] 在机械工作中，一群人的总产量一般说来总是相当清楚和可以计量的。但即使是这样，要个别区分和计量个别人作出的贡献有时还是十分困难。在工作由一批收割机和挖土机完成时这种困难更加突出。在店员工作中测定生产数量也有某种

① 《英国农业的危机与进步》，第 99～100 页。

不大的重要性，因为这些人的工作不仅仅为顾客服务，而且当他们自己忙得脱不开身时，得将业务妥帖地交给其他店员。

第 5 节

现在让我们假设，我们必须研究的职业中这种困难已在一定程度上得到克服，因而对工人一天天或所作的贡献能够作出大概的度量或估计。并要求作这样的安排，使得能根据度量结果调整工资。在某种程度上——比寻常设想的更大程度上——这个工作也可以常常用普通的计时工资制来完成。虽然每天或每周根据工人的完成工作的变动来改变他的计时工资是不实际的，但常常可能做到的是作这样的安排，使工人可以合理期望大体上较高的工资率是对较好工作的奖励。此外，在没有这种机会的时候，几乎可以肯定，在不景气的时候保持原来工作，等待上升到工资较高的工作岗位，以改善他们的前程。[①]

第 6 节

但是很清楚，依靠计件工资方法能做到工资更接近劳动的调整。在这种方法下，付给在某种条件中使用某种机器工作的工人的工资确切地与他们的实际产量成比例。当然大家承认，“如果制造商作出能直接减少工作时间的贡献，如在按原来设定的工时使用原先碳钢工具的地方，现在供给改进的机器、钻模和夹具或者高速切钢刀具，那么降低设定的工时是完全正确和公平的”。——实

① 参考下文第 15 章，第 2 节。

际上这意味着降低按件计算的工资。如果不这样做，任何产业中改进的利益被在那里工作的特定工人拿走——他们为了保有它，一定会把自己组成牢固的圈子，以排斥新来者——而不是如正常情况下应该做的那样把利益分布给整个购买产品的公众。但是在某些条件下，在简单的计件工资制下，**根据当前的观点**，付给工人的工资与他的产量成直接比例，每单位工资的实际数量大致上相等于他在支持机器制成这个产量中其劳务的（边际）价值。① 的确，如本章第1节最后部分所指出的，这种调整并不精确。甚至在计件工资制下，巨大劳力并不按其完全比例价值直接给予报酬。但是考虑到这样的事实，那就是在计件工资制下——计时工资制也一样——一个人工作得越好，他的正规就业越安全，因之可以公正地说，这种调整**接近**精确。结果是，乍一见似乎是，现在提到的这个制度，除了可能使工人过度紧张外，假使能正确地调整工资率水平，一定能够获得实际达得到的最大产量。② 这个制度已建立多时，在这个国家的煤矿、纺织业、制鞋业和许多其他行业中实施得相当成功。

① 当然，这个说法在"集体计件工资制"中就不相符合，在这种制度下每个人的工资取决于他所属整个单位的产量。当单位很小时，这种形式的计件工资能发挥一些诱导作用，但在单位庞大时，实际上不起作用。

② 大家可能注意到，如果在所有产业里普遍以计件工资取代计时工资，其结果是工人使出的劳力大量增加，工人劳力的每单位价值由于那种事实而稍稍降低，因此，就一定量劳力和产量的工资而言必定比以前略微减少。这样，如果在计时工资时为每小时1先令，正常1小时生产两件，所以每件付6便士；而在一般计件工资制中，调整工资的基础必定是每件略低于6便士。但是当只在一个产业完成了从计时工资改变为计件工资时，这方面的效果（不同产业中工人的分布经过调整后），一般说来将是很小的。

第7节

可是经验表明，有不少产业计件工资失败。在开始实行计件工资率时，在它的影响下工人增加了产量，雇主认为某些工人现在赚钱太多，有时就“削减”工资率。工人看在眼里，懂得了他们的额外努力可能引起的不仅是收入立即增加，而且是计件工资率的随即降低，后者的结果对他们来说是，若不比先前更艰苦工作便不可能保持原来的工资收入。为了避免这个结果，他们往往故意限制产量（不管是不是经过正式同意），因而对于国民所得获得的利益来说，比较计时工资制下的产量，如果有的话也是极少的。

第8节

这个困难的明显解决办法就是雇主应该在任何环境中绝对不要像偶尔采取过的那样削减工资率。这样，美国“在1902年春天，制模工正式与雇主保护协会达成协议，鉴于协议规定在调整计件工资时不考虑个别制模工的收入，对石模制作部门不应有（产量）的限制”。[①] 可是，除了担心雇主稍稍改变工作的性质以引起工资率重大改变，使得无道德原则的雇主以可耻的方式规避这种保证外，保证工资率在一开始就合理地固定下来的极端困难，即使是最好的雇主也会在作出这种保证上望而却步。因为作为这样做的结果，他们可能发现自己会不得不长期地为一件工作支付比在自由市场让别人做同样工作多3倍或4倍的工资。因此，他们中有些

① 麦凯布，《美国工会的标准工资率》，第224～225页。

人采取这样的办法：如果协议写上不准“削减”的有效保证，他们必须要得到这个保证不会使他们支付太大代价的担保。这就是总称为**奖励制**所包含的各种不同酬劳方法的由来。这些方法的基本特性是，相应于超过标准的产量而增加的工资，增加量成比例地少于这些产量的增加。但是作为补偿，只要现有生产方式不变，向工人保证——至少在理论上——对工资率不作何削减。奖金数量与超标准产量增加之间的精确关系在不同方法中有所不同。根据称为哈尔西计划的方法，产量增加超过标准产量每1%，工资增加数量为标准工资1%中**不变的一小部分**；根据同样有名的罗恩计划，工资增加数量为1%的**不变地递减的一小部分**。[①] 这些计划的支持者认为，与根据这些计划提出的简单计件工资制的规定相比较的低奖金率，以及随之发生的对雇主责任的限制，使得有可能得到反对任何削减工资率的真正有效的保证，所以总的看来，这些计划能

① 这些制度能以如下方程式方便地表示，施洛斯在1915年12月份的《皇家经济学学会会刊》中将此方程式转化为印在刊上的方程式。

设W为标准工资，P为标准产量，w为工人所得的实际工资，p为那个工人的实际产量，那么哈尔西计划的一般方程式为：

$$w=W\left\{1+\frac{1}{n}\frac{p-P}{P}\right\}$$

式中n为任何整数。当哈尔西先生著作中应用这个计划的特定变体时，n的数值为2。罗恩计划的一般方程式是：

$$w=W\left\{1+\frac{p-P}{P}f(p)\right\}$$

式中$f(p)$为负数。

在罗恩著作中应用这个计划的特定变体时，$f(p)$的数值为$\frac{P}{p}$，因而w能够获得的最大值为2W. 在英国（不是在德国）这类计划通常不顾产量多少，保证与最小计时工资相联系；也就是说当$p<P$时，就不实行这个方程式，而是支付标准工资W.

将报酬调整得比在简单计件工资制下更与产量接近。实际上，在奖金计划的应用上存在相当大的困难，只有在所有工人的生产能力或多或少相近似的工场才能顺利推行，因为，如果工人的生产能力相差巨大，能力强者比能力弱者多生产$\frac{1}{2}$，而工资比后者多远远不到$\frac{1}{2}$；在这种情况下，结果不可能不出现摩擦。但是因为技术原因，当个人之间的产量差距不会很大时，就不会出现这种困难。因而有人说，奖金计划可以证明是刺激生产的有效办法。①

第 9 节

现在，如果能使工人认为这些计划是公平的，并信任不削减工资率的保证，这些计划就比工人时时担心工资削减的计件工资制有较大的效率。但是在事实上它们是不公平的。当一个工人在其他条件完全一样的情况下，把产量翻了一番，由于他生产一定数量的产品占用机器的时间缩短，他对雇主的贡献比以前不止多两倍，雇主按照所有奖金计划给他的报酬远远低于他以前所得的两倍，在这种处境下工人会感到受剥削。如果说保留一部分那位工人造成的收益用以促使雇主提供一些便利设施和辅助设施——“额外设备、小型工具、较多的动力、改良的灯光、较好的组织等等，”②——这些东西本身部分是促使工人增加产量的原因，所以也不是恰当的回答。这些东西可以提供也可以不提供。如果提供

① 参考查普曼，《工作与工资》，第 2 卷，第 184～185 页。

② 罗恩・汤姆森，《罗恩奖金补助费制度》，第 12 页。

了，应该调整工资率补偿雇主的开支。但是奖金制并不提供一定会这样做的任何保证；它们保证，即使当条件绝对未变，全部额外产量是出于那位工人的努力时，加倍产量将意味着比双倍工资少得多。这种不公正或早或迟会被察觉，当被察觉时，这个工人自然地对此愤懑不平，因而很可能促使产量下降，抵消了这个计划最初对国民所得所起的良好作用。无论如何，奖金计划能够具有的比计件工资制惟一的优点是它们有可能成为抵制工资率削减的有效保证。因而很清楚，它们肯定不如组织健全能克服削减困难的计件工资率制度。真正问题不是像奖金计划实际所做的那样要规避设计这样一个制度的任务，而是要在那个任务依旧令人害怕的那些产业中面对它和在那里克服它，就像已经在纺织业和煤矿业克服了它一样。

第 10 节

企图削减工资率的雇主有两种，一种是诚实的雇主，经验表明所确定的特定工资率相对于一般工资率确实太高；另一种是不诚实的雇主，意在纯粹剥削，也就是企图给工人的工资少于他们的边际价值。很清楚第一种削减在任何令人满意的制度中应该加以考虑，正如有时把工资率定得太低时应该予以提高。应该采取仔细设计的预防措施以保证这类错误极少发生，但当它们真的发生时，应当有纠正它们的机构。要是这个机构得到工人群众的信任，他们对这类工资率削减的担心不会产生什么害处。另一方面，剥削性削减必须予以坚决防止。由分散的工人与他们雇主间进行个别谈判确定的计件工资，这两种削减都不会发生。此外，当一个坏雇主根据这种安排成功地“削减”工资率，他的成功使得他的竞争者很难不跟随这个榜样，因此很容易开始一场渐增的运动。但是没有必要通过个别谈判确定计件工资率。在这个事实中可以找到解决问题的办法。因为集体谈判为制止实际是剥削的这种削减提供保证，并使建立机构——或是联合委员会或是联合任命的工资率确定人——更为容易，由它们来调整在最早确定时已造成错误的特定工资率。在这个问题上，注意到工程业中计件工资的迅速扩大是有趣的，它在大战时期出现——无疑，它是由所需要产品的巨大一致性促成的——“导致集体谈判的多种多样形式。在某些企业中，把每件产品的新价格在与个别工人讨论之前提交工人委员会。在别的企业中，建立仲裁委员会来考虑对经理部门所定的计件价格或奖金补助费发放次数的不满申诉并提交讨论。在另外一些企业中，不是与个别工人而是与这个工人以及两三个做同样工作的他的同事讨论计件价格。”[①]在特定工厂内进行的这些集体谈判当然是不公开的。它们的目的在于调整工资率与工厂的特殊条件相适应，以达到工资率与雇主和雇工的代表协会间的集体谈判为整个产业确立的标准条件相一致。[②] 在诸如纺织、煤矿和制鞋产业里，计件工资被那里的工人成功地欣然接受，这个制度总是通过集体谈判确定的。在诸如工程、木器和建筑业实行计件工资有困难和反对的地方，真正原因在于不同工场使用的机器在质量上的细微差别以及数量上和种类上的巨大差别使得计件工资率全然

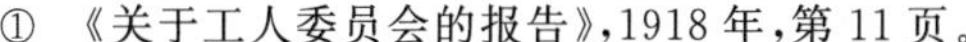

① 《关于工人委员会的报告》，1918 年，第 11 页。

② 参考《关于工人委员会的报告》，第 37～38 页。

不适合，因此阻拦了进行成功的集体谈判。在这种环境中，由计件工资取代计时工资常常意味着放弃集体谈判，主张实际上由雇主或其代表独断地决定的工资率，来对付分散孤立的工人群众。为了使计件工资制以及由它带来的对生产的好处可以赢得更大的阵地，需要的是在这些较困难的产业中成立一个适当的机构管辖计件工资工作，如此项工作在纺织业中接受集体谈判的完全控制一样。①

第 11 节

关于另一种工资支付的方法这里必须说明一下。与计时工资和计件工资不同，它与某种“科学管理”发展有关，名称为任务工资。这种方法有几种不同形式，其基本精神如下：进行一些实验来确定，一个第一流的工人在特定的条件下使用他的全部能力不过度紧张地工作，在一定时间内能生产多大的产量。于是把这样确定的产量定为标准任务。工人经过精细的挑选和训练，使实行这

① 对于这个主题的极好讨论，请参考韦布，《今日的工厂经理》，第 6 章和 D. H. 科尔，《工资的支付》，全书各处。有证据证明，“在德国，德意志共和国成立早期有组织工人表示的对计件工资的敌意，正被欢迎实行它的倾向所取代，即使在像凿石业和金属器皿业那些过去不是坚决排斥它就是剧烈反对它的地方，情况也是一样。根据《帝国劳动报》报道，这种态度改变主要由于这样的事实，即工人（根据德国联邦宪法第 165 条）在工资条件规章上以平等地位与雇主合作；1920 年劳资协商法第 78 节特别地给予劳资协商会监督集体协议施行的权利，在不存在劳资协商会的地方，在确定计件工资率或其原则中与雇主合作。在大量集体协议中都列入同样条款，因此工人不但有法规的保证，在许多情况下还有合同的保证，使他们接受的计件工作制度不会在单方面对雇主有利的方式施行，而任何增加产量的收益也应由双方分享”（《劳动报》，1922 年，第 440 页）。

种办法的企业中使用的那些全体工人，从那里将要执行的工作观点看全是第一流的工人——如果他们属于任何其他等级，只要全体表现相同，就能做得同样好；工资制度以这样的方式调整，如果他们成功地完成标准任务，他们得到的工资要比达不到标准任务的工资多得多。[①] 这个方法可描述如下：“在这个制度下，每个工人有指派给他的工作，作为任务形式要他用限定的设备以上述方法在一定时间内完成。指定的任务是根据受过做这种工作最佳方法训练的专家的仔细调查确定的；任务确定者或他的助手充当教师，教导工人以特定的方式和时间进行工作。如果工作在专家额定的时间内完成，在质量上达到标准，工人得到他日工资以外的额外补贴（通常为额定时间工资的 20％到 50％）。如果在规定时间完不成工作，或者达不到质量标准，工人只能得到他的日工资”。[②] 根据这种方法的甘特变体，凡完成标准任务者除付给普通计时工资外加上一笔不少的奖金；根据泰勒变体，付给工人普通的计件工资，但当完成标准任务时，计件工资率有大量的提高。

第 12 节

在美国使用这个制度，到目前为止，工资标准没有采用集体谈判方法而是由雇主确定。当工人准备接受这个标准和当雇主讲理

① 应该注意，事实上关于工人每天工作时数应用了这个方法的非常严格形式；因为，如果一个人不愿按正规的工厂工作日工作，他根本不会受雇用，当然得不到工资。当然，此种理由可以在工厂管理的技术考虑中找到。雇用不同工人每天在工厂里工作不同时数，要比雇用工人以不同劳动强度在工厂里做工，有多得多的严重不方便。

② 戈因，《工业工程学原理》，第 135 页。

而大方时，无疑会有良好后果。但是显然存在贪心雇主利用他们确定工资标准的权力作为剥削手段的危险；[①]在英国，那里工会强大，可以肯定工人绝不会同意把这个权力放在雇主手中。如果由集体谈判确定标准，工人当然准备接受它，如果确定适当，最好的结果只能相等于顺利实行的计件工资制；要达到这样好的结果，一定要使应用任何标准的所有工人在能力上和性情上**完全**相同。除非满足这个不可能的条件，否则根据任务工资制的调整必然比根据适当安排的计件工资制的调整更不完善。因此从总体上说，由于很难想象做得到正确定出任务工资而做不到安排简单计件工资的情况，所以要把任务工资制引入这个国家，说不出什么道理。

第 13 节

本章推理出来的实际结论是，国民所得的利益和通过它达到的经济福利只有在目前报酬被调整到尽可能接近目前结果时才能

---

① 对泰勒制效果的调查，调查了根据它所雇用的几个女工的情况表明，事实上没有出现这个倒霉的可能性(《经济学季刊》，1914 年，第 549 页)。可是霍克西先生(《科学管理与劳力》，第 44 页及以下各页)对于这一点较不乐观。他写道："事实上，在科学管理工场里，发现对各种各样变体的确定任务与时间的研究，均涉及方法和结果。在一些研究中保持了有关列举所有因素的最高标准——全部或大部分工人定下了时间，作出了最大可行的读数，时间研究人员与工人间建立起亲密的关系，并告诫工人定时间时小心不要加快速度，如果还有怀疑，有意留下很大余地以弥补所有可能的错误。任务的公允是主导原则。在其他工场里，肯定追求最大任务，而为这个目的使方法扭曲。最敏捷的工人被选出来定时间，他们在特殊诱惑下或恐惧中工作，2 或 3 个读数就足够多了，不考虑留出余地或者把它削减到最低程度。100％效率的任务在所有意图和目的上都是武断地确定的，有时实际上在定时间研究以前，就把它确定在凭判断可以强迫工人去做的标准上，定时间研究的主要用途就是向工人证明，这个任务能够在允许时间内完成"(上引书，第 53 页)。

有最大的推进，一般说来只有集体谈判控制的计件工资表能最有效地达到这一点。有可能提出反对这个结论的主张，那就是工人在计件工资制下生产的巨大的目前产量是以竭尽体力为代价获得的，体力消耗过早地损害他们的健康，因而从长期来说会削弱他们的效率和产量。如果这些代价是确实的，我声称的计件工资的优点将被证明至少部分不切实际。必须承认，当计件工资制最早在以前对它不习惯的工人中实行时，有时它会导致精力的突发，这种状况不能维持长久而没有坏后果。但当从事这种工作的工人一旦在一定程度上适应新条件时，经验未曾表明这个制度促成过度紧张。此外，还必须记住，较大的工作紧张程度常常意味更多的思索、小心和趣味——并不含有特别严重疲劳与折腾的意思——而不是更大的肌肉和神经的劳顿。[①] 因此，对这个反对意见毋需太加重视，上边提出的结论可以认为是站得住脚的。

① 因此，凯德伯里先生就计件工资提出如下意见："如果得到适当的训练，工人会努力找到最快和用力最小的工作方法；有人发现，当计件工资率确定在过去有时间坐标基础的地方，产量翻了一番不会引起工人方面任何不适当的过分劳累，这主要是采用较好方法的结果。这种情形特别适用于手工生产过程"（《工业组织中的实验》，第 142 页）。

第 9 章　在不同职业和地区中的劳动分配

第 1 节

本章的主题是在不同职业和地区中的劳动分配。各种不同等级劳动的供应被认为是有限定的；有关培育和训练不同人们中的资本分配以及把个人分配到不同等级等等问题，留待第 4 编第 9 章讨论。上一编的分析表明，要使国民所得绝对地保持最大，在所有用途中每种资源形式的社会净边际产品的价值必须相等。它进一步表明，在许多职业中，社会净边际产品与私人净边际产品不同。因此国民所得的最大化不要求私人净边际产品的价值在所有用途中应该相等。相反，这样的普遍相等条件是与国民所得最大化不相容的。但是尽管是这样，我们的论证表明，在任何一点上离开相等，不会带来提高国民所得的精心设计，**很可能**表明使国民所得降低到它原来保持的水平以下。这种普通的结果也可应用在劳动上。任何等级劳动的私人净边际产品的价值——它永远相等于需求价格，一般地相等于在不同点上每一效率单位支付的工资——不能相等，**也许**只表示不同点之间的劳动分配，而不表示最有利于国民所得的分配。因此一般地说，在不同点上特定质量劳动的需求价格和工资率不能达到相等的原因也就是伤害国民所得的原因。这些原因可以分作 3 类——无知或不完整的知识，劳动

力运动的成本和由外部施加给劳动力运动的限制。

第 2 节

但是对这个归纳必须加上一个重要的限定条件。属于某些职业和地区的不利条件和有利条件(不包括工资率)并不是所有职业和地区普遍具有的。这样,在某些职业中,工作必须在特别不愉快的环境中进行,在黑暗和肮脏中进行,或者在受社会歧视下进行——如刽子手的工作。有些职业特别危险、不卫生或易受很长一阵子失业。有些职业几年后将耗尽人的力量与生机,而另一些职业容易从事到高龄。至于不同地区之间,有些地区生活费用中的房租或其他要素高过另外地区;有些地区气候条件优越;有些地区能得到比其他地区较多的社会便利设施。只要那些就业的人完全了解和仔细考虑不同职业和地区的这些不同的伴随有利条件和不利条件,它们将以与职业和地方工资率变化能做的完全一样的方式修改分配模式。与任何职业和地区的伴随条件完全相等相比较,愿分配去伴随有利条件较少的职业和地区的工人人数较少,愿分配去伴随有利条件较多的职业和地区的工人较多。在这种情况下,工人的净边际产品——因之一般说来他们的工资率——往往不是平等的,而是随着伴随有利条件与不利条件的差异价值而不同。考虑到这些不同的伴随有利条件和不利条件的事实,国民所得不会受损害,相反它反而增大,因为工人的分配离开了刚才所说的净边际产品价值平等的类型。当伴随的有利条件与不利条件能容易地以货币衡量时,这个论点就显而易见了。当它们是生活福利设施这样的东西时,如在干净地方工作要比在肮脏地方工作愉

快得多，如此等等；为了使我们的论点更有力量，有必要把国民所得的正式定义稍作延伸。可是，由于国民所得的词义我们只对它作为媒介，通过它来影响经济福利感到兴趣，所以我们不需迟疑进行这种延伸；因为完全达不到这里讨论的那种净边际产品价值的平等，或者意味着价值不平等的劳动分配，都对经济福利总额的增长有利。

第 3 节

综上所述，很快可以看出，当不同职业和地区中的伴随有利条件与不利条件不为就业的工人完全了解和仔细考虑时，这个事实引起劳动分配的方式，使净边际产品价值比它们应当给予国民所得的利益更接近平等。现在我们可以有信心地说，挣工资者作为一个整体，低估危险、不卫生和不稳定职业对比安全、健康和稳定职业的不利条件；另一方面，他们过高估计获得即刻大量工资但没有能力训练那种职业对比获得较少即刻工资但有较多能力训练的职业的有利条件。这两种错误估计主要出于同一原因，即人们更容易抓住明显的、有力地进入视野的东西，较难看到较远的必须用点力量才能抓住的好处。在这个意义上任何地方支付的工资率是明白无误的，但是事故和失业的机会，以及通过增长职业能力将后增加收入的前景，不深入探究和细心注意难以彻底明了。更有甚者，工人对危险、不卫生和不稳定职业的好处所持有的夸大观点——有训练对无训练职业的问题留待第 4 编单独论述——由于大多数人固有的认为他们个人比处于他们相同地位的“普通人”稍微高明的下意识情绪而增强。他们不需要用护栏围起机器；他们

的体质没有这么柔弱，不认为工作场所光线、空气和卫生条件欠佳会伤害他们；他们不是那种在年景不好时将会失去工作的人。总之，用亚当·斯密的话来说，劳动者天赋有“天生的信心，认为每个人或多或少不但依靠他自己的能力，也依靠他自己的好运”。这种直接有关者一方对事实的个人乐观主义——这是他们和他们的父母同样经历过的——由于全面理解事实真相的困难，加剧了错误判断。由于在这些问题上的错误判断流行，迫使劳动者进入危险、不卫生和不稳定的职业，直到那里它的净边际产品价值因过高的想象中的有利条件（对这些职业的错误判断超过它们的实际有利条件）而达不到它应有的水平；只有错误判断得到纠正，净边际产品价值中的不平衡才会相应地减小。对付这些明确的错误判断可以应用特定的纠正办法。这类特定办法由工人赔偿法和国家强制保险提供，经费单独由产业中比一般企业危险较大、有损健康和工作不稳定的企业提供，以应付工伤事故、职业病（包括因长期过度紧张造成体力的过早衰竭）和失业。这些办法以这样或那样的方式将伤害、疾病或失业的遥远和含糊的机会，显示为减少工资和丧失工资的明显形式。因而这些办法可以减少进入危险、不卫生和不稳定职业人数的比例，从而使这些职业中劳动净边际产品的价值实际上小于一般劳动净边际产品的价值，而更接近于它应有的水平。国家津贴安排方式若能**劝导**人们在保险上花较多的钱，尽管效力较小，它有助于推进同一目标。另一方面，国家提供事故、职业病和失业的保险，不管费用出自税收还是出自一般水平率的津贴，也不管它包括保险费**全部**或者只包括**一部分**，有利于缩小危险、不卫生和不稳定职业的差别，引起更多的人进入这些行业。

第 4 节

带来净边际产品价值做不到平等，而做不到的原因又是上两节讨论的在于不同挣工资劳动者的分配，如已经说明白的那样，这损害了国民所得，并由此损害了经济福利。出现在真实生活中分配“错误”的原因可以分作 3 类：无知、劳动力移动的成本和外界对劳动力移动施加的限制。

第 5 节

这些原因中的第一点，也就是最根本的一点是无知，它的作用损害新一代工人进入行业的最初分配。指导进入行业青年男女择业的那些人既不知这些青年生活以后在不同职业中任何特定等级劳动的特定数量的需求价格水平，又不知那些不同职业中在那个时期将需要多少劳动数量。当然，在瞬息万变的世界中，这种无知的一大部分是难以避免的。即使这样，凭借最近的经验可以不断修正人们的意见，而较新的经验必然会证明最有根据的预测是真是假。可是，除了这种无法避免的无知外，还有由于个人心理的虚弱和有组织信息的不足而产生的无知。有关人们从事的职业，这种无知可能要比有关资本投向的职业更加广泛；这是因为同样的理由，即对于不同形式使用人的相对长处的无知要比对于投资选择的无知更为广泛。那些必须指导其子女选择职业的父母并不因竞争中的选择影响而具有高效率。不计报酬地投资于他们儿子前途的父亲们不会因为毫无效果而被取消当父亲的资格，而是不管他们怎样没有能力，还要继续在这件事情上执行做家长的职能。由此产生的严重错误为众所周知。“许多父母让他们的孩子进办公室或充当电报投递员，因为这些似乎是受尊重的职业，但他们从不考虑而且或许一点也不知道那里有没有任何未来的前途。这种情况在许多高明的就业委员会的报告中有详尽的论述。如果父亲本人没有能力让孩子进入良好职业，在许多情况下他不知道该怎么办，”[①]这一点几年前在 H. 卢埃林·史密斯的言论中有很好的说明，他说在克拉德利·希思的手工制钉业中，“虽然这个行业有半个多世纪一直衰落，孩子们仍在进入他们父辈的行业而且人数越来越多”。他又说：“许许多多父母不知道不同职业的相对好处……孩子们往往总是跟随他们年长的同伙进入同一工厂或工场，或者不管怎样进入相同种类的职业；在流行的职业是一种低劣等级的地方……孩子们总是遵顺抵抗力最小的道路走进去”。[②]当然，这种无知可以通过收集和传播关于不同职业的前景的信息，加上改善教育使父母能更好使用他们能得到的信息，部分地加以克服。这种无知还能进一步加以克服，那就是如果那些父母本身没有条件好好学习劳动市场的知识，他们可以请教有能力学习劳动市场有知识者的高见。但是，由于有关的前程就是在今后若干

① 杰克逊，“关于男童劳动报告”，见《皇家济贫法委员会报告》附录，第 20 卷，第 9～10 页。

② 杰克逊，“关于男童劳动报告”，第 20 卷，第 161 页。孩子进入他们父母职业的一般趋势，在由查普曼教授和艾博特先生在曼彻斯特邻近地区所作的非常令人感兴趣的特别调查中有详细的说明（见《统计杂志》，1913 年 5 月份号，第 599 页以及以下各页）。

年后将要盛行,也就是现在选择职业的孩子和年轻人成长时将会盛行的前程,所以在最好情况下,这种类型的无知必定总是大量存在的。

第 6 节

但是这种类型的无知不是阻碍任何特定等级的劳动从一开始在不同用途中分配就使需求价格——或净边际产品价值——平等的惟一类型。对于任何男孩或女孩属于什么等级(这是决定他们命运的)的无知也产生同样的后果。因为不同的孩子生来就有不同的才能与天资。就那些属于一个等级的孩子而言,他进入较适合于另一个等级孩子的职业,他在那里的净边际产品价值将少于同一等级的孩子进入更适合于他那个等级的职业的价值。此外,如果人们经过一个或多个不适合他们职业以后最后找到适合他们的职业,损失虽然减轻,但并未完全消除;因为在整个寻找过程中,他们消费的努力其作用比本来可起的作用小得多。因此,从国民所得的观点来看,合理地将不同资质的孩子分类,和引导他们进入适合于他们资质的工作是重要的。"也许为离开学校儿童工作的职业介绍所对保证所有具有更高天资和能力的儿童有机会获得良好际遇有极大价值。由于孩子们的无知,常常导致他们进入不适合于他们的职业。"①有一个极好的例子是斯特拉斯堡的组织方法,那里的职业介绍所与市立学校的教师有明确的合作关系。我

① 杰克逊,"关于男童劳动报告",见《皇家济贫法委员会报告》附录,第 20 卷,第 31 页。

国 1910 年的教育(择业)法案力求建立这种联合。可是,要是这个类型的组织方法要做到彻底有效,不同儿童对不同职业的适合性一定不能仅仅以粗略的一般印象加以判断,要求一方面对不同职业要求的素质,另一方面对不同儿童具备的素质作科学的分析。这样提出的问题由芒斯特伯格教授以非常有趣的方式加以论述。他举出一家自行车厂,他以科学方法测试不同工人的反应时间,以其结果用作工人检查自行车车轴滚珠工作适合程度的标准;[①]他还介绍他自己发明的检验电机操作工工作适合程度的某些设计。用于同样目的的测试手段最近由军事当局用来帮助他们为皇家空军挑选新成员。这些方法经常能指导第一次进入行业工作的人或者第一次由孩子职业转入成人职业的个人,[②]能比寻常杂乱试验和错误法更有效地、更少盲目地选择职业。如果能发明不但能测试当时能力而且能测试通过训练后获得能力的手段,那就更加有效了。因此,懂得实验"实际上已经开始断定心理机能的可塑性是

① 《工业效率心理学》,第 54～55 页。

② 参照西德尼·查普曼爵士论述:"某些职业不能有充分的人数进入,须得人们具有完全的体力时才能做这些职业;例如,铁路上体力劳动工人的职业、挖土工、码头搬运工以及建筑业中某些职业。这意味着其他行业必须雇用比它们能提供永久职位更多的年轻人,否则将听任找工作的一些年轻人在市场上无事可做。然而使每个行业做到更加自给自足来消除这个趋势并非很聪明的做法,因为只有在落实的经济中才有成人做孩子的工作。或者有孩子做成人的工作,在社会的劳动力中挑选一定数量的人从事作业,才能产生生产效率……可能是这样,即部分'死胡同'式的雇用方式是高度发展工业体系必不可少的一部分,要是事实确是如此,建立劳动训练制度成为双重的必要,而职业介绍所变得更加重要,特别是考虑到被某些行业拒绝者的权利要求时更加如此。对于这些人,有极端重要性在他们的活力与精神变得委靡与颓唐之前,设法帮助他们解决困难"(见"工业招收工人和劳动转移",载《曼彻斯特统计社分报》,第 1913～1914 年期,第 122～123 页)。

个人天生的独立特性是令人感兴趣的”。①

第 7 节

当新一代工人在可以得到不同职业的最早分配出现短时间错误时，整个现有工人的总分配必定也有错误。当然，这种错误可以不必在现有工人中进行实际调动，只要改变新工人的从业方向就可以简单地纠正。这样的纠正在总人口中每年新招工人的比例大的地方要比比例小的地方更快。在妇女工作的行业中这样的纠正特别快，因为婚姻法的责任使妇女留在工作岗位上的平均长度特别短。可是，虽然由于最初分配工人失败而产生的错误可以不需调动而纠正，实际说来这种错误也可以凭借调动之力加以纠正。此外，甚至在最初分配没有错误的地方也会出现不平衡状态，因为一个人当他刚进入一个特定岗位时，他很适合它，后来变得对它过分优秀或者过分拙劣；他适合晋升到较高等级或者降调做责任较小的工作。再者，劳动的分配不仅在职业之间，也在地区之间进

① 芒斯特伯格，《工业效率心理学》，第 126 页。在巨大而多变化的企业中开始他们工作的工人中进行的最早的能力测试也许不很重要，在那里雇工发觉不适合他们首先选择的职业能迅速转往其他职业。实行服膺泰勒先生科学管理理论的企业，据说“对任何部门一批人中的每个人进行仔细研究后，如果发现有许多人在体力或个性上不适做该部门要求的特殊工作，并发觉他们适合别的某个部门的工作。于是出现部门间的人员调动，结果是在不增加消耗总人力情况下，总生产力有所增加。这是使工具适合用途的科学方法”（“开好学校会议”见《科学管理》，第 6 页）。可是在较小和部门性质单一的企业中——这种企业雇用世界上工人的极大部分——“不能胜任其担任工作的工人通常没有机会在同一工厂中表示他的强项，或至少掩护他弱项的影响。如果他的成就在数量上和质量上都不足，一般说他将失去他的职位，去往另一家工厂在类似条件下接受新的考验。没有人深一步察看他特殊的心理特性以及这些特性与特定产业活动的关系”（芒斯特伯格，《工业效率心理学》，第 121 页）。

行，所以分配可能因不同等级劳动的需求与供给的暂时波动而产生错误，尽管给予新一代工人的最早流动的方向完全正确。因此在广泛范围中恰当地指导劳动在不同地区和不同职业之间流动常有机会把劳动分配得更好。① 我们现在必须考虑的要点是，除了上文已描述的伤害外，无知阻碍和偏斜劳动的移动，给予国民所得进一步的伤害。

第 8 节

毫无疑问，一个地方或一个职业的工人对他们的劳务在这里和别处流行的可比较需求价格——它代表他们净边际产品价值——存在普遍大量的无知。对这个问题的讨论由于下列事实而变得复杂，即由于季节和其他原因，在某些职业中工作比其他职业不正常，使得按日或按周工资率本身不能作为整体的比较需求价格的适当衡量尺度。这样的尺度只有当充分就业工资率和失业可能性都得到全面考虑时才能得到。显然，工人要收集不同职业失业的相对可能性的信息要比得到比较工资率的信息更不容易。但是这点不需要在这里加以扩大，我们的注意可以限制在工资范围。人们在任何地区和职业中对于工资率水平的无知，其程度在很大部分取决于订立工资合约的形式。某些形式使给予工人的实际收入的预期比其他形式更难计算。在几乎所有形式中实际上存在大量模糊不清的地方。因为从最广泛意义上讲，实际工资包括一个

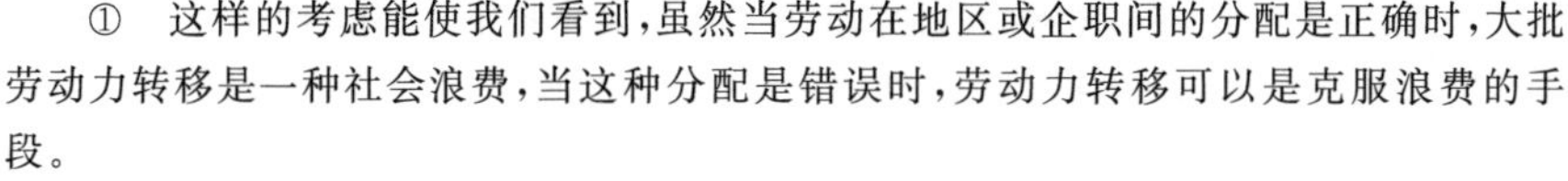

① 这样的考虑能使我们看到，虽然当劳动在地区或企职间的分配是正确时，大批劳动力转移是一种社会浪费，当这种分配是错误时，劳动力转移可以是克服浪费的手段。

工人工作的卫生安排、安全设施等等的条件，而这些条件任何工人在实际进入工作之前不能完全知道。当工人做坏工作课以罚金而关于处罚信息又秘而不宣时，这种模糊不清大大扩大；当工资部分支付商品而商品中又掺入假定价值时同样使模糊扩大。因此，大多数现代国家限制工资合约加入这些因素，这点是重要的。为对付直接隐瞒有关信息，英国有法律加以干预，那就是 1901 年工厂与工场法中添入的特殊条款。“那一节规定，在国务大臣命令适用的工厂中，凡给予外包工作做的人应从雇主那里获得适合于所做工作和应用于所做工作的工资率的充分细目，使工人能计算关于所做工作应支付工资的总数。这个规定的执行由工厂稽查员负责，旨在保证外包工人得到他所做工作应得价格的信息，保护他们在缴上工作成果时不被专断地改变或克扣价格。这个规定由国务大臣命令扩大到许多行业的外包工。”①为对付通过部分实物支付意在使价值含糊不清的间接隐瞒信息，英国法律采取禁止此类部分实物支付的明确政策，尽管这样做可能偶尔有压制某些有用制度的风险。② 1831 年的实物工资法的基本规定是，“工资只能用本国的流通铸币支付，”在任何地方不论对谁不得以任何理由支付任何部分实物工资。③ 这个规定由 1887 年的立法施行于任何与雇

① 《特别委员会国内工作报告》，1908 年，第 8 页。

② 参照 C. D. 赖特论述远离普通商店的某些美国公司售货部制度（《美国的工业发展》，第 282 页以及以后几页）。

③ 《特别委员会关于实物工资法的报告》，第 6 页。一家公司建立供应商店并非正式地强迫它的工人在那里购物的情况下与这个规定不抵触。法国 1910 年的法律对付这个危险的办法是禁止任何雇主“建立任何商店直接或间接向其雇工或其家庭出售不管什么样的食物和商品”（《劳动报》，1910 年 5 月，第 156 页）。

主有明确或暗示合约进行工作的体力劳动者；这个规定不包括以产品不是以工作订立合同的外包工。法院决定为机器、厂房租赁等支出的扣除与该法并无抵触，因为工资意味着这类开支支付后的留下部分。罚金也认为与该法不抵触。但是，根据 1896 年的立法"有关罚金和雇主因工人做坏或糟蹋产品或原料所受损失等等，以及有关供应给工人原料、工具和其他方便设施在工资中的扣除，应符合旨在保护工人免受雇主一方粗暴或不公正对待的条件"。[①]在这题目下的一些实际问题需解决，1908 年的委员会有详尽的讨论。[②]

第 9 节

我们对于由无知造成劳动力分配错误的讨论到此结束。从此转而讨论在第 4 节中辨别出的第二个原因，即"调动的费用"。它的存在阻止了会纠正劳动分配不平衡的移动。当然，当费用以以下情况存在时不一定出现必须加以纠正的不平衡，即即使不考虑

① 《特别委员会关于实物工资法的报告》，第 9 页。

② 因此，委员会发现，关于罚金从工资扣除可以帮助保持纪律，它提出需要有一种法令的规定以防止扣除的滥用，那就是规定"任何一周内最大罚金或罚金的累计，法律允许数额不应超过工人工资的 5%"(第 29 页)。损坏原料等等的工资扣除，人们认为它能用以防止浪费，譬如说在一种办法中，把原料折价作为付出，把它的价值加在以后在原料上加工的工资上(第 41 页)。鉴于这种折价易于形成诈骗，所以这个办法应予禁止。但内务大臣有权在特殊情况下放宽这个禁令(即在昂贵原料加工上)。委员会进一步认为，实物工资法总的规定应扩展到外包工身上(第 78 页)。委员们讨论但没有明确地推行，禁止雇主强制他们的雇工居住在他们的房屋内(第 53 页)。这样强制的真正目的并不全在于它使雇主不能掩盖关于实际工资的事实，而在于这样做能使他们对罢工时的雇工无法施加不适当的压力。

第 2 和第 3 节中讨论的因素，在两种职业和两个地区间劳动净边际产品的价值的差异数相等于它们之间的移动费用。价值的差异不能大于费用，但也没有理由它不应较小于费用。[①] 大部分移动费用是一次移动一次总付的费用，关于这点我们下文将继续讨论，在进行这些详细讨论之前，先要解释一下某些普遍性质的问题。如在第 2 编第 5 章第 3 节脚注表明的那样，移动费用可以最方便地看做相等于分摊在移动工人乐意留在新地区或新职业时期的每年（或每日）的支付数额。计算这个数额的任务有点难度。首先，移动费用对所有可能移动的人不是一样的。例如，有家庭的老工人比年轻未婚工人更不愿意离开家庭。初一看似乎这个事实的确没有多大关系，因为我们感兴趣的移动是其移动费用最少的那些人的移动——没有一般流动性，只有边缘流动性。可是移动费用最少那些人的移动费用，其本身取决于移动的人数。因此，为高度正确起见，我们对这些费用不需将其当做移动量的常数，而应将其当做函数。但是为了取得近似值，一般只要有约略的**不连续**函数群就足够了。有了这些函数群便能得出不同的固定移动费用。这样不管 A 和 B 代表不同地区或不同职业，不管移动指地区移动还是得到一个新的职业，我们在寻常时候——当然大战后期的局势不同——可以把没有家庭负担年轻人的移动费用作为我们的费用。的确应当注意的是，随着一个行业或地区的衰落，年轻人逐渐离开，移动的有关费用趋向上升，因为人口的年龄分布将有变更。调查的统计数字表明，在衰落行业中，老年人的比例比正常时候增

① 参照《特别委员会关于实物工资法的报告》，第 138 页。

高，而且随着衰落的继续进行，比例越来越大。[①] 但是这种复杂情况是一种局部现象而非原则问题。第二，支付了移动资本费用，我们必须加以相等的每年（或每天）总数不是固定的，移动工人逗留在新地区期望找到好处的时间越短，数字越大。例如，在考虑要从需求萧条地方离开者的眼睛中，如果在萧条是季节性萧条，可能很快过去，这个数字要比萧条要继续一段长时间大得多。第三，从目前的观点看，在任何两个地区或职业之间的移动费用 A 和 B 不一定是实际费用，而可能是较少的数目，我们可以称之为“虚拟”费用，它包括沿处于 A 和 B 之间每个单独阶段的移动费用的总数。当在讨论的费用仅仅是身体搬运的费用时，这一点实际上可能不重要。因为一般说来，长距离旅行每英里费用比短距离旅行便宜，因此，不存在任何小于实际费用的虚拟费用。可是，要是讨论中的费用是那些出于学习特殊技能需要的费用，它是非常重要的。在这个意义上，在农业劳动者职业与工厂技术师傅职业之间的移动费用可能是极为巨大的；但是在农业劳动者与小商店主之间、小店主与大店主之间、大店主与百货商店部门经理之间、部门经理与总经理之间、总经理与厂长之间的移动费用可能都不大。同样性质的考虑适用于包含在离开家庭去他处定居的个人负担的那些费用。关于一次一千英里的移动，其费用也许大大超过 200 次每次

① 参照布思，《工业中的生活与劳动》，第 5 卷，第 43、49 页。邓拉文勋爵以同样态度评论说，“在王国版图中爱尔兰比任何其他地方有较多的老年人口”（《爱尔兰前景》第 21 页）。可是必须注意，我们不能从年龄考虑无保留地**推断**衰退或增长，因为在某些产业中**正常的**年龄分布与一般情况大不相同。投递员是期望另找职业的年轻人，管灯塔人一般是退休的水手。此外，某些行业雇用异常高比例的老年工人，只是因为它们是异常健康的职业或者能吸引异常健康的人。

5英里的移动。对这一点的极好说明是一段中世纪法国的记述："如果里昂需要工人，它向索恩河畔沙隆邀请，由那里供应他们。沙隆人手不足由来自欧塞尔的人补充。工作的机会少于要求的欧塞尔向桑斯请求帮助，桑斯在需要时依靠巴黎……因此，不管有多远距离，对劳动力的需要同时使所有不同地方都活动起来，正像一起前进、只走了几步的列成纵队的一个团那样"。[①] 这样的想法是重要的。

第10节

现在我们可以较细致地考察移动的费用。在两个特定地区之间的移动，我们立刻意识到费用不但包括意欲移动的那位工人的纯金钱的旅行费用，而且还包括牺牲了他认识的店主的善意和离开他熟悉的朋友和地区的痛苦。当然，随着交通工具的发展因而运输价格变得便宜，使金钱费用在任何地方减少。费用的其他要素由于旅行速度增快以同样方式随之降低，因为如出现上述情况，工人能比较容易地改变他的工作岗位同时不必改变他的家庭住所。在两个特定职业之间，随着移动费用减少，更密切的工业交往使得一个职业要求的操作法类似于另一个职业所要求的。这种类型的吸收往往发生得越来越令人注目，进一步带动劳动分工越来

① 德·福维尔，《运输工具的改革》，第396页。在各国间资本流动中有一种确切的类似现象。美国人民可以把一定资本移往中美或南美，与此同时英国人民可以把同等资本以不确定的比英国人把这些资本直接移往中美或南美较低总费用移往美国——不确定是因为当地了解的差异。因此事实上出现这种绕圈子的投资方法（参照C.K.霍布森，《资本输出》，第29～32页）。

越细致。劳动分工的意思是把以往作为整体来做的复杂操作，分解成为几个基本部分来制作，当以不同方式拼合时，它们又成为一个整体。结果是，帮助生产某种部件的工人的移动范围“从他们自己中间互换能力看是变小了；作为规律，从与其他行业进行相应加工程序的那些工人的互换能力看是扩大了”。① 正如 M. 德鲁西耶说得好：“机器应用越来越多的不断发展，使机械工作的类型日益接近于商店售货员的类型。店员很容易从一种商业转往另一种商业，从布店到食品店，从花哨商品店到家具店，如此等等；目前，在优秀商人手中的零售店不再限于经营单一的这种或那种商品，而是采取巨大的百货商店形式。制造业还不能自称制作各种各样产品，但正像店员能轻易地从一个柜台转到另一个柜台，工人也容易从管理一种机器转而管理另一种机器，从织布机到制靴机，从制纸机到纺织机，如此等等”。② 以类似形式，同一个人在不同时间可以做制火柴盒、采啤酒花、清扫楼梯和沿街叫卖等工作；济贫法委员会调查员“发现在做订书工的一个女裁缝，一个制作螺丝的制果酱女孩和一个机械师以每小时一先令的酬金教钢琴”。③ 在这些事态中足以证明存在劳动上巨大的可转移性。专门化的技术能力正在只需相对一般能力的工业操作中发挥比原来一直具有的较小的作用；这意味着使工人能从一种职业转往另一种职业所需要的新训练费用减少了。应该补充的是，只要人们对新训练费用的估

① 卢埃林·史密斯，《劳动的流动性》，第 19 页。

② 《世界的工人问题》，第 394 页。再参照马歇尔，《经济学原理》，第 207 和 258 页。

③ 《皇家济贫法委员会报告》，第 406 页。

计大于实际费用，它就是与流动性有关的估计费用；因此只要他们意识到估计过高了，流动性就增加。有理由假设，战争的经验教会人们懂得，专门技能能比过去一直设想的更容易和更快地获得。[①]

迄今我们已经分别地谈论了地区间移动和职业间移动。但是，实际上从一个职业移动到另一个职业很可能同时需要从一个地区移动到另一个地区。因此从一个职业移动到另一个职业的总费用在移动限于劳动需求的波动或多或少彼此补充的同性质两个职业间或在邻近地区时才是低廉的。这就是印度乡村地区的家庭小工业的有利条件之一，在那里，一年有 3 个月农业几乎停顿；[②]也是新近扩展的小菜园和小农场的有利条件，在那里的工人在暂时失业时可以依靠他们原有的业主生活。当补充性的职业是由同一企业经营时，移动费用还要少得多。因此，谈到大战前不久出版的贸易委员会报告特别令人感到兴趣："有能力会思考的雇主们用缜密的组织努力克服季节的自然波动。用制造果酱和橘子酱的设备，他们把制作甜食和罐装肉食结合起来。就这样使他们的雇工全年有活干。一家人工制花商雇用了 200 多个妇女和女孩，一年中有 6 个月制作人工花卉，他引入第二种业务即为帽饰制作羽毛管，现在工人全年都有工做。在卢顿，当地的大宗行业是制造草帽，一年中有 6 个月无活可做，后来引入制作毡帽，现在同一家企业在一年不同时期雇用同一批工人做两种产品者十分普遍"。[③]有时以慈善为宗旨的事业无疑也采用这种安排。但是，在这方面

① 参照坎南，《工业的重组》(拉斯金学院)，第 3 册，第 11 页。

② 参照马克吉，《印度经济基础》，第 323 页。

③ 《工人阶级的生活费用》(敕令书，3864)，第 284 页。

也有强有力的纯粹关心自我利益的动机在起作用。一家工厂全年开工显然要比建两家工厂一家在一年的这部分时间开工另一家在那部分时间开工要合算;当机器和设备很精致和昂贵的时候前者而获得的利益特别大。因此,当这种办法切实可行时,合乎雇主们的利益的做法是使他们的工厂——如果工厂从事季节性生产的话——适合制造一系列妥当安排的不同产品,使得全年每个时间为生产其中某些产品有工作可做。凡能促使雇主采用这个办法的任何主张必然降低劳动流动的实际费用。

第 11 节

在以上几节中我们已作了某种细致的分析。现在回过来谈谈粗线条的问题,我们可以作一般性的结论:离开现有职业移往有较高工资的其他职业的工人流动,假设能产生的较大净边际产品价值,但往往受到相当大的费用的阻碍;而工人从原来地区向其他遥远地区移动,特别是如果那些地方有民族、宗教和语言等强大障碍的阻挡,也往往受相同的阻碍。但是就有关迄今讨论的费用形式而言,工人移向他们故土的其他地方,无论如何在像英格兰这样一个小国家里的其他地方移动,一般说来只受较小数费用的阻碍。然而,还有阻挡从某地到其他地区移动的一种特别形式的费用,这种费用甚至在像英格兰这样国家里也可能相当巨大。这种费用源于丈夫、妻子和小孩一般住在一起的事实。由于这个事实,家庭中一个成员的移动就意味其他成员的移动,而其他成员的移动可能带来失去他们此前能得到工资的巨大损失。这个损失确实是受较高工资引诱搬往其他地方的家庭成员的移动费用的一部分。例如，男工人在原来地方有机会使他们的女人赚得工资，他们可能知道他们在其他地方能赚钱较多，可是那里不存在这样的机会。在考虑移动的有利条件和不利条件中，他们需要计算可能损失他们女人赚钱的实际费用。这个费用可能很大，结果是有可能造成一个小国家的两个地区中一定等级的劳动净边际产品价值，因此形成两地工资中的宽广差距。马歇尔说得好："关于地区移居，家庭基本上是单一单位；因而在钢铁或其他重工业占优势的地方男人的工资相对高，而女人和孩子的工资相对低；而在别的地区，父亲挣的工资不到家庭货币收入的一半，男人的工资相对低"。[①] 显然，旅客运输速度上的改善和费用的降低(关于这点上一节中已作论述)，这些能使一个家庭的成员生活在一起又能在彼此隔得很远的地方工作。这种状况将减轻对劳动分配的损害，也减轻对国民所得的损害，这种状况原是损害两者的主要原因。

第 12 节

除了无知与费用外还有产生劳动分配错误的第 3 个原因，这在第 4 节中已辨认出来，那就是外界对劳动移动强加的人为限制。这种限制可以采取任何种类不同形式。例如，在 18 世纪结束之前"地区流动性"受到定居法的严重限制，为了阻止在国内一个地区出生的工人在其他地区缴纳地方税，这项法律极大地限制他们的移居权利。亚当·斯密写道，"穷人要通过教区设置的人工边界常常要比通过一个海湾或一座高山的山脊更加困难"。再则，在目

① 《经济学原理》，第 715 页注释。

前，在某些产业中职业间的移动受到工会界线规则的有力阻止——这些规则企图将特定的职位保留给特定行业的工人，并以罢工的威胁禁止这些职位由其他工人担任。例如砌砖工工会不允许它的成员干石工的活，或者不允许家具设计师干细木工人的活。任何人改变他隶属的工会也不能轻易逃过这种障碍。因为，工会的隶属关系性质相同，如果有人试图改换工会，他很可能失去原来工会的权利和利益，得不到新工会的好处。这种困难可以用发展产业工会联合原则加以克服，如与行业工会平行的全国铁路工人工会，或在几个行业工会本身中间以及在行业工会与非熟练工人工会之间的从属体系就是例子。然而，也许最严重的人为限制在当前流行的是某种传统与习俗，它们妨碍和实际上阻止当时体现在特殊类型人们身上的劳动权利流向其他领域，在那里体现在其他类型人们身上的类似的劳动权利产生的净边际产品，要比所有劳动力可以自由进入的那些领域可以获得的净边际产品，有更大的价值。在某些国家里，这种性质的传统与习俗不把某种职业向不同种族和肤色的工人开放。但是它们最重要的行动——不管怎样就欧洲而言——是在妇女工作方面。有许多职业如果能允许妇女进入，她们工作的净边际产品价值和由此产生的工资要比事实上妇女在干的职业中的价值与工资更大；但是她们被传统与习俗排除在外。当新的职业出现，如打字员和电话接线员的工作，或者当旧的职业由于新型机器的问世而得到改造，实际上一般地妇女可以自由从事。可是在男人长久地习惯视作他们自己的职业中，即使在目前条件下妇女可以胜任从事，传统与习俗经常施展强有力的排斥作用。这种排斥事实上（如果不是形式上）依然盛行的最

著名的职业是地方与高等法庭上的律师。餐厅侍者与铁路员工工作在一二年以前也是显著的例子。妇女进入这些职业在 1914 年以前是受阻止的，正如坎南教授所说，这种状况“不是完全由于法律而是由于雇主的习性，也由于雇主恐怕现有男职工积极抗拒引起的麻烦”。[①] 这种抗拒被像世界大战那样震惊世界的大事压下去，但是在 1915～1916 年克服它仍有困难，甚至在军需工业里也看到它的力量。或许雇主反对**此类**习俗若无以下原因本来会十分强烈，那就是因为女工在结婚不久以后往往离开工作岗位。如一个雇主曾说：“有许多职业人们可以教会妇女去做，但要冒与男工争吵的风险，似乎不值得了，你知道女孩子越是漂亮，她越是可能刚开始能派某种用场时就离开去结婚”。[②] 确实，男人的反对可以由于男女同工同酬的严格规则而减轻；因为有了这个规则，男人便较小害怕失业。但是在另一方面，存在这样规则有时使雇主招收女工不像没有这个规则时那样害怕。[③]

第 13 节

现在我们已研讨了使不同等级劳动分配偏离最有利分配的主要原因。所有这些原因全都损害国民所得——第 2 节延伸意义上的——因之初一看似乎是，如果由这些原因造成的劳动分配的扭曲得到克服，国民所得的规模必然增加。可是这个结论无视克服分配扭曲有 3 种截然不同方法的事实。走向可以称为理想分配道

① 坎南，《财富》，第 206 页。

② 《圆桌》，1916 年 3 月，第 275 页。

③ 参照后文，第 14 章，第 10 节。

路的障碍可以**从内部进行破坏**，或者它们要**以公众费用来推倒**，或者可以让它们照样留着，我们**跳越过去**。克服障碍的这 3 个方法的效果不同，须加以分别探讨。

第 14 节

说到通往理想分配道路的障碍可以**从内部进行破坏**时，它的意思就是更便宜地提供给工人移动的信息和手段，或者传统上对移动的敌视由于思想的普遍进步而削弱，开办大规模运输机械的企业或者其他此类设施。问题的本质在于减少作为整体的社会提供信息和运输工具的实际费用，而不仅仅是减少某个工人获得这些方便设施的收费。当这个目标实现时，劳动的实际分配，**一般说来**将更接近于理想分配。的确，如果使其重要性缩小的障碍是移动或传统的费用，这没有必要发生。如我们已在第 2 编第 5 章指出，因为增加的移动自由，在知识不完全时，可能将移动引导到错误方向。因此有时值得怀疑的是，**仅仅是**工人旅行费用的降低，没有伴随任何其他改变，究竟是否将有有利的结果；当然，要是费用降低加上对特定空缺职位的知识性指导，它将产生有利的结果**绝不是**令人怀疑的问题了。正在赢得普遍认可的这个论点是根据如下事实提出的：在英格兰，最初由工会对寻找工作的所有会员不加区别地支付的旅行津贴，现在主要用于经过选择的会员能去往已经实际上为他们找到工作的地方。根据这个事实，英国劳动介绍所法包含一个条款，容许介绍所在得到财政部批准下，有权以贷款形式向去明确地点旅行的工人预支费用；最后，在德国的情况是，职业介绍所不是为寻找工作者普遍提供低价铁路车票，而是只向

那些已找到确定职业的人提供。[①] 如此举出事例中显示的困难是重要的。然而在经济学家中间一致同意，随着有关工业状况知识组织发展到现代文明国家那种地步，移动费用的减少，排斥性传统的中止，总体上一般说来促使劳动分配达到更接近于理想。只要它有这种后果，就必然增加国民所得。

第 15 节

说到理想分配的障碍以公众费用来推倒时，它的意思是指移动的信息和工具更便宜地供应给工人，这不是实际费用减少，而是因为这些费用的一部分转移到纳税人的肩上。这种减价的形式和上一节中讨论过的形式并不以相同方式反映在国民所得上。因为这种减价形式意味着在这项工作中投入的人力物力要比正常用于这个工作中的数量要大得多。事实上它暗示国家以津贴方式促成一种特殊形式的投资；有人推测这种投资有害国民所得。但是如在第 2 编第 9 节与第 11 节表明，在有关任何特定产业中这种推测可能站不住脚。如果有充分理由相信，没有津贴，在那个产业的投资不会达到能使运用于该产业的资源的社会净边际产品的价值降低到一般水平。推进工人流动性的产业，部分因为它生产的产品难以不亏本地满意地销售，这个产业有充分的理由相信上面所说的。因此，在一定程度上国家的钱花在推进工人流动性上也许能提高国民所得。但是政府必须小心地注意这项开支，因为如果津贴发得太多，边际费用将超出收益。

① 《皇家济贫法委员会报告》，第 401 页。

第 16 节

说到对理想分配的障碍可以跳越过去时，它的意思是指，无知、移动费用和传统保持不变，但尽管它们存在，劳动分配以某种方式强行转向，就像它们不存在本来会做的那样去做。这点可以用强制性调动工人做到，更可能以当局干预工资率的某种形式进行，如我们将在第 14 章第 5 节解释的那样。但是做此事使用的方式对我们目前讨论的问题并不重要。我们希望确定的是，**尽管**障碍继续存在，劳动分配"改善"带来增加国民所得的效果。这个效果随着不同的障碍而不同。尽管反对无知和传统形成的比较符合理想分配的劳动再分配必然对国民所得有好处。因为轻视这些障碍毋需花费什么，但由此导致与这些障碍从内部被破坏所产生的完全同样后果。但与不顾反对移动费用引起的再分配的结果就不同。因为当由这些费用造成的移动障碍被压倒时，费用本身就由这个压倒过程引起。这样轻视障碍确实引起花费，并导致产生与以**公众费用推倒**障碍相同的结果。也就是说，出现一种推测——当然它在某些环境中可能被驳倒——即它将损害国民所得。[①]

① 这个结论含有言辞上不方便的结果，那就是劳动的理想分配，当以某种方式促成时，不是尽可能最好的分配。但无论如何，含义上的混乱可以避免，如果我们回想起我们称之为理想的分配——即符合第 2 节中必要条件的分配，它使劳动净边际产品的价值在任何地方都相等，这才是绝对意义上的惟一理想的分配。它是一个有无限力量驾驭所有有关环境的人能够得到的最好的分配，因而他能任意取消移动费用。但它不是一个必须接受移动费用这个残酷事实的人能够得到的最好分配，因而他必须以服从于那种限定条件的国民所得最大化为目标。参照上文第 2 编，第 5 章，第 6 节。

第10章　劳工介绍所

第1节

上一章中我们谈到，发生的和国民所得利益所要求的惟一劳动移动是劳工从一个地区或职业移动到另一个地区或职业的移动。但是在实际生活中，工人常常不但在相对低需求的工作中就业，而且常常完全失业。我们现在不想调查这种情况的原因或探究失业量与工会工资政策的关系。从我们目前的观点看来，重要的事情是，在这种工资政策下，工人往往在一个地区或一个职业上失业，而同时其他地区或其他职业都有他们需要工资率的工作没人干。他们之所以不能去那些地区或职业，并非由于移动费用，而是对这些事实的无知。简言之，这种事态损害了国民所得；当工人由于无知被留在低需求工作中而同时高需求工作正需要他们，同样是一种损害。造成这种损害的无知的形式以及与无知作斗争的手段，我们需作简要的研究。

第2节

如果失去工作的工人完全不知道可以得到的空缺，他们惟一的办法就是全然无计划和无方向地寻找工作。他们别无他法只能毫无目标地在没有空缺和有空缺的工厂附近徘徊，使自己在忧愁中“从一家工厂走到另一家工厂，用实际上向一家接一家的请求试图发现需要用人的地方”。[①] 一般说来无知不会达到这般程度。有关不同地区和职业中劳动需求的比较状况的某种一般信息总是能得到的。这种信息可以通过报纸广告、朋友谈话和工会收集的关于当地状况的报告中得到。迪尔先生对伦敦建筑业中这种方法的发展有一段令人感兴趣的叙述：“由个人及其同伴彼此提供帮助的那种寻觅工作的互相支持制度规模扩大，并使用工会求职簿以便更加系统的方式进行。每个人失业时，在当地工会分会办事处或会议室的求职簿上写上他的名字；工会分会的每个会员——分会寻常有会员从20人到400或500人——都为他寻求职位，更确切地说，分会的所有会员都为关心找寻空缺来抹去求职簿上的名字。全体会员都有义务当任何地方需要人时通知分会书记，在有些工会中——如木工和细木工联合工会——每个会员凑一个份子（一般6便士）给愿意为失业者，找到工作的人，任何人若把工作优先权给予非工会会员，一经发觉课以大笔罚金。通常的做法是人们告诉书记哪里缺人或可能缺人，后者必须通知失业者，最好到那里去找工作”。[②] 在英格兰，从1893年起把这种更详细的信息，以接触面更广的方式正式通过《劳动报》公布。目前劳工介绍所也起到有力的通知机构的作用。它们扩大由工会进行的查询工作，“它们将工人召唤到他邻近的办事处，使他能确知整个伦敦已经为他那种劳动力做了什么样的查询”。[③] 当不同城市的劳工介绍所建立起联系时，使工人能接触更大范围的信息。因此在德国，“为了

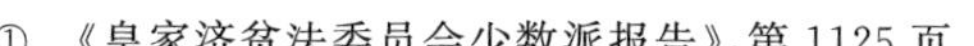

① 《皇家济贫法委员会少数派报告》，第1125页。

② 《伦敦建筑业中的失业》，第133页。

③ 《皇家济贫法委员会少数派报告》，第1125页。

保证劳动的流动，人们认为重要的是德意志帝国不同部分介绍就业的机构应当由一种相互沟通的制度连在一起。劳工介绍所联合会提供这样的一个制度……在巴登大公领地，所有的联系都由电话进行，一个地区劳动的缺少或多余很快为其他地区知道”。[①] 在巴伐利亚，这种制度在没有介绍所的村庄公布空缺职业表以扩大影响范围。[②] 在英格兰，信息从孤立到联系形式的发展是由 1910 年劳工介绍所法实现的。显然，这种性质的有组织制度可以作为强有力的工具，为促成失去工作的工人向需要他们的空缺职位移动服务。

第 3 节

当这个制度一旦建立起来，初一看似乎不再进一步需要什么了。但是这种看法是错误的。一个特定公司现在有两个工作空缺的信息，不等于当得知这个事实人到达那里找事时空缺还在的信息。因此，如果提供什么地方和什么时候在不同企业或企业什么部门可以找到职位空缺信息的中心，被建立工人可以在那里确定地为这些企业或部门录用的中心所取代，那么阻碍移动的无知可以进一步减少。做到这一点时，不仅通知工人现在在某处有许多空缺，而且通知工人当他们到达那里寻求空缺时，这些空缺仍可得到。当然实现这种统一的可能性随不同环境而异。当分散的机构属于同一公司时，当它们固定在适当位置上，当它们真正地连在一

① 敕令书，2304，第 65 页。

② 同上，第 93 页。

起时，阻止它实现的阻碍最小——说到这里它就是一个支持托拉斯的论点。因此在伦敦和印度港区在许多年前就实现了这种统一。[①] 当不同机构虽然仍属于同一公司或个人，但它们分散或流动如伦敦建筑业那样时，障碍更加严重。毫无疑问，即使这里有时使用统一办法也是如此。在调查就业不足痛苦的委员会前，一个证人提到建筑业的情况时说："在一个雇主的企业里，他说他不像一般做法那样把录用工人的职责交给他的工头，而是由他自己干，他这样做有特殊目的，一是使工人不停地做工，二是能够把工人在不同工种之间调动。工头做不到这一点，他们不能将自己雇用的工人派往由另一个工头负责的工种。尽管人们懂得如何采用别的做法，可是这位个别雇主的做法看来是值得想望的，应该会被广泛仿效"。[②] 不过一般说来，伦敦的建筑工人由雇用他们的公司的不同工头独立雇用。当分散的单位不属于一家公司或一个人而是属于几家公司或几个人时，统一的障碍仍很严重；在这种时候，为了实行统一，必须建立雇用工人的专门组织，或者由公司自己建立或者由某个外界团体建立，一旦建立起来，必须用以实行统一的目的。这样做显然可以克服很多摩擦。

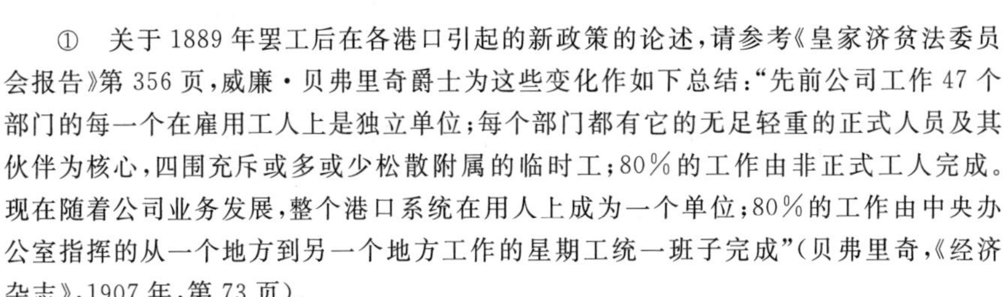

① 关于1889年罢工后在各港口引起的新政策的论述，请参考《皇家济贫法委员会报告》第356页，威廉·贝弗里奇爵士为这些变化作如下总结："先前公司工作47个部门的每一个在雇用工人上是独立单位；每个部门都有它的无足轻重的正式人员及其伙伴为核心，四围充斥或多或少松散附属的临时工；80％的工作由非正式工人完成。现在随着公司业务发展，整个港口系统在用人上成为一个单位；80％的工作由中央办公室指挥的从一个地方到另一个地方工作的星期工统一班子完成"（贝弗里奇，《经济杂志》，1907年，第73页）。

② 《调查就业不足痛苦委员会报告》，艾维斯证言，Q. 10,917。

第 4 节

如果克服了这些摩擦，此时很明显，无知消失的范围和流动性的改进将会更大，发生在任何当地的空缺通过当地作为雇用机构的劳工介绍所谈判雇用而填补的比例也越大。这种在自愿安排下就业的比例越大，雇主眼中的劳工介绍所越有吸引力。经验似乎表明，介绍所要赢得更多顾客，它们应该做到经营公开——不是由可能是欺诈性的几个人经营的私人投机买卖，而是应由雇主和雇工代表联合经营的机构；它们应该不理会罢工和停工，只允许劳资每一方在介绍所内张贴声明，说明在某某单位存在停止工作；它们应完全与慈善救济不发生关系——若与这类救济联系将使最忠实的人因担心损害他们作为工人的名声而不敢接近，并使雇主不愿与介绍所发生关系；它们得到市或国家的授权证书以增加声望，若能做到它们成为公办企事业雇用工人惟一的机构可以引起进一步的注意。应否向使用它们的工人收取费用的问题是可以争论的。法国 1904 年的法律甚至禁止私人办的介绍所向工人收费。南非德兰士瓦省济贫委员会指出，“收费是使并非真正找寻工作者不来打扰的最有效办法”；[①]如果把这样的人赶走，无疑将证明介绍所对雇主更有吸引力；再则，收费与否由国家决定，如果国家选择收费，它可以使用某种法律劝导的形式增加通过劳工介绍所填充空缺的比例。如果使所有失业工人向介绍所登记成为强制性的义务，那么向这个方向又进了一步；因为这点做到了，诱导雇主依靠

① 《德兰士瓦济贫委员会报告》，第 135 页。

这些中心雇用工人的力量将增加。这样的一步是济贫法委员会用这些言辞提出的:“我们认为,如后来建议的那样,如果国家付给每个工会会员失业救济金,国家完全可以把这样的付钱作为一个条件,规定工会会员失业时,除了在他工会的求职簿上登上姓名(如果希望这样做)外,应将他的姓名及情况向当地劳工介绍所登记和报告。要是国家支持和鼓励工会,那么工会应支持国营和国家需要的劳工介绍所似乎是合理的”。[①] 据 1920 年法律实行的普遍失业保险制度,当时提出的办法实际上已经实施了。办法要求投保者当他失去工作时将其保险手册交给劳工介绍所。已经有人强烈主张,应进一步采取措施迫使雇主在需要工人时通知介绍所。在德国,据 1922 年的法律,联邦政府可以要求雇主通知合格的劳工介绍保留所办过强制疾病保险劳工的空缺。[②] 老实说,要是雇主顽固的话实施这种条件必然是十分困难的。[③] 还有一种更激进的安排要由法律来作出规定,那就是没有劳工介绍所的参与雇主与工人不得签订工作合约。这个办法已在英国商船船员中执行。威廉·贝弗里奇爵士有一次建议,在短期雇用中应该普遍做到这点。“在工厂法规的一个新条款中,规定雇用工人时间不得短于一星期或一个月(除非得到介绍此人的劳工介绍所的同意);这是公认原则的合法与无可反对的扩展,即国家可以和必须禁止对它公民的精神和肉体有极大伤害的雇用条件。”[④]1911 年英国国民保险法虽

① 《皇家济贫法委员会多数派报告》,第 403 页。

② 国际劳工局关于《失业救济的报告》,1922 年,第 70 页。

③ 参照《劳工介绍所工作委员会报告》,1920 年,第 13 页。

④ 贝弗里奇,《当代评论》,1908 年 4 月,第 392 页。

然没有达到这种程度，它提供实际上稍稍降低保险费的办法鼓励雇主为其通过劳工介绍所雇用的工人投保疾病险，并在已开办失业保险形式的地方投保这种险。① 在俄国1923年11月的立法中，除某些特定例外，所有工人必须通过劳动人民委员会的当地分支机构雇用。②

第5节

所有这些措施均意在促使劳工介绍所得到更大范围的使用——如果公众意见反对这么做，他们当然不会这么做——来打破（其他方面状况不变）对劳动需求情况的无知，从而减少失业，由此增加国民所得。其他机构使空缺与失业工人相接触的范围越小，介绍所做这个工作的范围越大。这样，虽然在大战前德国工会相对不发达，劳工介绍所在为技术工人寻找岗位和为非熟练工人找寻工作同样有效；而在英国，就在中等范围邻近地区找寻工作而言，无论如何，介绍所的成功主要只限于对非熟练工人，在它们中间不存在强有力的工会组织。③

① 参照《国民保险法》，第99节(1)。

② 《劳动报》，1923年5月，第161页。

③ 参照施洛斯，《经济学杂志》，1907年，第78页；《消灭失业协会公报》，1913年9月，第839页；《劳工介绍所工作委员会报告》，1920年，第13页。

第 11 章　失业对缩短工时

第 1 节

以上两章的一般性分析对于乍一看似乎遥远的问题有重要的意义。这个问题将决定雇主为应付萧条时期可以采取的重要手段对国民所得的比较后果。在对他生产的产品需求减少时，雇主发觉继续以先前规模生产将使他遭受损失，他能以下列 3 种方式中的任何一种进行必要的减产：(1)全天开工同时削减一部分员工；(2)全天开工，保留全部员工，但轮流上班，这样在任何时候只有一部分(如三分之二)人员实际工作；(3)缩短工作时间，使全体人员在整个工作时期都做工。

第 2 节

在缩短工时计划与其他两种方式之间，相关的影响主要是技术性的。当削减最大费用的工作**小时**能得到可观利益的那种条件下，依靠缩短工时计划是最简单可行的，例如削减供电供热需额外付费的那些时间。但在完全停工一段短时间将引起再启动的重大费用时——如重新点燃已熄灭的鼓风炉——使用上面相对的这个或那个计划有利。

第 3 节

在辞退计划与其他两种方式之间，主要问题在很大程度上取决于雇主对于保留迄今为其工作者的服务的留置权有多大重要性。当所做的工作是技术性和专门性的,保留人员对他常常很重要。[①] 具有特殊才能的工人实际上一直为雇用他们不管多久的特定企业获得特殊价值。这部分因为不同工厂的详细生产方法各不相同,因而在任何特定工厂做惯的工人,特别是他们在做的工作属于多面性质的工作,他在那里的作用要比别的同样工人大得多。这还部分因为技术工人常常加工贵重的原料或操作灵敏的机械,雇主自然宁愿把这些工作委托给他们经多时接触知晓对方品质的人。最后,在制造某种专有商品的工厂之间,部分因为工人工作了一段时间以后雇主预期他们获得了工厂生产秘密的一些诀窍,因此工厂不愿意让他们去它的对手那里服务。[②] 譬如,“在金饰店和珠宝店里店主人在永久性员工中分派工作,由于长时间接触,员工也就懂得许多秘密和特殊的图形和生产调节过程。”[③]雇主以同样态度急切要求保持开机器工人、家庭仆役和特殊农业劳动者的服务留置权。[④] 即使当要做的工作属于极普通的工作,以致先前受一家特定工厂雇用的工人对该工厂不比其未雇用者有更大价值,一位在不景气中的雇主,他知道或希望前途将有好转,愿意接触比当前需要更多的工人,以便确保以后将得到足够的人员。这种考虑特别可能影响称为季节性波动的产业中的雇主;因为淡季过后

① 因此,期望劳动力的流动要使技术工人比非熟练工人变动得较少。在美国的情况就是这种情况的证据。参照施利奇特,《劳动力的流动》,第 57～64 页;同时参照第 93 页。

② 参照费伊,《产业中的合伙制》,第 90 页。

③ 韦布,《季节性行业》,第 43 页。

④ 同上,第 23 页。

在这些产业中可以肯定很快又需要全部员工。有人提出这种季节性变化就是煤矿业和农业中盛行缩短工时方法的部分理由。此外，要是听任雇主做主，他们往往选择辞退工人方法，而工会自然不喜欢这个方法，因为它会使工会承当更大的失业救济金重担，所以它们有时支持采取另外两种计划中的一种。

第 4 节

在辞退计划和其他两种计划间的这种选择中，十分重要的因素是工资适应效率的正确程度。当给低效工人的正常工资相对于他们的效率要比给高效工人过高时，雇主在应付萧条时就有强劲的引诱力裁掉他雇员中最小有利部分。因此，发现辞退方法在计时工资产业中比计件工资产业相对盛行是很自然的了。在讨论我国对付需求萧条主要方法时，H. 卢埃林 · 史密斯曾这样写道："广范围看这个问题，我们可以辨认出两个主要办法。第一个普遍办法是缩短全部或大部雇工工时或工作。最适当的例子是矿业，在那个行业中，紧缩开支大部分时候不是裁掉一定数量的矿工，而是减少矿工每星期工作天数。另一个例子是制靴和制鞋业（我目前指的不是使用机器的大工厂，而是实行普通计件制的工场），在这种行业中，在淡季，不是许多工人完全失业，而是极大多数人只有较少的工作量。第二种办法应用于其他产业，它不是缩短工时，而是使一定比例工人失去工作，这些人形成失业的波动边际幅度。这类行业的例子是建筑、工程和造船业。我并不是想说，在任何这些行业里没有缩短工时的办法，或者那里在旺季不实行加班工作；

但是它们适应需求变化的主要办法是裁减工人或增雇工人”。[①] 审核本节中提到的产业表明，H. 卢埃林·史密斯爵士归类于缩短工时产业中的那些企业都是盛行计件工资的企业，而他归类于辞退产业中的那些企业都是使用计时工资的企业。的确，乍一见人们可能认为工程行业违背了这个规律。可是，虽然这个行业包含许多计件工作，但直到近期它主要是计时行业，因此并非例外。[②] 同样，发现在德国，大战以前那里工会力量相对较弱，部分由于这个原因，在那里计时工资行业中的硬性标准率的有效实施要比英国少得多，那里采用缩短工时而不是裁减工人以应付淡季的做法比这里远为普遍。“德国某些机构宣布，某些行业在一年过程中缩短工时的做法使工人减少收入多达四分之一或三分之一。可以肯定，虽然英国行业，尤其是煤矿业和棉织业依靠缩短工时制度，这个制度降低英国失业工人数字的程度远比德意志帝国为小。”[③] 我不希望不适当地强调这些事实，但是它们似乎说明了本节开头指出的一般趋势。

第 5 节

在工人轮班制和两种其他计划中间，重要的事实是轮班方法在安排上有点麻烦，并要做工人的大量组织和协作工作。这个方法似乎作为正常工作盛行在“萨里郡港口的河边谷物搬运工中

---

① 《调查就业不足痛苦委员会第三次报告》，证言，Q. 第 4540 号。

② 同上，第 4541 号及以后各号。

③ 《德国城市生活费用的报告》（敕令书，4032），第 522 页。

间”;[①]英格兰北部钢铁工人中在一定程度上实行过这种方法;1918 年的一个时期它曾在棉织业中与实行缩短工时计划同时试行过。而且作为与成衣工会谈判的结果,缝纫业公会宣布:“我们完全认识到在淡季时期工作应当公平分摊(需加以一定解释),我们力劝我们在全国的会员,将这些原则付诸实施”。[②] 但是率直地说,这种方法的麻烦根本不允许它被广泛采用。

第 6 节

普遍的结果是,在主要产业部分应付萧条的办法不是缩短工时就是裁减工人或者两者同时使用。西德尼·查普曼提出几个有意义的数字说明,全部使用同一工资支付形式(即计件工资)的不同纺织业中各自采用这两种方法中的一种。在 1907 年 11 月和 1908 年 11 月间棉织业被调查的工厂中出现 13.3%的产量收缩,其中 5%是由于减少工人,8.3%是由于缩短工时;而在丝织业中在这个时期产品减少 8.1%,其中 6.0%由于削减人员,2.1%由于缩短工时。[③] 众所周知,在煤矿业中主要使用缩短工时办法,那里在萧条时间使用的缩短工时办法,以减少每周工作轮班班数来实

① 《皇家济贫法委员会报告》,第 1156 页注。

② 《关于集体协议的报告》,1910 年,第 28 页。

③ 参照查普曼,《兰开夏郡的失业》,第 51 页。当一家工厂雇用工厂工人和家庭佣工,在经济不佳时当然合乎它利益的是撤销家庭佣工的工作,而不是同等地减少工厂工作和家庭工作,因为这样做能保持工厂机器运转。还有,以这种方式对待家庭佣工的权力间接制止雇主以工厂工作完全取代家庭工作,因为这样能使他们面对周期性经济扩张的前景,不需为寻常时期的需求建设太大的工厂(参照维西利茨基,《家庭佣工》,第 3 页)。

行;裁员办法主要在建筑、造船和工程业中施行。[①] 1921年提交意大利议会的一件法案建议,“在必须裁减情况下(在任何企业中),在裁员之前,工人的工作小时必须降到最低点,即每周36小时(工资按比例减少)”。[②]

第7节

初看时,从国民收入的观点看来,裁员或减少员工方法肯定比缩减工时损害更大,不但因为担心失业往往不适当地拖长他们的工作,而且因为这个方法有害于这些受到或长或短时期失业者的品质。最明显的是,失业与缩短工时相比较,它使个人收入遭受更大和更集中的损失。这不但对直接受影响的本人而且对他的妻子儿女造成食物、衣着和燃料有严重缺乏的威胁。如果失业延长到一定程度,这种缺乏很容易导致长期的体质衰退。这还不是全部,它还会促使那些受失业之苦的人,使用威胁其道德本质永远堕落的手段,以满足其必需。特别是,失业会导使这些人依赖济贫法;如众所周知,这个国家的贫穷曲线跟着失业曲线上升,时

① 当然这不是说在这些行业中不存在缩短工时,相反,甚至在为低于正常工作收缩采用裁员方法时,实际在某种程度上采用高于正常的缩减工时方法。因此在工程业中,尽管正式缩减工时的平均数很小,却在正规工人的工作时间上加上平均3.75%的加班时间(敕令书,2337,第100页),相对于加班工作而言,正常工作小时当然成为真正的缩短工时。所有这些的意思是,“这些行业在需求变化时调整自己的主要措施是裁减工人或增加工人”(H.卢埃林·史密斯对《调查就业不足痛苦委员会第三次报告》的证言,Q.4540)。

② 《外国报纸经济评论》,1921年7月22日,第190页。

期大约落后一年。[①] 可是依赖济贫法或到处流浪，标志着人的意志衰落的明确阶段。在贫穷但存在奋斗和独立个性者与领取救济金的穷人之间有一条明确的界线。“领取救济金的穷人一般并非不快活。他们不害羞，他们不急于成为独立者，他们既不痛苦也无不满。他们已经越过划分贫困者与领取救济金穷人的界线。”[②]还有，“进入济贫院或走向流浪将家庭留给济贫法生活的人，一般说来是那些无疑被厄运连同自己的弱点造成不再是合格的值得尊敬的人。他们一旦进入这种状态，很少重返产业做工”。[③] H. 卢埃林·史密斯爵士把这个问题总结如下：“我认为，当危险的强度和可依靠性超出某种限度时，不论从历史和观察角度看这种行为是明确地进入一个新境界，总之此时它已变成我称之为赌徒的冒险，到那里接触的危险不再是令人激动的刺激剂，而是产生一种非常严重的罪恶效果”。[④] 勒鲁瓦—比利以同样心态宣布，他的说法肯定是对的：“除特殊例外情况外，一般说来形成今日社会堕落的不是工资的不足而是就业的不稳固”。[⑤] 造成危害的原因也不仅由于不安全感。仅仅游手好闲的事实（根本不关匮乏之事，尽管它正常与前者相伴；除非他有在自己的或租入的土地上工作的机会可

① 时间上的间隔部分可能是由于个人储蓄、抵押家私、孩子们取得收入等的支撑；部分由于这样的事实，即对流入赤贫人群的制止不会降低赤贫人数，除非因为死亡或其他缘故使流入赤贫人数低于流出人数（参照贝弗里奇，《失业》，第 49 页）。

② 亨特，《贫穷》，第 3 页。

③ 贝弗里奇，《失业》，第 50 页。

④ 《经济学杂志》，1910 年，第 518 页。

⑤ 《财富的分配》，第 612 页。

以起缓和作用[①]),就有可能对受其影响的那些人的经济和一般效率起严重的腐蚀作用,随着游手好闲人数的增加,腐蚀作用迅速扩张。皇家济贫法委员会得到证言:"严重的游手好闲在遇到要完成一项吃力工作时自然将此人赶往惟一去处,十之八九就是最近的酒店。对于这种品质的人从紧张艰苦的工作到绝对懒惰的经常改变自然使他趋向精神与肉体的堕落,最后当机会来到时成为不适合工作的人"。[②] 据报道有一位雇用大量劳动力的工厂主曾说:"在我的技术工人中有5%～6%新近失业,在一段长时间闲散后,他们中每个人无不变质。有几个变坏得十分显著,有人变得工作不熟练和能力退步。我们所以有必要雇用大量工人者的普遍经验是,没有任何事情对这批人的能力比长时间闲散起更坏的作用"。[③] 德兰士瓦济贫委员会报告:"失业是永久性无望型贫穷的最多的原因之一。不管一个人有多么能干,在长期的失业时期他必然衰退。他的手失去一些灵巧,他养成懒散的习惯。失业者的倾向是沉沦于不能雇用的水平"。[④] 有证据表明工人一旦成为不定期领取救济金者,就不再容易习惯做正规工作。[⑤] 新近美国的

① 在比利时,车票的便宜使得许多铁路工人能住在附有菜园的小屋里,当他们下班回家后可以耕种田园(参照朗特里,《失业》,第267页)。

② 摘自《皇家济贫法委员会少数派报告》,第1133页。但是有大量证据表明,英国的酒类总消费在就业充分时期最大,理由无疑是良好的就业通常一般地与人民的高消费力有联系。参照A.D.韦布《英国酒类消费》(《统计杂志》1913年1月)和卡特《酒业控制》,第90～94页。当然,这并不是说真正的失业者必定比他们就业时酒喝得少。

③ 奥尔登,《失业,一个全国性问题》,第6页。

④ 《德兰士瓦济贫委员会报告》,第120页。

⑤ 向慈善组织协会非熟练劳动委员会陈述的一些证言提到,一次试图将临时性码头工人转为永久性工人的建议,由于这些人拒绝转正而失败(《报告》,第183页)。

一次调查结果也可以参考:“如果一个时期的非强制休闲是在淡季中的休养和将息,这对就业不足有好的一面。但是强制休闲不会带来休养和将息。找寻工作要比工作本身疲倦得多。一个寻找工作的人坐在慈善机构里等待中介人的来到,在试图得到工作同时与人谈谈自己的经历:他要在早上 5 点钟起床,走 3 或 4 英里路到遥远的地方,因为他曾听说那里有事可干。为了赶在他人之前他要去得早,他步行因为他付不起车费。在第一个地方寻找工作失望,他得走往几英里外的另一个地方,到那里又碰到再次的失望……这个人讲述他的经历时,他深深感到这个真理,即没有职业意味着远比简单地损失一些钱的影响重大得多;它意味着不能以金钱计量的生命力的枯竭”。[①] 此外,萧条月份的坏影响不是繁荣月份的好影响抵消得了的。实际上,情况确实是这样,如常常发生的那样,繁荣月份的含义只是长时间的加班,它们并不会产生任何好的作用可以抵消萧条月份的坏作用,而其本身只是增加更多的坏作用。

第 8 节

就是在这一点上以上两章的分析变得相互关联。应付萧条的缩短工时办法对国民所得总是比裁员办法有较大好处的结论,这个由此前观察导致的结论必不可不假思索地接受。在刚才提到的分析中,当讨论移动费用时,不必明言的假设是,准备抵消移动费用的移动所得完全由经济形势决定,不须特别调查。但是事实上

① 《美国劳工统计局公报》,第 79 期,第 906～907 页。

这个假设不能完全有保证。例如在一家雇用100个工人的工厂里，由于生产需求下降，按照目前工资率——我们假定要保持这个水平——需要比以前减少1/100的工作量，要满足这个条件，可以或者全面缩短正常时间1/100的工时或者裁减1个人。此时要一个工人去往他处，如果移动费用（以本书第9章第9节所说方式折合为日工资）少于此人的全部日工资，显然对国民所得有利。如果实行裁员方法，假定被裁掉的那个人有必要就业门路的知识，要到他移往其他地方就了业，这个条件才得到满足。可是，如果实行缩短工时法（或轮流做工），除非移动费用（如上面所说的折合）少于日工资的1/100，否则没有人会移动。因此从这点上说，缩短工时法对国民所得的损害要比裁员法更大。当移动费用极大（也就是当从一个技术产业移动到另一个技术产业时），或者当需求的萧条预期只持续极短时间时，在两种计划中都不会出现工人移动，实际上没有东西会抵消缩短工时的直接和即时利益。但是，当实行裁员计划本来会出现工人移动，但因实行缩短工时计划不发生移动时，在这种情况下国民所得就要受到损害。如果只有一家工厂采取缩短工时来应付它一家遇到的萧条，而在该产业的别家工厂的工作有良好需求时，要比它采取缩短工时方式应付别家工厂同时遇到的萧条，更可能发生损害国民所得；因为工厂之间阻碍移动的费用要少于产业间阻碍移动的费用。上面对于缩短工时计划的反对理由值得注意，但当然不是决定性的。观察到一条完全相同理由的反对意见反对棉纺业战时轮班政策是有意义的，根据此项政策在所有工人中轮做全部工作，并付给“轮空者”工资，这笔支出向机器工作超过正常比例的雇主征收。[①] 也有人在某种程度上反对所有失业保险计划；因为那些计划减少移往可能得到工作的新行业者的所得。[②] 几乎不需要说这个反对也不是决定性的。移动造成的差异一般不大；另一方面，要是没有防止它的规定，失业会不可避免地造成许多人的损害。可是存在反对的事实不应当忽视。在英国 1921～1923 年出现非常特殊的情况，当时于由战时需要，大量人员使得造船业和工程业人满为患，[③]公众利益要求将相当多人调离这两个行业，这样做有压倒性的重要。

第 9 节

在以上分析中，注意力限制在应付当前工作中发挥重要作用的体力工人的方法上。可是人们必然注意到在这些方法中没有提到在企业和其他机构任高级职位的领薪水雇员。他们继续保留领取薪水不顾随时需要他们做的工作量多少。法官既不会被解雇，也不会在诉讼清淡时领取减少的薪水。公务员、大学教授、陆军和海军（不论军官或士兵）以及私营和合股企业的主要高职员的情况

① 关于战时棉花控制委员会的工作的论述，参见 H. D. 亨德森著《棉花控制委员会》。1918 年 8 月取消了 1917 年 9 月建立的轮班制度，决定特别征税的收入此后只用于给予明确而连续失去工作者的失业救济。黄麻控制委员会于 1918 年 3 月新实行补偿因希望减少 10％的黄麻消费而决定停开一部分机器而被辞退的工人。但是这种补贴只限于辞退后找不到别的工作的工人，任何无合理原因拒不接受合适工作的工人不再发给补贴（参照《劳动公报》，1918 年，第 135 页）。大约在同一时候，德国为补贴因燃煤短缺而停工的工人的计划中也有相同的规定（《劳动公报》，1918 年，第 141 页）。

② 根据 1927 年英国保险法，可以要求申请救济金的人在适当条件下接受在其他职业中的一个工作；但是当然，这只可能作为最后的手段来使用。

③ 参照《失业的第三个冬天》，作者为鲍利博士等，第 24～25 页。

也是如此。有人有时会问,为什么这个办法不能在产业的体力劳动者身上使用?为什么一旦就业后不能被看做永久性的成员,只要在工作,在特定时期内不管有许多、很少或无工作可做,都付给全部工资呢?必须立刻承认,在劳动需求完全稳定的企业,使用永久性薪金制不会影响国民所得。不管怎样只要他们的工资水平经过恰当调整,工人将继续雇用并付给全部工资。但是在劳动需求容易变化的地方,问题将难以解决。鉴于工人在不工作的时候也得到工资,平均工资率水平必定下降,才能使一个普通工人的每年收入保持在原有水平。要是劳动变为固定费用,就像现在资本设备支付的利息和高级职员的薪金是固定费用一样;雇主不论旺季淡季支付的总数就像现在支付的一模一样。因此从表面上看,这个经过思考的安排与现在的安排的差异出现在账面上而不是在实质上。可是实际情况并非如此。如同在萧条时期依靠缩减工时一般,但程度上要剧烈得多,它将阻止工人从暂时或永久萧条的企业移向需要劳动力的企业。至于高级职员,他们在任何情况下必定留在原来企业里,这就不成问题。无论如何将愿意留在那里的高级人员缚在他的位置上不会造成损害。但对一般体力劳动者来说这确实成为问题。因此,虽然这个办法可以应用在一个企业雇用的一定比例的普通工人身上,不会损害国民所得,它不能应用在全体工人身上;而把这个办法应用在某些人而不用在其他人身上是很难实施的。对于新近有人建议的一种经过修正的安排有更多话要说。那就是让体力劳动者变成受薪金的雇员,不光是在一家工厂如此,而是在这种工厂所属的产业里全体工人都是这样。当工人一旦到这个产业登记,他们就领取全部工资,条件是听从有资

格的机构派他们去这个行业需要劳动力的工厂做工。这个经修正办法——实际上等于产业实行的一种失业保险制度，其救济费等于全部工资率——不干涉在同一产业中工人从一家工厂调到另一家工厂。然而它在阻碍工人从一个产业去往另一个产业的移动上与未经修正的办法没有两样。此外，在确定条件上——哪些人根据条件可以在特定产业中登记，哪些人根据条件应停止这种登记——存在一些技术性的困难。可是对这些问题的全面讨论不能在这里进行。

第 12 章　以干预方法提高工资的可行性

第 1 节

本编其余部分的目的在于探索是否以及在何种环境中能以旨在将任何行业或行业一部分的工资率提高到“自然工资率”以上的干预手段来增加国民所得的规模。这里使用的自然工资率意指没有直接有关的工人和雇主以外的个人或个人团体的干预自然通行的工资率。不管是雇主或雇工的垄断性行为都包括在“事物的自然过程”之中;我们需要考虑的惟一干预是消费者的干预和政府机构不是以消费者而是以管理者行事的干预。

第 2 节

消费者干预是指顾客同意只向对待其工人符合公平标准的企业购物,以强迫雇主给予工人较好的条件。这种方法的范围在不同行业中差别很大。例如,它可以更容易地应用于零售商店售货员的劳动工时上,这些售货员是顾客实际看到的,它较不容易应用于工厂或家庭的雇工身上,因为顾客看不到他们。[①] 这种方法总是由于顾客所知事实的不完善和许多商品在由零售店卖给顾客之

① 参照梅尼,《家务劳动》,第 173 页。

前经过若干制造阶段而受到很多限制。可是私人组织设法通过白名单和工会标签等手段应用这个方法。[①] 政府机关有各种订货合同可以提供，它使用干预方法取得较大效果。1893 年英国下院通过的公平工资决议，力求保证做到政府部门使用该决议，要求厂商根据政府合同“应按现行工资率（当地的）付给雇工”不得减少。伦敦郡议会制定一份工资表，规定所有投标订立合同的所有企业必须同意向它们为完成合同雇用的工人支付表上列出的工资。有几个市政当局进一步坚持，凡不支付“公平”工资的厂商不能与当局订立合同，公平工资不仅仅指合同上的工程，而是包括该厂商所有工作。因此，“贝尔法斯特和曼彻斯特有长期有效的命令，根据这些命令凡投标或履行合同的合同订立者必须按工资率支付工人工资，遵守劳资双方组织同意的劳动时间，不得禁止工人加入工会；而在布拉德福德，合同订立者需提出证明，在他投标前三个月他支付给全部工人的工资是按照雇主协会与工会同意的工资率发放的”。[②] 政府当局的干预——不是作为消费者而是作为管理者使用它们的力量——澳大拉西亚的经验使大家熟悉这件事，现在这个国家在这方面也起相当大的作用。决定这些不同种类干预的方式有无可能影响国民所得是一个复杂的问题，解决必须分阶段进

① 1905 年澳大利亚商标法规定，所有出售商品应贴有标签，表明商品制造商是否完全雇用工会劳动者。此法被高等法院判定违宪，理由是联邦关于商标的立法权不允许有商标设计不符合使用厂商利益的立法（《经济学家》1908 年 9 月 19 日，第 532 页）。

② 《公平工资委员会报告》，第 50 页。除非对订合同人应支付标准工资的要求条件应用于他的一切工作，否则肆无忌惮的订合同人会逃避这个条件，雇用同一个人做合同内工作时付给全部工资，做别的工作时给予特别低的工资。

行。在这一章中我将提出初步问题，即它在实际中能否可行，以及它能否真正影响国民所得的规模。

第 3 节

回答这个问题部分取决于另一个问题，即雇主和工人是否有可能不被察觉地逃避干预机构的建议或命令。察觉因下列事实而变得困难，即雇主雇用工人服务的合同十分复杂，合同中除货币工资外，还包括明白的或含糊的条件，如工作速度及工人工作中舒适的安排，有时还有某些实物工资的提供。在执行这些项目的这条或那条时，雇主如果希望这么做，他有可能使货币工资外明显的附加条件失效。[①] 然而，不光是这种方式能出现不被察觉的逃避。因为穷人往往宁愿接受低工资不愿失去工作，在雇主与雇工之间可能发生串通一气。发生在维多利亚中国工厂的事情是众所周知的，实际上支付的工资比名义上支付的低。当工人未组织起来时——如果他们极穷或如果他们分散地在自己家中工作[②]——即使强有力的政府，不用说消费者协会，在实施它的意志时必然有巨大困难。这个事实可以用实施我国自己法律关于妇女和儿童劳动卫生、安全和时间中的经验加以说明。要对一个行业中小型和不显著的单位接受控制常常极为困难——尤其是劳动时间——因为

① 在这方面注意到政府给予加利福尼亚、俄勒冈、华盛顿和威斯康星州工资委员会管理权力是令人感兴趣的，它们不但管理工资率，而且管理工作时间，还包括工作妇女的“劳动条件”(《世界的劳动法》，1914 年 2 月，第 78 页)。

② 劳埃德先生写道：“设菲尔德和索林根的磨床工比刀剪匠为什么有较好的组织，是由于前者在工作时更多集聚在一起”(《经济学杂志》，1908 年，第 379 页)。

在家庭工场中在单独的工人家庭劳动与工场劳动非常容易混杂在一起。[①] 在现今的英国任何地方，在自己家中工作的雇主，从外部招用雇工就是工场，应服从工厂法的通常规定。在自己家中工作的雇主，只雇用他自己家庭成员做工是“家庭工场”，它的卫生安排（虽然要求比普通工场稍低）以及在那里工作的少年和儿童的工时也要接受管理。但是当一个家庭工人单独在家里为外界的厂商工作时，没有规定这些条件。即使在一般工场和家庭工场，以现有的视察人员，以上规则是否令人满意地贯彻值得怀疑。[②] 视察员的任务始终极度繁重，以至于在英国不断要求增加人员。然而，要是我们刚才讨论的那种管理是如此困难，工资管理更加不易。如上文已详细谈到，工资率不像卫生安排、工作时间等等那样，它不容易被视察员的眼睛或鼻子所察觉。[③] 因此破坏工资率规则，除非通过工人的公开行动，否则很少被发现；当工人尚未组织起来时，个别的工人由于害怕更坏的命运落在头上，往往不会采取行动。英国劳资协商委员会法的行施受到这种困难的严重阻碍，尤其是它与家庭工人的关系。[④] 但是在有高效工人组织的地方，这个困难能被克服。因为工人具有彼此团结感，他们不会因害怕失去工

① 曾经有人提到，在家庭工场中的使用外包工者、雇主甚至地主，要他为破坏法律负法律上的责任，法律便能比较容易地实施（参照韦布在皇家劳动委员会上的证言（敕令书，7063—1，Q. 3740）在马萨诸塞州有时令使用外包工者负法律责任）。

② 参照新西兰和维多利亚在实行限制店员工时法中遭遇的困难。在新南威尔士，这些困难因施行为全体商店（不管有无雇工）规定工作时间的法律而得到部分避免（参照艾夫斯《关于商店雇工工作时间的报告》，第 12 页）。

③ 麦克唐纳夫人，《经济学杂志》，1908 年，第 142 页。

④ 参照维西利茨基，《家庭工人》，第 7 章。

作受恫吓而接受少于工会规定工资率的工资，而会向工会官员申诉；即使个别工人不这样做，工会官员也会发挥目光犀利的义务视察员的作用。因此，得知旨在提高衰退行业（如制链业）工资的政府行动，曾几次导致工人组织改善的消息是令人鼓舞的。“在与建立劳资协商委员会有关的形势中，一个特别有希望的特色是，受到影响的产业中的妇女有信心加入他们的工会，有几个工会已接受大量女会员。对工资管理的一个经常出现的反对意见是它对未组织工会的行业没有用处，而那些行业是最需要这种管理的行业。实际情况似乎是，工资管理的前景正在鼓励工人组织起来，因为它能给予穷困工人有政府在背后支持他们的感觉。”[①]与此同时，当然，付给他们较多的钱，使他们更轻易支付工会会费。这些状况似乎表明，政府的干预虽然有时由于没有察觉的逃避而受挫折，但它不会受到普遍的阻碍。

第 4 节

可是这些广泛的议论没有对建立真正不漏水的管理制度涉及的困难做到完全公正。当管理当局本身建立和施行完善计件工资的等级切实可行时，的确没有更多的话可说。但是这个做法只能在有限领域施行，因为在许多产业里的机器不同，工厂安排不同、要求的工作质量不同（如在锁扣眼工厂）等等，使得要求有一种不同的计件工资率“适合于”不同的工厂；要求劳资协商委员会或其

① 哈钦斯与哈里森，《工厂立法史》，第 269 页。建立劳资协商委员会在成衣业中要求组织工会的有利反应的证据，参照托尼，《成衣业中的最低工资率》，第 90～94 页。

他政府当局具有应付这些区别的知识是有点不合实际的。[1] 结果是，根据英国劳资协商法任命的委员会常常发觉，它们能做的最好事情是制定作为标准的所谓最低日工资，同时授权雇主拟定计件清单，使它规定的计件工资所得能允许这个行业中"普通工人"获得相等于日工资的收入。鉴于这样的事实，即希望计件工资制能比计时工资激发工人更大的积极性，1918 年劳资协商委员会法授权劳资协商委员会制定作为计件工人标准的最低日工资高于为实际按日工资雇用的工人规定的最低日工资，于是所属工厂实行计件工资制的大多数产业工会，全得到这个权力。[2] 但是还有别的困难。除非作出进一步的规定，由于"普通"这个词含义的模糊不清，还存在微妙的逃避机会。为堵塞这个漏洞必须确定这个词的定义。在控制制纸盒业的劳资协商委员会所作的工资决定中是这样做的，即规定任何计件工作中，任何企业雇用的计件工人必须有85％的计件工资不低于最低日工资。因而 100 个工人中从能力等级顶端往下数的第 85 个工人可以用作代表最差的"普通"工人。可是即使有这种数字定义也不足以使逃避成为不可能。雇主实际上依旧有权压低工资标准，办法是开除最差的工人，雇用较好的工人替代他们，然后把计件工资率定在本来必须使普通工人的 85％赚到标准日工资那个数字以下。为消除这个危险，制衣业的劳资协商委员会为"普通"工人确定最低计时工资并予公布，如果工厂雇工中有 85％赚到这个最低数，就有了初看有力的证据，表明那

① 为说明这个困难，参照蒂利亚德，《工人与国家》，第 58 页。

② 参照蒂利亚德，《工人与国家》，第 60 页。

里建立的计件工资率是适当的。可是有消息说，某工厂以特定工资率雇用的一些手脚慢的工人收入有相当大的减低，这件事又驳斥了这个初看有力的证据。当工厂没有特别挑选工人时，100 人中的第 85 个人只能认为是最差的"普通"工人。[①] 制纸盒业中劳资协商委员会建立的规则也是同样性质。[②] 这样的规定显然引起细节上的微妙问题，作为最后解决办法必须把它们提交给某种形式的劳资联合委员会。因此，根据煤矿最低工资法规定，雇主希望把某个工人作为低于"普通"对待，这样对待是否正确问题，须由劳资联合委员会裁定。在这种安排下要是不能完全制止逃避，无论如何能有效地加以抑制。

第 5 节

可是，假定不公开破坏法律就不能出现逃避，而破坏法律的逃避是能够被察觉的，这样雇主就不能干预真正起作用的工资自然发展过程。可能发生这样的情形，即甚至当逃避被察觉的时候得不到制裁的办法来限制它。可是，事实上制裁办法是有的。即使消费者协会掌握抵制的武器，当这个武器得到工会支持时，还能呼吁工会代表它运用罢工的武器。政府机构控制着巨大的制裁武器库。其中最通常的是简单地向了解情况的舆论呼吁，就像加拿大产业纠纷调查法中所指望的。战前不久，马萨诸塞州根据这个方法通过法律，建立有权力调查的委员会，它通过工资委员会调查有

① 参照托尼，《制衣业中的最低工资》，第 50～51 页。

② 参照巴尔克利，《制盒业中的最低工资》，第 21～22 页。

充分理由相信付给女工的工资“不足以供给生活必需费用和保持工人健康”的任何行业。召开公众听证会后，这个委员会提出工资率，并“发布它裁定的命令，附有没有或拒绝接受它的雇主名单。这份名单随即在至少 4 份报纸上公布，但不加进一步的惩罚”。[①]小看这种形式制裁的力量是错误的。无可怀疑我们低级工人的工资率，“若没有习惯的或传统的标准有效力量，将低于他们现在实际所有的”。[②] 女工的工资率在战前大约为每周 10 先令，也有可能在某种程度上得益于舆论制裁。为特殊和有限目的的稍为严厉的制裁是使用英国 1909 年劳资协商委员会法。这个法令规定，在委员会决定成为强制性以前的开始时期，政府的合同只给对工人支付政府提出工资率的企业。1906 年澳大利亚的消费税率法提出了更严厉的制裁办法，后来该法被最高法院宣布为违宪。[③] 此法准备对给工人工资低于“公正和合理”工资率的当地制造商课征级差消费税。在与澳大利亚立法类似领域，实际实施了基本上与这个法令差不多的政策。“1907 年津贴法、1908 年制造商鼓励法和 1910 年页岩油奖励法在规定对本国产业的鼓励中，还规定了如果商品的生产同时不付给生产中雇用的工人公正与合理的工资率，将拒绝或减少发给奖金。”[④]如果这些较轻的制裁无效，可以使用罚金，有这个规定的制裁不但在著名的维多利亚和其他澳大利

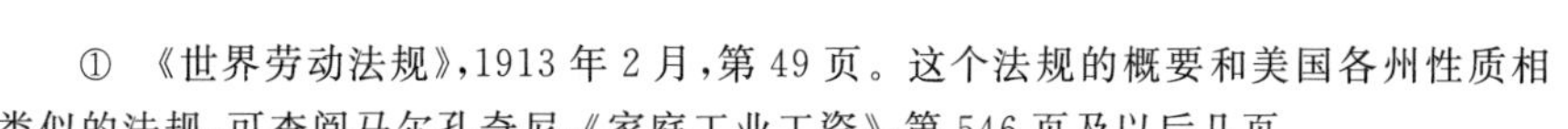

① 《世界劳动法规》，1913 年 2 月，第 49 页。这个法规的概要和美国各州性质相类似的法规，可查阅马尔孔奇尼，《家庭工业工资》，第 546 页及以后几页。

② 《皇家济贫法委员会报告》附录，第 17 卷，第 377 页。

③ 圣·莱杰先生在他所著《澳大利亚社会主义》，第 394 页及以下诸页录有最高法院的判决。

④ 《联邦手册》，第 476 页。参照布赖斯，《现代民主》，第 2 卷，第 245 页。

亚殖民地的法律上和英国劳资协商委员会法上存在，而且在较近期的1913年俄勒冈州和华盛顿州通过法律中出现，但只适用于妇女和少数民族。[①] 在某些这种法律中还加上徒刑的制裁。要说的还不止这些。有一种制裁比罚金和判刑更强有力。在雇主愤恨宁愿选择暂时停工以抵抗的工资率与迫使雇主会完全放弃他们产业的工资率之间一直存在一个界限。对于这个界限政府或其他机构能以两种不同方式加以利用。第一，在某些境况特殊的产业中，政府可以威胁要把雇主逐出这个行业，除非他们同意支付政府法令规定的工资率。例如在普通铁路或街道电车这种依靠当局给予特许的产业里，特许的条款上可以规定，任何拒绝接受当局关于工资率的决定将丧失特许权。[②] 第二，在一般产业中，如果顽固的雇主试图支付少于法令规定的工资，政府可以津贴反对这种工资的工人罢工，或者可以强行封闭他们的工厂。使用这些手段可以剥夺他们在投降和永久性改变职业之间还有第三条道路。也不求助于那种其包含的程序有混乱性质以致不能实行的办法。不能把这些手段轻视地看作行政机关与对抗的雇主协会无休止的冲突。因为前者的胜利绝对肯定，只要一旦知道政府已下决心使用它们，几乎难以产生抗拒。在最坏情况下，显示一下力量就足够了：

① 参照《美国劳工统计局公报》，1913年1月，第204页。到1923年底，美国有几个州通过某种最低工资立法，但从那时起法院决定把大多数法律列为违宪。只有依靠舆论制裁的新法律在马萨诸塞州和威斯康星州得到通过。参照《最低工资确定机构》(《中级劳动局》，1927年)，第113页及以后几页，和《研究加拿大与美国产业状况代表团报告》(敕令书，2833，1927年，第92页)。

② 参照米切尔，《有组织的劳动》，第345页。

门口那部庞大的双手并用的机器
随时准备打击一下就永远解决问题。

这种形式的制裁是所有可使用制裁手段中最强大有力的。[①] 当然，不论是这种形式还是任何其他制裁形式不是在任何环境中都是绝对的和强制性的。批评者能容易地指出，当雇主特别顽固时，提高工资的干预难以成功地实现。但是这件事与实际问题无关。当问到怎样能强迫人们在亏本时继续经营特定行业，回答是不能强迫他们做到这点。但是，正如在详论强制性仲裁那一章中表明的，证明一种法令**有时**达不到它目的与证明它没有效力完全是两码事。杀人者和放火者破坏法律并逃避刑罚不是不可能的。法官可能命令一个母亲把她的孩子交给某某人照管；但是如果她选择躲到无人得知的地方，或者作为最后一招杀死孩子或她自己，他们就不能强迫她服从命令。可是任何人都不会举出这些事实证明我们法律没有有力的制裁力量。同样，任何人也不应举出当局关于工资制裁的决定不完善的事实作为这些决定不存在的证据。它们是真实而有力的。在它们帮助下提高工资的干预能在实际中切实可行。

① 参照我的《劳资和解的原则与方法》，第 191～192 页。

第 13 章　雇用劳动力的方法

第 1 节

在检查以干预来提高工资的效果以前，有必要对雇用工人的方法作一次初步的探究；因为干预产生的效果部分取决于这些方法是怎么样的。这种依附关系的理由是，当任何地区或职业工资上升时，有一种影响发挥作用，根据不同环境，这种影响可能使企业从外界吸收新工人进入这个地区或职业；在相反情况下，可能将已在那里的工人推出去。这种影响通过工资运动导致这个地区或职业对外界人们和对内部人们发生的吸引力的变化而起作用，对这两方面人们吸引力的变化不单独决定于工资改变的数量和有关劳动需求的性质，而且也决定于与流行的雇用方法相关的某些其他条件。任何地区和职业中工人所得的数学期望值的计量方法是任何时候特定质量全体工人一年所得总数除以工人的人数。如果雇用方法是每个特定质量的人——不管已被那里雇用或者目前尚在外界——都有得到在那里受雇的平等机会，那么这个地区或职业对外部人员和对内部人员的吸引与排斥全都符合这个数学预期值，从这两组人员的立场看，数学预期值的变化大致上与吸引力相一致。实际上这种一致不是完全的，因为对许多人来说，一个由较高名义工资加上最坏就业前景组成的特定的"收入期望值"，比由较低的名义工资加上较好的就业前景组成的平均期望值有较大的吸引力。因此济贫法委员会委员报告说:“在利物浦,有人坦率地说,名义上的高工资从乡村和从爱尔兰吸引不少人,他们的印象是他们能得到有这种工资率的正规工作”。[①] 迪尔先生向伦敦建筑业说过意思差不多的话。[②] 威廉·贝弗里奇爵士在战前也曾写道:“可以使人们从事每两周约有 4 次 5 先令一天工资的工作,此时他们会轻蔑地舍弃 15 或 18 先令一周的正规工作”。[③] 但是这里不需要强调此中的原因。只要说明一下在这个详细考虑的条件中,收入的数学预期值与这个行业对业内外众人吸引力的变化大致相一致就够了。可是,如果雇用的方法是这么一种情况,以致当那里的工资率被迫提高,可得到的雇用数量随之下降时,已经在这个行业中受雇的特定质量的任何人将被接受,再也轮不到外来的新人,此时不管对收入数学预期值的变化的效果如何,这个行业对外界人们的吸引力必然等于零。再则,如果雇用方法是这样,在已经受雇的特定质量的工人中,工人继续就业常常要被厂方根据正式或非正式的优先录用名单选择,工资率的被迫上升,必然把这个地区或职业对那些处于名单底部的内部人员的吸引力下压到零。当然,雇用方法的差异在事先长期考虑他们的孩子应受哪种行业训练的人们观点看来或多或少模糊不清。但是这并不减少他们对旨在提高工资的干预所产生效果的重大关切。面对工资率强迫上升有 3 种可能性:(1)受影响的地区和职业的吸引力,在改变后对

① 《皇家济贫法委员会报告》,第 353 页。

② 《伦敦建筑业中的失业》,第 127 页。

③ 同上,第 197 页。

外界和内部人们都符合那里的收入数学预期值;(2)对全体内部人员它可以符合这个数学预期值,但对全体外界人员它等于零;(3)对被辞退的内部人员以及对所有外界人员,它全都可以是零。如果劳动的雇用方法完全是偶然任意的而雇用是短期的将出现第一个可能性;如果雇用方法是内部人员优先于任何外界人员,而在内部人员中都处于平等的立足点,将实现第二个可能性;如果所有被这个地区或职业感兴趣的工人为雇用目的都暗示地或明显地排列在优先录用等级表上,将实现第三个可能性。在这样区分的三种方法中,第一种的明显标号是**偶然**方法,第三种的标号是**优先**方法。第二种没有现成的令人满意的标号,有必要创造一个名称,我将称它为**特权等级**方法。

第 2 节

这三种方法之间的区别可以用例子来说明。当所有特定质量的来者(不一定所有来者属于不同质量)全部不计较地收下时,偶然方法占主导地位。这个方法的一般特征是明白的。有时有人提出,当若干工厂的工人是通过中央机构雇用时,这个事实必然不属于这个方法。但是这是一个混淆。劳工介绍所适用于这个方法,正如单一工厂用偶然方法雇用工人一样;事实上许多介绍所的章则规定它们**必须**这样做。因此法国工会组织的许多劳工介绍所的官员说,"对它们会员的分配工作严格按照**申请的先后**次序进行"。[①] "安特卫普劳动局遣派工人就业的规则采取到局申请先后

① 《美国劳工统计局公报》,第 72 号,第 761 页。

的次序——这种方法成为众多批评的对象。”[1]在柏林酿酒工劳动局中，“工人在被安排就业之前必须等待他轮到的时候，也就是他在登记时得到一个号码，然后必须一直等到登记表上在他之前所有号码已经安排妥当”。[2] 在所有这些安排下，占主要地位的雇用方法是偶然方法。特权等级方法先前是根据 1912 年利物浦码头方案建立的。在特定日期在码头工作的所有工人都得到一方标志牌，有了它，使他们在就业上优先于没有标志牌的工人，而在这个等级中所有人之间是平等的。[3] 优先方法正式或非正式的应用范围很广。它不明言地包含的意思是，对特定质量的不同工人不是一视同仁地加以雇用，而是按照某种或多或少确定的次序雇用，因而那里不论何种工作往往集中在某些个人身上，而其他人什么也得不到。当使用一份实际优先名单时，从现在观点看来，这份名单的制订以什么为基础无关紧要。一种名单可以将申请者的名字按他们在这个行业中服务时间的长度排列——它在衰退行业中是特别有好处的安排法——或者甚至以姓氏字母次序排列，都将适应其目的。实际上，当在相同工人之间存在优先名单时，它常常仅是在假定为另外的一群工人中以能力大小排列的名单的副产品。因此伦敦失业者中央团体在它的有代表性的章则中建议，“监工头根据要求条件推荐申请者就业，但雇主可能从登记的申请者中挑选他们认为合适的任何人”。[4] 一般地说，这就是柏林中央劳动登记

① 《美国劳工统计局公报》，第 72 号，第 766 页。

② 施洛斯，《关于对待失业者的机构与方法的报告》，第 84 页。

③ 参照威廉斯，《利物浦码头方案第一年执行情况》，第 1 章。

④ 《美国劳工统计局公报》，第 72 号，第 803 页。

处执行的政策。[①] 就其将许多平等能力的工人以时间先后次序排列而言，这暗示这种优先办法与我们所讨论的有关。

第 3 节

没有必要说，盛行于不同地区和职业的雇用方法并非明显地分属于上面刚刚谈到的 3 种类型。而是一般说来其实际存在情况是一个折中形态，趋向于 3 种类型中的这种或那种，但又不是完全一样。决定在它们之间作出选择的影响力很像第 11 章中讨论过的应付萧条时期在各种方法中间进行选择有关的那种影响力。使雇主不愿意在那种时期依靠减少人员的这种考虑——害怕失去任何季节都对他们有特殊价值的人员等等——也使他们憎恶偶然方法。因而这个方法可能只有在那种时候被采用：即工人全都没有技术，特定工厂或工作的细节条件完全一样，以致一个工人对雇主的价值不会因为他以前曾被这位雇主雇用过而明显增加。优先方法在如下条件下使用有好处：即同一工人继续工作很为重要，而借助缩短工时办法在淡季时保留比必要较多的工人将是昂贵的，但不这么做是有损害的。在使用缩短工时办法有技术上障碍的地方可以使用特权等级法。容易看到在“静止状态”中，后两种方法将导致相同结果。

第 4 节

观察到偶然方法和短期雇用习惯之间的联系是有意义的。的

① 参照施洛斯，《关于对待失业者的机构与方法的报告》，第 87 页。

确，长期雇用并不与某种程度偶然方法不相容，因为，即使是一年一次的雇用，只要不同工人雇用的终止不在一个时候，就将一直有一定数量的职业可就；但是，要是不同个人的雇用全在同一时候终止，在那个时候那里的所有职位将空着要人，然而在极短期雇用情况下，实际上所有的职位陆续有空缺出来。因为只有在有职业可找时才有可能存在偶然性。由此可见，当长期雇用盛行时偶然方法不能发展得像在短期雇用时那么完全；或者更一般地说，在偶然方法流行的行业中，正常雇用时间的长度每次增加，将在某种程度上破坏此种方法。长期雇用在很大程度上是促使雇主宁愿采取优先方法和特权等级方法不愿采取偶然方法同一原因的副产品，其本身并无构成原因的影响力。然而有时，长期雇用是由与这原因不同的原因促成的，此时，长期雇用，或者更严格地说，导致长期雇用的原因通过它们起作用，我们可以恰当地把这些原因当作反对偶然方法的外加因素。在有技术的体力劳动者中间，在他们的持续工作对公众极端重要的行业中，有时采用长期雇用作为消除罢工的手段。南方大都会煤气公司与其"合伙人"的协议提供这方面的一个事例。"这个协议对我方是明确保证，保证给一个人期限从 3 个月到 12 个月长短不等的工作，大部分我们的工人根据这种协议工作。协议的起因是(也许你有所闻)为了避免一大群人在同一时候给我们停工的通知。在 1889 年本公司罢工时间，所有罢工者在一个时候给我们通知。为了消除这个情况，我们订立一系列协议，每星期有许多协议满期。订协议不是强迫的，签与不签悉听自愿，但是签了协议的那些人共享公司的繁荣。目前，已签协议的人多得工资的 10%，作为遵守协议的后果，因此你能理解，要大部分

人签协议没有困难。”[①]在非技术工人中间，不但争取长期雇用的正面动机普遍薄弱，因为发生罢工时他们的工作更容易被取代，而且有时出现明确起反作用的负面动机。因为在技术工人中，他们自己较高的智力和强大工会组织的存在，使得执行纪律的机构成为不必要；在非技术工人较庞杂的阶层中，工头觉得除非随时准备使用立即开除的武器，不可能完成一天应有的工作。[②] 此外，必须回想起在所有各类工人中，如在第1节中指出的，他们本身喜欢短期雇用，就是因为它才使偶然方法有可能存在。济贫法委员会的多数委员写道：“如有人叫做‘码头工人罗曼史’的，就是他们与所有手艺人不一样，只要欢喜就会几天不上班，不会因此受到惩罚……在南安普顿码头有几件事引起人们注意，那里的永久工人请求给予临时性雇用。[③] 沃尔什先生以相同方式写到，有很大一部分人参加码头工作，因为那里的工作断断续续的，因此对他们来说，要比要求正规上班的职业更加合意”。[④]

第5节

政府有可能以直接行动鼓励就业期限刚刚终止的人重新受雇而不鼓励雇用新人，并以建立长期雇用制度要做的同样方式去打击偶然方法。因而济贫法委员会委员写道：“打击临时性劳动的一

---

① 《慈善组织协会委员会关于非技术劳工的报告》，1908年，第170页。

② 参照梅斯尔斯·普里格尔和杰克逊，《给济贫法委员会的报告》附录，第19卷，第15页。

③ 《皇家济贫法委员会报告》，第335和354页。

④ 《关于码头劳工的报告》，第19页。

个方法就是征收我们可以称之为'雇用终止税'的缴费。也就是说，到每一次雇用终了应交纳一小笔付款，此款可由雇主或由工人支付，或者雇主和工人一起支付，此款具有向国家罚款或交印花税的性质，这种税或'雇用终止税'很容易课征，可采取印花税票形式贴在'雇用终止'表上，同时规定每个工人去劳工介绍所登记时务必出示此表。有人强调，如果采取这个制度有 3 重好处。第一，它将阻止雇主或雇工对雇用的恣意终止。第二，它还将阻止雇用临时工，因为一个企业雇用的临时工越多，它必须支付的'雇用终止税'越大。第三，企业敢于实施这两种做法，到一定程度就能省下一大笔开支，可将其用于支付实施我们将提出的这个或那个建议的费用"。[①] 这种办法如果采用了，无疑将加强雇主尽可能由同一人把工作做下去的愿望，由此将增强由这个愿望产生的刺激，使他采用不是偶然方法的雇用方法。1911 年国民保险法规定(1920 年保险法不再使用这个规定)的大意是，"当一个雇主雇用一个人连续期间超过 12 个月，他可以收回为此人支付保险分担额的三分之一"，[②]这就是由于这种考虑而制定的办法。但是我们必不可忘记，所有这些办法不仅鼓励雇主继续使同一个人留在职位上，这个职位他们不管怎样都是决定要用人的，而且在较少分量上鼓励他们把许多工人留在岗位上，否则他们本来会暂时把这些岗位停止作业。至此，这件事的作用会制止劳动者从需求下降的中心向需求上升的中心自由移动，从而阻碍了最有利的就业。这些办法以

① 《皇家济贫法委员会报告》，第 410～411 页。

② 《解释备忘录》(敕令书，8911)，第 5 页。

这种方式对国民所得施加的直接损害，需要它们可以带给国民收益不论什么样的间接利益来抵消。

第 14 章　在工资不公正的地区和职业中以干预方法提高工资

第 1 节

从广义上使用货币工资一词来包括任何以实物支付的货币估计值是方便的。因此在登记的实际货币工资之上得加上某些东西，如供应农业工人的食物和酒，供应煤矿工人的煤，供应家庭佣工的住房和食物，如此等等。本章中使用工资一词的意思就是指经过这种方式增加的货币工资。假如所有地区和职业付给工人的工资相等于工人工作的净边际产品的价值——为目前讨论的目的，不理会私人与社会净产量之间的可能差异——又假如在不同地区和职业中所有工人等级的分配(如第 9 章第 2 节所说)使广义上的国民所得达到最大，就会在不同工人工资之间建立起某种关系。这种关系我认为是公正的。[①] 至于在相类似的人们之间已经达到**平等**关系，只需如第 9 章第 2 节所说那样调整次要的有利和不利条件的差异。因而我的解释符合马歇尔所说的，即在任何特

① 如果我们要考虑整个人口中所有阶层的相对收入，认定流行的关系公正是方便的，就像不但满足了正文中要求的条件，而且第 9 章第 1 节中提到的受教育与训练机会的不平等也已消除。至于什么时候干预这种广义上不公正的事实对社会有利的讨论应遵顺正文中讨论的同一方针。但是这里我们关心的是挣工资阶级内部的不公正，在那里机会不平等处于比较不重要的位置上。

定行业中，工资相当于一般行业的工资就是公正的；如果考虑到劳动力需求稳定性的差异，“它们与有同等困难和麻烦并需要同等劳动能力和相同昂贵训练费用的其他行业的工资处在大致相同的水平上”。[①] 至于在并非完全相同人们中间，公正意指经过对次要有利条件与不利条件调整后，工资与“效率”成比例；测量一个工人的效率可用他的净边际产品[②]乘以那些产量的价格。但是，虽然它含有这样的意思，当然它并非只含这样一个意思。[③] 在上文所述的基础上，利用第 9 章得出的结果，我要问，第一，干预能否对国民所得产生有利后果，和如果能够，在什么环境中它能产生有利后果之干预的方式，例如使用法律手段在整个地区或行业实施计件工资率，其水平相等于那里有声誉企所支付的；干预的目的在于提高相对于一般通行水平不公平地低的特定行业的工资。第二，用干预手段旨在提高已经公正的工资，这种干预能不能有利于国民所得？如果能够，在什么环境中进行干预能做到这点？在本章和以下各章我将尽力在假设工人收入对他们能力产生的反应可以忽略的基础上回答这些问题，至于探究在不使用这个假设时，我们得出

① 马歇尔为 L. L. 普赖斯《劳资和睦》所作序言，第 13 页。我冒昧用**平等**一词代替马歇尔的**同样珍贵的**天然才能，后者似乎不很正确(参照后文第 16 章)。

② 参照前文第 2 编第 2 章第 4 节。如以下即将作详细的解释，这样设想的效率不仅是一个工人个人素质的功能，而且是周围环境的功能。但是，**其他条件相等**，体力、心理和精神的增强一般说来依然会带来效率的提高。有必要把这个词的这种用法与其他两种用法区分开。能量输出对燃料输入的比率，换言之工人产量的价值对其工资的比率，效率的意义对于我们和对工程师不同。一个人实际产量和派工工头认为他在没有不适当压力下应当能够生产产量的比率，它对我们的意义和对埃默森先生也不一样，具有百分之百效率的人就是生产刚好完成分配任务的人。

③ 参照下文第 16 章。

的结论必须作多大的修改，这个问题我将留在第 18 章中回答。现在让我们谈谈本章主题，即不顾对工人能力的反应如何，干预不公正工资率的作用。

第 2 节

在实际生活中，当任何时候工资率一直不公正地低下时，这种不公正可以是由不同原因产生的两个或多个单独的不公正因素的结果，不同原因也许在同一方向也许从相反方向发生作用。在实际这种情况中，对每种不同不公正因素干预的结果需要分别检查，因为可能有这种情形，即干预对一种因素合适但对另一种因素不合适。虽然这样考虑会在实际执行上产生困难，但是它对于我们的分析方式没有什么不同。因此为便于讲述起见，我们不理会它，把注意力限制在那些只有一种不公正因素的不公正工资的形式是对头的。这是我在以下讨论中打算采取的方法。

第 3 节

区分两种主要不公正工资有极端重要性。一方面，某些地区和职业的工资可能是不公正的，因为虽然工资相等于聚集在那里劳工的净边际产品的价值，但它与聚集在其他地方同样劳动力的净边际产品的价值不相等。另一方面，某些地区和职业的工资可能不公正，因为工人受到剥削，也就是工人所得工资少于他们给予企业净边际产品的价值。干预这两种不公正的结果完全不一样，对它们的讨论必须严格加以区分。在随后 3 节中我集中讨论干预的工资虽然不公正，但相等于直接有关工人的净边际产品的价值，因此不存在剥削。

第 4 节

先作一般性质的初步论述。考虑到聚集在特定地区和职业的工人数量的情况是这样，即在那里的现有需求条件下，劳动的净边际产品价值不足以带来公正的工资率，而干预对国民所得的作用与**为什么**那里需求条件像目前这样低落的原因完全无关。深入想一想这是很明白的。但是在流行的议论中这点经常被忽视。因此偏僻地区的制造商常常强调他们机器的窳劣或他们货物运费的巨大——压低他们劳动力需求的因素——来证明他们支付工资低于他们别地的竞争者是正当的。伊利诺伊州、印第安纳州、俄亥俄州和宾夕法尼亚州煤矿业订立的一份协议中，这个借口的正当性得到正式的承认，“等级经细致调整，以便要求煤质量较好和铁路运费较低的地区支付比其他地区较高的工资以抵消其优良的天然优势”。[①] 不管这种类型的借口确当与否，在这个问题上消耗了大量争论。事实的真相是这些借口既非确当也非不确当，它们是不相干的。在任何地方干预不公正低工资率对国民所得产生的作用是好还是坏，要看这个作用对不同地区和职业（包括闲置职业）间劳动力分配所起反应的方式而定。这种反应的性质不会因受影响地方产生现有劳动需求条件的原因的任何不同而不同。它完全取决于下列原因，那就是阻止属于那个地方工人人数自行调整以适应那里现有的需求条件，并使劳动净边际产品的价值相等于其他地

① 协议第 8 款，《美国劳工统计局公报》，1897 年 1 月，第 173 页。

方的价值，或相等于工人生活费用脱离正常水平，与其他地方水平相差适当数量的地区。[①] 因此，我们必须辨认出导致未能调整的主要原因，并逐个检查对每一个由于这些原因造成的不同类型不公正工资进行干预的效果。

第 5 节

首先，因为移动费用阻止那里工人移往其他工资率较高的地区和职业造成的某些地区和职业的工资率不公正的低。在这种不公正的低工资中包括异常的低工资，它流行在(1)远离其他社区，在人种、语言或宗教方面与其他地区不同的某些乡村；(2)离开原来职业去往其他职业将引起很大技术损失的某些职业；(3)在主要是低级无技术工人的某种职业，那里留不住高级工人，他们在竭力试图进入技术行业或者进入特定企业做受信任的工作，结果是低级工人不能变为高级非技术劳动者或另一种技术劳动者；(4)在某些地区，离开那里将使离开的工人承担特别赚钱机会的损失，这种机会是那个地区提供给他们的女人，或者提供给女工的男人的；(5)在某种形式工作即家庭工作中，许多人被照顾家庭的非经济强制力束缚在家庭工作中——极大比例的家庭工人是已婚妇女或寡妇[②]——在现有高度发展的工厂制造业中，不是单独经济考虑所能解决的。可以用总结性词语说明，旨在提高任何这些形式不公正低工资的干预(不谈对工作能力的反应)将损害国民所得。看来

① 参照上文第 9 章，第 2 节。

② 参照维西利茨基，《家庭工人》，第 13 页。

是，有利的惟一后果是某些工人离开低工资地区和职业去往其他地区和职业的移动；因为不离开的那些工人，可以得到的工作减少了，显然只能引起损失。可是第 9 章中的争论已经表明，虽然看来是有利工人移动，并非真正如此。因为对工资率的任何修改都不能变改移动费用；它只能使得由费用建立的障碍较易跨越和克服罢了。然而，只要移动费用照样存在，只是由于有移动费用才与绝对理想分配有区别的这种劳动分配，在第 9 章中将它说成是**相对于那些费用事实**的理想分配。[①] 因而只要存在那些费用，分配的任何变动必然会使国民所得少于没有费用时本来可以得到的。因此明显地没有留下任何空隙可以得到任何收益。[②]

第 6 节

第二，某些地区和职业的工资率可能不公正的低，因为无知把工人保留在那里，如果在考虑的仅仅是移动费用，工人将发现移动有好处。确定在这些条件下实行干预的后果要比在上一节讨论的条件下更难。因为如第 9 章所述，强行克服由移动费用形成的障碍会引起国民所得的损失，而强行克服由无知形成的障碍会获得利益。因而，只要提高低工资地区或职业的工资的后果是使在这个地区和职业就业的工人转移到别的地方就业，国民所得将增加。

---

① 但是应该注意到，当年老雇工死亡时，这些费用将消失；至于年轻人，他们考虑在我们正在考虑的职业与没有费用的其他职业之间进行选择。因此，如果工资在若干年后依旧不公正的低，假设这不是因为费用，上述反对干预的论点不再适用。

② 因而，只要家庭工人赚得的工资相等于边际价值——他们的工资经常很低，因为存在高效率机器的直接竞争——他们服务的家庭迫切需要阻止他们进入工厂工作，强迫提高他们的工资除了对能力的可能反应外，国民所得将遭受损害。

在移动发生的地方，移动引起的明显利益是真正的利益。不过，就干预净**效果**作出任何结论之前，我们需要调查清楚，提高工资在多大程度上和在何种环境下将多余的工人转移他处。

当流行的雇用方法是优先方法的时候，不管劳动需求是弹性的还是非弹性的，显然没有多余的新雇工被引诱去往工资率提高的地区和职业，而那里被从就业中逐出的所有人知道他们是被明确而永远地逐出了。因为根据这种方法，某些人正式被认为比另一些人优越，人所共知不论有什么工作可做，将完全聚中在他们身上。在这种环境中，如果另一些人不移往他处，他们根本毫无挣钱希望，他们将处于移动的强烈引诱力之下。因而提高工资的全部后果将是某些工人从较少有效就业地方向较大有效就业地方转移。除了在转移过程中的暂时性偶尔小事外，任何地方不会造成失业和部分就业来抵消这个获得的好处。因此，旨在强使工资提高到公正水平的干预行动**必然**对国民所得有利。

当雇用劳动的方法是特权等级法或偶然法时，对国民所得的后果根据工资率提高的地区或职业劳动需求的弹性少于 1 或大于 1 而不同。如果弹性少于 1，那个地区或职业对已经聚集在那里的工人的吸引力将增加，因为收入的数学预期值将增加。结果是，在这两种雇用方法的任何一种中，没有理由预测工人会从那个地区或职业离开去往别处；在偶然方法下，可能出现相反方向的移动。但是可以肯定，在那个地方或职业可以找到的工作量将缩小。因此，国民所得必将受损。如果劳动需求的弹性大于 1，这个地方或职业在这两种雇用方法下，当工资上升时对聚集在那里的工人和对外界工人的吸引力将缩小。因此，初看起来这些人有可能将离开那里；虽然应该记住，只要工人对名义工资比对连续就业的前景有较好了解，并认为前者比后者有更大重要性，离去的趋势可能遇上相当大的阻碍。这种阻碍对最容易离开的那些工人，也就是对不像“一般”工人那样可能受失业打击的年轻人阻力更大。到了离开确实发生的程度，它将增大国民所得，可是另一方面，有些先前得到完全雇用的工人很可能（无论如何在一段时间里）留在这个地方或职业只能得到部分雇用。由于这个原因国民所得遭受的损害可能超过或者不到它从其他工人离开得到的利益。一般地不可能说，由此产生的净后果是有利还是不利。这在不同情况下是不同的。然而，在一种情况下能得到明确的解决办法。在需求弹性如此之大，以致工资率上升到“公正”水平，对劳动的需求降到零的地方，这个地方或职业对所有工人的吸引力也降到零，因而聚集在它们那里的那些人必须离开。符合这个条件的情况是，当个别雇主是如此无能，或个别工厂或矿山处境极坏，以致实行公正工资促使它们在其他厂矿竞争前面完全垮台。当这种状况出现时——应该记住，我们这里讨论的阻碍部分工人移动的原因，根本不是移动费用（也就是学习新职业的费用），只是因为无知——旨在实施公正工资的干预必定增加国民所得。

第 7 节

现在我们转而讨论第 3 节中区分的第二类主要的不公正工资率，也就是这类不公正工资率不是因为它们出现地方的劳动净边际产品的价值不足以获得与别处工资相等的实际工资，而是因为雇主方面的剥削强使工人接受他们劳务所得少于他们的劳务给予这些雇主的净边际产品价值。实际上,上边对问题的说明多少有点不合实际,因为,如果任何雇主或雇主团体在工人劳动中剥削他们,一般说来雇主雇用的劳动力不能像在他不剥削时他能得到的那么多。因此,他所雇用这些劳动力的净边际产品的价值将被间接提高。因此一般说来,要是雇主剥削他的工人,付给他们一个星期的工资少于他们给他的净边际产品的价值 5 先令,这点并不意味着他们每周得到的工资少于其他地方同样工作可获得的公正工资 5 先令,也许只比它少 4 先令或 3 先令。[①] 了解了这个道理,我们可以继续调查由于剥削可以带来的不公正低工资的方式。

第 6 章中已作解释,如果完整自由竞争到处流行,在任何职业中任何雇主支付的工资率将确定在明确的地方。一定质量劳动的净边际产品价值对所有雇主都同样——为讲解简单起见,我们暂时不顾当地生活费用的差异——如果有一个雇主付给工人的工资少于别的雇主,这个工人将知道他能立即从其他雇主那里得到与他的净边际产品价值一般多的收入。然而,由于当前工人受无知和移动费用的阻碍,工资谈判中又引入垄断因素,因此造成一定范围的不确定性;在这个范围里,实际付给任何工人的工资要受到个别"讨价还价和协商成交"的影响。这个范围的上限是相等于工人给予雇用他雇主的净边际产品价值的工资,了解了这个价值不是从外部确定的,而是部分取决于其雇主选择雇用多少工人。范围的下限是等于工人相信搬迁到别处他能获得的工资减去抵消搬迁费用后的数额。工人最低要求与雇主的最高允给额之间的差距宽

① 参照本书附录Ⅲ,第 30 节。

度，在不同情况下是不同的。当一个地区的一些雇主暗地或公开达成协议彼此竞要劳力时宽度变得较大，因为在那种情况下如果工人从雇主那里不接受条件可供选择的只有寻觅工作，不是从附近找寻，而是去从未听说过的地区去寻觅。例如，战前某些地区付给农业劳动者的工资率成为一种传统和习俗的问题。虽然现在的条件与这种传统成形时它们的状况已变得十分不同，但没有人敢于首先倡议与这个传统决裂。土地调查委员会的报告说："农场主早已习惯支付一定工资，并觉得农耕的条件不允许他走得比这个限度更远；我们还找到事例，说明他们愿意在一段时间里没有劳动力，不愿答应提高工资……他的防线得到农场主中利益一致性而大大加强。如果镇上有一个雇主愿意提高相当数目的工资，他必须不在乎其他雇主的怒恼。而且农场主中间的个人联系特别密切，即使最好的劳力雇用者也会感觉到他们的做法受社会的摈弃。我们从全国许多地方听到一些情况，那里的农场主若不是害怕当地的公众意见，他们会乐意提高工资。就这样，有一位农场主告诉我们说，为避免他支付比周围农场主较高工资被人发觉，他实际上依靠规避手段，采取发给奖金的办法"。[①] 雇主越是自由地使用可能加剧劳工对他们得到的真正收入数量的无知的诡计，差距的宽度也就越大——现在实物工资法的"特别条款"和上文第 9 章第 8 节讨论的其他形式的保护性立法已有打击此种诡计的规定。在存在差距的任何时

① 《1914 年土地调查委员会的报告》，第 1 卷，第 40 页。

候，对工人的剥削有可能达到这个差距的最大宽度。[①]

已知差距的宽度时，剥削是否将实际出现和有多大程度，部分取决于有关雇主与工人的相对谈判能力，部分取决于较强一方施展其能力的意愿。甚至当差距巨大时，剥削不一定出现，在工人有能力组织强大工会，有后备基金的支持，作为单一整个集体谈判他们的工资率时，剥削甚至是不可能的。但是在工人因如下原因没有组织起来的职业中——因为他们分散成一盘散沙，因为他们贫穷而无知，因为工人是妇女，她们不想在婚后继续工作，或者因为任何其他原因——就有担心经常出现剥削的理由。担心理由中最主要的是，在工人不能联合起来时，雇主一般掌握比其对手大得多的策略力量。首先，雇主习惯于谈判的实际过程，在某种意义上说他们受过谈判的训练，而这些事情对一般工人是陌生的。从这个观点看，女工和童工特别不行。其次，部分因为雇主富裕，部分因为他雇用了许多工人，当他与个别工人谈判不能圆满完成时，他通常承受的损失要比那个工人承受的苦难小得多。因此，他占有较有利的位置可把事情推向极端。雇用人数的重要性从关于家庭劳务的谈判中雇主所处比较劣势中显示出来。“富裕妇女没有仆人过一天生活的不愉快也许和仆人失去工作的不愉快相似；太太找另一个仆人的忧虑与不便至少和仆人为找得另一个位置的不安一

① 有时人们这么想，雇主的剥削力量在计件工资制下总是比计时工资制下大。但实际并非如此。在做工的工人，工作的进度取决于雇主控制的机器，工人经常更喜欢计件工资，理由是在这个制度下，他们因机速加快受到的过度紧张将比他们在计时工资下本来会受到程度较小。棉纺业技工和制靴业那种大量使用机器的行业的技工，似乎都持有这个看法（参照劳埃德，《工会主义》，第 92～94 页）。

般大。”[①]第三，在某种情况下，一个工人拒绝雇主的条件，对他包含除工资损失外的进一步不幸。还可能发生这种情况：如果他除了是工人外，还是他雇主的房客，他就会被雇主从居处逐出。鉴于这些考虑，如果无组织工人的雇主有意施展他的谈判力量，他能使支付的工资十分接近工人的最低标准，而不是接近他自己的最高标准。在雇主打算长时间留住这些工人，担心伤害这些工人今后工作效率的地方，他们自己的利益可以引诱他们，在雇用条件上作出比他们需要做的较大方的让步。此外，人们盼望仁慈与友好的感情会阻止雇主在谈判上施展他们的全部力量。可是当雇主本身十分穷困时，那就几乎没有仁慈的余地；即使他们并不十分穷困，如果他们通过雇用的工头或分包人来决定计件利润，那就没有了使雇主发善心的希望。[②] 结果是，在无组织的工人中不能进行集体谈判，许多男工与女工得到的工资可能非常接近可能工资率范围的下端而不是上端。一般说来这样的工资要低于其他地方付给相同工作的工资；也就是说它们是“不公正”的。[③]

① 韦布，《工业民主》，第 675 页。

② 有理由相信，在老式工厂制度下，童工承受的过分压力部分由于工头领取计件工资的缘故（参照吉尔曼，《给劳动力的红利》，第 32 页）。以类似方式，有时在分包人的雇工中会发现有人领取“血汗工资”，它不能归因于分包制度，而是由于分包人一般都是计件利润的小得益者的事实。

③ 可能有人提出论据反对上文的分析。虽然雇主可以成功地通过谈判强行决定，除了他最宝贵者以外的工人，支付低于他们净边际产品价值的工资，但他不能给此人同样的工资。因为继续雇用新手直到工资与对他最宝贵的工人的净边际产品价值相等将对他有利。因此，付给他全体工人同样效率工资的任何雇主，不可能付给工人中任何人小于他们工作净边际产品的价值。然而，这个论据不明言地假定，支付剥削性工资率雇用新手对其有利的雇主能够无限制地这样一直做下去。但这样的假设是没有根据的。

第 8 节

任何地方建立起这种类型的不公正工资，无论如何不会直接引起劳动力实际分配背离最有利的分配形式。直接引起的一切，是某些地方在任何情况下都要在那里就业的某些工人被对方谈判者的较大策略力量诈取他们可能收入的一部分。因而初看时，虽然取消这种类型的不公正，阻止了相对富人从相对穷人那里诈取钱财，将有利于作为整体的经济福利，其实这对国民所得的规模并无影响。这个从一见就下的结论疏忽了考虑某些重要的间接影响。这种影响有 3 种，现在必须挨次加以叙述。

第一，特定地方或职业中强行降低工资，虽然不至于严重地减少劳动力供应迫使雇主不敢这么做，但容易把一些工人从那里赶走，在某种程度上减少劳动力的供应。① 当发生这种情况时，那里雇用劳力的数量将大量减少，以致那里的劳动力净边际产品价值变得比其他地方大。这个情况引起国民所得的损害。因此，强行提高工资率，从获得较小边际回报率的其他职业吸收工人，将有利于国民所得。例如，就战前农业劳动者的工资来说，由于农场主之间不明言的谅解，把工资定得很低；法律强行提高工资将增加这种

① 有可能剥削会导致受剥削工人比工资较高时做更多的工作，尽管随后会在工人中产生怨恨情绪，它还是引起国民所得的增加。然而，鉴于可能会在工人的能力上引起反应，所以这种后果绝对不可能保持长久。无论如何，国民所得的这种增加（如果它真的出现），没有人会认为这种增加是对剥削的充分赎罪。因此，虽然我在这里提到这种可能的经济上不和谐的情况，我建议在我整个论证中不要理会剥削增加国民所得这一点。

劳动者的人数,明确地有利于国民所得。[①]

第二,本书第 2 编第 9 章第 16 节指出,“当他们的主顾(他们是买主或工人)还能榨取时,雇主往往花费精力完成剥削,而不想改进他们工厂的组织”。应该阻止他们沿着加强谈判力量的方向追求利润,间接地迫使他们沿着技术改良的方向追求利润。据此马伦先生写道:“雇主在工会督促下(通过制定最低工资)仔细检查他的工厂发现,由于松懈的组织,工厂的工人常常等待给他们的工作,而他自己承受相当的亏损。运用自己的能力,排除这种浪费的原因,他立刻能提供稳固和连续的工人就业,结果是工人有可观收入,对他本人至少有同等程度的收益。此种状况可能无限地成倍增加。在许多工厂与车间里,工作方法和设备正在进行第一次彻底整修,产生的结果使开始时不支持这个法律的雇主感到愉快和惊愕”。[②] 这一段话可以与布莱克小姐相似的评述相比较。她说:“事实一再表明,当雇主被阻止沿着便宜劳力和恶劣生产条件方向发展时,他们开始沿着改良生产方法的方向发展,而改良的生产方法往往带来增加的产量和更便宜的产品”。[③] 这种正确性不受人怀疑的观点,应该了解,它不同于另一种观点,那就是,如果任何国

① 从 19 世纪 70 年代起,英格兰发生的把可耕地向草场转移的一部分原因,归之为低工资率将劳动者逐出土地是完全正确的(参照霍尔,《战后农业》,第 121 页)。然而,另一个更重要的原因是由于进口食物的跌价,这使得在直接食物生产中使用英国资源的利润相对要比用于其他地方减少。用种草替代种粮食仅仅是这个国家减少用于食物生产资源的一个办法,其他办法还有生产其他作物,把它卖掉后再从国外购买食物;正如 A. D. 霍尔爵士所说,“土地(当然特种土地除外)种植粮食比种草能生产近 3 倍食物,但须雇用 10 倍劳力”(上引书,第 127 页)。

② 《劳资纠纷与生活工资》,第 155 页。

③ 布莱克,《我们衣服的制作者》,第 185 页和 192 页。

家一般说来劳动力充足，因而劳力便宜，这样会使雇主不想使用机器。因为机器本身是劳动的产物，这个观点是不正确的。[①] 然而，如果在一个特定地区或职业里，雇主能够剥削特定等级的劳动力，他们就不想使用机器，因为机器体现不受剥削的另一种等级劳动力的服务，使用它们相对于它们的效率较为昂贵。

第三，如果特定的雇主在谈判中胜过工人，能迫使一些或全部工人接受低于他们净边际产品价值的工资，这就必然出现，这些雇主的收入超过与他们能力等级相同的其他雇主的正常收入；鉴于各种职业中间雇用力量的不完善流动性，这种事态可能继续一段时间。如果进行剥削的雇主是属于他们等级内普通能力的人，强迫他们支付工资提高到公正水平的干预，将简单地强迫他们将先前用强制手段从工人那里夺取的利润交给工人，不会有其他后果。可是事实上，这种剥削更多是由能力不济或境况不佳的雇主不是由能力强境况佳的雇主实施的，前者这些人不剥削就不能在实业界站住脚。资金短少的小老板在整个历史上一直是最坏的剥削者。因此，剥削主要为相对能力低下和境况不好的雇主以牺牲工人为代价提供的赏金，阻止剥削往往促使他们在更有效率的对手手下失败。这番道理连同此前所说的其他道理清楚地说明，防止我描述为剥削的那类不公正工资的外部干预，从国民所得的利益以及根据别的理由考虑是合乎希望的。

① 参照海斯，《工资率和机器的使用》，刊于《美国经济评论》，1923 年 9 月，第 461 页及以后几页。

第 9 节

关于相等于净边际产品价值的公正工资和受剥削低于净边际产品价值的不公正工资迄今为止所说的一切都是普遍可以应用的。它对男工工资和女工工资同样适用；当然鉴于妇女组织得极差，她们受剥削的危险特别大。任何认为在任何地方或职业工资都是不公正的明确说法，需要根据上面的道理加以详说。然而依旧留待我们分析的特殊问题是由男工工资与女工工资之间的关系产生的。可能出现在某些地方和职业中的女工工资比较其他地方和职业中的女工工资相对公正，但是对照那个地方或职业的男工工资来是相对不公正的。当然，这段话与众所周知的事实即妇女平均日工资相当大地低于男子的日工资没有关系。向前看，妇女着重的是婚姻关系和家庭生活，她们不像男人那样为进入产业而接受训练，她们不打算把她们最强壮和最有能力这段生活时期牺身给产业。因此在 18～20 岁和 25～35 岁这两个年龄段，妇女从事挣工资职业的人数比例大大降低，无疑这是由于许多妇女在那时候退出职业去结婚。萨金特·弗洛伦斯教授写道：“从事纺织的女子通常的结婚年龄在 21 到 25 岁之间，女人从事工业职业生活的典型长度为 8 年”。[①] 在这种情况下，即使妇女自然赋予的智力

① 《经济学杂志》，1931 年 3 月，第 20 页。在后一年龄段中可以注意到，与妇女不断外流同时也有一定数量妇女在丈夫死后回流到产业。西德尼·查普曼爵士在论及家务工作时提到这点，他指出许多这种工作只需要任何人在一生任何时候都具备的那种技能，可由“突然发觉有必要做点事情或挣点钱的未受过训练的人承担”（《家务工作》，曼彻斯特统计社出版，1910 年 1 月，第 93 页）。

与体力与男子相同(平均说来不是这样),如果她们的日工资不低于男子,将令人吃惊。肯定地说,她们工资较低的事实并不涉及这里使用这个词含义的不公正。然而,在某些地方或职业中发现,不但妇女的日工资而且还有计件工资——更精确地说——效率工资都比男子低。这种状况的出现可能是因为妇女在那些地方和职业的工资比其他地方妇女工资相对不公正。在那种情况下出现这种事态并不特殊,有关这点的分析在上边几章中已有交代。可是这种事态的出现,也可能因为这些地方或职业中妇女工资虽然与其他地方的妇女工资比相对公正,但对当地的男子工资比相对不公正。就是出于这种事态才形成我们眼前的问题。

为了正确了解这个问题,分析是必要的。人们普遍的想法是,妇女工资正常少于男子是因为男子的工资一般说来要赡养家庭,而妇女工资只养活她们自己。这种看法十分肤浅,正确的看问题方法似乎就是这样:一个代表性的妇女的生产效率相对于一个代表性男子的生产效率在不同职业中是不同的,在某些职业如哺育和照顾婴儿,妇女的效率大得多;在其他职业中,如开矿和挖土方,妇女的效率就小得多。如果我们充分知道各方面事实,我们能制作一份全部职业清单,列出每种职业一天或一周的正常妇女劳动相等于正常男子的劳动量。妇女工作与男子工作需求明细表之间的关系,由这份清单体现的事实,联系几种职业产量一般需求情况决定。妇女工作与男子工作供应之间的关系,部分由男童与女童存活下来的时间接近相同的生理事实决定。不管男子工作与妇女工作流行的比较工资是多少,它部分由下列经济事实决定,即在产业工作现存的男女比例，不但取决于提供给男女工人的工资，而且取决于工人家庭收入的总数。因为她们的丈夫钱赚得越多，妇女越小可能在工业企业做工。这两组影响合在一起决定每日付给代表性男女工人工资一般水平之间的关系。[①] 在均衡状态中，有一个代表性男子的一般性日工资率和一个代表性妇女的一般性日工资率，哪个工资率较高，要根据供应状况，和根据公众需要的主要

① 这个分析可以用以下数学公式表达：

设w_1为每日妇女工资率，

w_2为每日男子工资率，

因为妇女取得任何特定工资在工厂里劳动的数量，部分取决于男子的工资率——一般男子工资率越大，妇女劳动的越少——妇女劳动的供应量可以写做 $f_1(w_1, w_2)$，以同样方式男子劳动的供应量可以写做 $f_2(w_1, w_2)$.

我们知道$\frac{\delta f_1(w_1, w_2)}{w_1}$和$\frac{\delta f_2(w_1, w_2)}{\delta w_2}$是正数，而$\frac{\delta f_1(w_1, w_2)}{\delta w_2}$和$\frac{\delta f_2(w_1, w_2)}{\delta w_1}$是负数。

再则，因为工厂以任何特定工资需要的妇女劳动数量取决于男子工资率——一般说来男子工资率越小对妇女劳动需求越小——妇女劳动需求量可以写做 $\phi_1(w_1, w_2)$，而男子劳动的需求量为 $\phi_2(w_1, w_2)$. 我们知道$\frac{\delta \phi_1(w_1, w_2)}{\delta w_1}$和$\frac{\delta \phi_2(w_1, w_2)}{\delta w_2}$是负数，而$\frac{\delta \phi_1(w_1, w_2)}{\delta w_2}$和$\frac{\delta \phi_2(w_1, w_2)}{\delta w_1}$为正数。

足以决定我们两个未知数的两个方程式为：

$$(1)\, f_1(w_1, w_2) = \phi_1(w_1, w_2)$$

$$(2)\, f_2(w_1, w_2) = \phi_2(w_1, w_2).$$

可以补充说，如果在工厂做工的男女的比例单独由存在的男子与妇女人数的比例决定，我们必须要做的将是简单的联合供应问题；因为很清楚，两性的比较数量由生理学原因决定，不在经济影响范围之内。因此，在那种情况下，女工的供应和男工的供应是一个变数的函数，这个变数就是一个正常家庭收入的某种符号，如$(w_1 + w_2)$. 对于 $f_1(w_1, w_2)$和 $f_2(w_1, w_2)$，我们必须写成 $f(w_1 + w_2)$和 $\kappa f(w_1 + w_2)$；在男女人数相等的国家，κ 将等于1.

商品，它的制造哪个性别的工人最为适合。① 在男工效率对女工效率的比率超过男工日工资对女工日工资比率的所有职业中单独雇用男工；在与上述情况相反的所有职业中单独雇用女工；在男工与女工彼此的效率和彼此的日工资的比率相同的边际职业中，同等雇用男工和女工。也就是说，在这些边际职业中两性的效率工资是相等的。这种效率工资的平等意味着（容许有某些差别）计件工资的平等。主要容许的差别第一是男人有小小的额外长处，因为在需要时他们能投入夜间工作，能在被责骂时更加容忍，雇用男人比较方便；第二，技术较好的工人有小小的额外长处，不管是男人还是妇女都一样，因为他们在完成一项特定工作中占用机器的时间比技术差的工人较短。在均衡时，在边际职业里付给男女工人计件工资（除这些限制外）是相等的。② 这就是事物的状态，是

① 注意到下列情况是有趣的：欧战时，当时男人离开产业去参军，男人的工资自然趋向于相对高于妇女工资，而公众需要商品的性质却趋向于相反方向变化。普通的成衣业和军火制造两者的需求有巨大扩张，两者似乎比一般产业工作更适合妇女工作。在讨论战后劳动力出路的英国协会大会的报告中提到：从总体上说，政府的战时特殊需求是“对一类商品的需求，在这类商品的生产中，比男人更大比例的妇女要比正常和平条件下能被更有用和更经济地雇用”（提到的《报告》，1915 年，第 8 页）。

② 事实情况是——实际上可能是先验的——英国这种边际职业的范围狭小。济贫法委员报告说：“大约五分之四有职业男性人口从事他们独占的职业，或者说在这些职业中，妇女就可能的竞争而论是可以忽视的因素，如农业、开矿、捕鱼、建筑、运输、林木、煤气与自来水和大宗金属开采及机器制造等行业；所有这些行业实际上是男性的禁区。有五分之一男性从事的行业中，妇女进入的达到职业妇女总数的 1%”（《报告》，第 324 页）。韦布夫妇目睹了相同的现象：“只有极少数情况下，那里男人与妇女为同样生产过程和完全相同操作的职业而互相直接竞争”（韦布，《工业民主》，第 506 页。再参照斯马特，《经济学研究》，第 118 页）。当一种性别的人看来要侵入对方的领域时，一般的事实是那里的生产方法以及工人就要变动。就这样，机器和男性进入花边业和洗衣业；机器和女性就这样进入制靴业和成衣业。济贫法委员报告说：“在制靴和制鞋业中——它们明明无误地曾是男性的行业——由于劳动分工，现在提供了某种

经济力量发挥作用往往带来的状态；就事实上由经济力量带来的状态而言，在任何地方或职业的妇女工资相对于其他地方的妇女工资不可能是公正的，相对于那里的男子工资也是不公正的。①

然而，在实际生活中随时会发现，在这个问题上难以获得经济

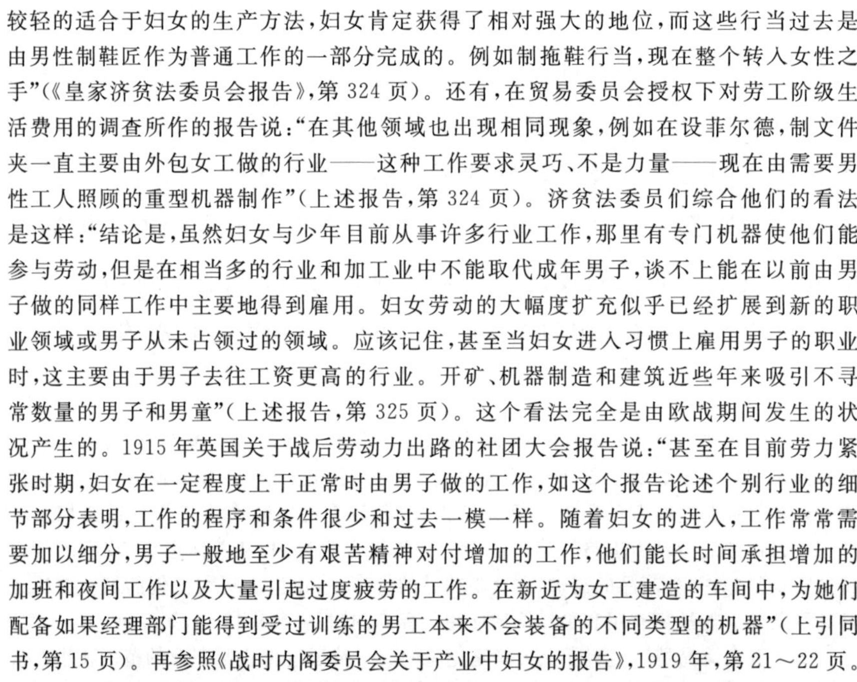

较轻的适合于妇女的生产方法，妇女肯定获得了相对强大的地位，而这些行当过去是由男性制鞋匠作为普通工作的一部分完成的。例如制拖鞋行当，现在整个转入女性之手”(《皇家济贫法委员会报告》，第 324 页)。还有，在贸易委员会授权下对劳工阶级生活费用的调查所作的报告说：“在其他领域也出现相同现象，例如在设菲尔德，制文件夹一直主要由外包女工做的行业——这种工作要求灵巧、不是力量——现在由需要男性工人照顾的重型机器制作”(上述报告，第 324 页)。济贫法委员们综合他们的看法是这样：“结论是，虽然妇女与少年目前从事许多行业工作，那里有专门机器使他们能参与劳动，但是在相当多的行业和加工业中不能取代成年男子，谈不上能在以前由男子做的同样工作中主要地得到雇用。妇女劳动的大幅度扩充似乎已经扩展到新的职业领域或男子从未占领过的领域。应该记住，甚至当妇女进入习惯上雇用男子的职业时，这主要由于男子去往工资更高的行业。开矿、机器制造和建筑近些年来吸引不寻常数量的男子和男童”(上述报告，第 325 页)。这个看法完全是由欧战期间发生的状况产生的。1915 年英国关于战后劳动力出路的社团大会报告说：“甚至在目前劳力紧张时期，妇女在一定程度上干正常时由男子做的工作，如这个报告论述个别行业的细节部分表明，工作的程序和条件很少和过去一模一样。随着妇女的进入，工作常常需要加以细分，男子一般地至少有艰苦精神对付增加的工作，他们能长时间承担增加的加班和夜间工作以及大量引起过度疲劳的工作。在新近为女工建造的车间中，为她们配备如果经理部门能得到受过训练的男工本来不会装备的不同类型的机器”(上引同书，第 15 页)。再参照《战时内阁委员会关于产业中妇女的报告》，1919 年，第 21～22 页。

① 正文中作出的分析也能应用于如下情况，即一个等级的工人在任何职业中比另一等级工人效率较差，但在某些职业中效率相等。如果这个等级工人数超过职业需要，即使他们的效率与其他人相同，他们的工资率(在均衡时)将低于其他人的工资率；但是，如果他们的人数不超过职业需要，他们的工资率(在均衡时)将与其他人相等。在这个问题上亨利·福特著作《我的生活和工作》中的如下一段话颇有意思：“行业的细分开拓能容纳实际上任何人的位置。在细分的行业中能容纳的盲人比那里所有盲人更多。那里能容纳跛子的位置比那里的跛子更多。在这些大部分位置里，可能被认为施舍对象的近视眼者能挣得与最敏锐和身体最好的人同样充分的生活费用。把一个心身健康的人安置在一个跛子能同样好地照料职位上是一种浪费”(上引同书，第 209 页)。

均衡。在某些特定职业中，雇主付给女工效率工资，工资数虽然与其他地方的妇女工资比相对公正，但少于雇主付给男工的效率工资，但他们仍雇用一些男工。他们这样做有的是短期性的，当时他们正处于以女工代替男工的过程中；有的是长期性的，因为工会的压力或习惯或者强制保留一些男工或者不准吸收女工超出限额。在这种情况下"同等效率工人同等工资"的要求有正当理由吗？用什么方式提高妇女效率工资达到男子水平的干预会影响国民所得？

如果传统、习俗或工会压力的力量是如此之大，以致即使允许雇主支付女工较低工资率，不论依附于在讨论职业的女工人数，或者那里雇用的女工人数都不会变动，如果强迫雇主支付女工较高工资率，要在哪种情况下女工人数将会变动，而国民所得根本不会受影响。然而这是十分不可能的事态。因为，即使在那个职业中可以雇用的女工人数受严格限制，很可能为那个职业培训和依附于那个职业的女工人数会因较高工资率而大大增加；如果发生这种情况，由于那依附于那个职业但未被雇用那些人被迫无事可做从而使国民所得明显受损。此外，在实际生活中，允许支付较低工资率一定会增加在那里就业并取代男工位置的女工的人数。例如，"在特伦特河畔斯托克，妇女与女孩大量受雇于制陶器业。在这个行业的一些分支中，妇女与女孩以越来越大的规模受雇于这个工作，而这个工作在几年前几乎全由男人进行。现在妇女与男性劳动力进行竞争；由于她们能够以较低工资做同样工作，她们逐渐把男子赶出这个行业的某些部门。"[①]这种状况证实坎南教授的

① 《皇家济贫法委员会报告》，第 323 页。

论点，“如果不允许妇女以较便宜工资干活，增加妇女就业机会的最强大的杠杆就失去了”。[①] 结果是，一般说来，在妇女希望进入的职业中，强迫雇主付给妇女的效率工资相等于付给男工的水平，和在这个职业中这样的工资率将使妇女比其他地方同样妇女得到较高的收入，必然由于雇主放松打破阻碍录用女工的习俗和规则的努力，从而堵塞妇女直接或间接进入这个行业。但是按假设，因为她们在这些行业比在男女共同劳动的边际职业中，相对于男子有更高的效率，她们的进入必然对国民所得有利。因此一般说来，旨在强迫付给妇女与付给男人工资相比是“公正”工资的干预，如果这种工资意味着与其他地方妇女工资相比是不公正的高工资的话，这种干预将损害国民所得。[②] 那些希望把妇女从工业排除出去的人，只要根据一般社会理由做得到的话，他们可以想象地会提倡干预。然而为这种干预进行辩护的根据是不牢固的，因为这种类型的干预不但减少产业中妇女的总数，而且以浪费的方式在不同职业中分配她们。主张在产业中排斥妇女的社会论据一般经不住具有社会效果的政策的一击。

第 10 节

鉴于本章讨论过程中已发现的存在于不同形式不公正工资间

① 《财富》，第 206 页。

② 有可能应用“不公正”工资这个词语以稍稍不同的含意指妇女工资，以表示妇女工资在一般情况下是不公正的低，因为她们工资达不到如果没有习俗与传统永久地排除妇女进入适合她们能力的职业，迫使她们中一些人守住对她们相对不适合的工作本应达到的程度。如在第 9 章中表明，排除所有这种人为障碍会有利于国民所得。但是，只要障碍任其存在，与本章第 6 节使用的相类似的推理证明，任何试图强制提高妇女工资达到要是消除了障碍可能达到的水平，就会损害国民所得。

的区别，很清楚，针对不加区别地反对所有形式不公正工资的干预，必然既有好处也有害处。最有利于国民所得的做法（如果实际可行）应是分别审核和处理有理由相信根据上文研究在任何意义上是不公正工资的每个地方或职业。然而有人可能争辩说，这个计划是不符合实际的计划，必须的做法是或者以广泛的一般规则干预不公正工资，或者根本不进行干预。因而可以说，实际可行的是通过和实施像 1915 年法国法律的那样法律，它规定应支付女性外包工计件工资标准，能使普通外包工获得的收入相等于普通工厂工人的工资。[①] 但要制定法律，规定当由于家庭牵绊限制家庭工去往工厂时，应准许实行比这个水平低的工资；而当低工资是由于剥削时应加以禁止，这是无法实行的。当出现的问题属于这种类型时，制定的政策必须以平衡各种冲突的意见的基础。

① 《劳动公报》，1915 年 9 月，第 357 页。

第 15 章　特定产业内的公正工资

第 1 节

第 8 章中从刺激个别工人生产活动效力的观点讨论了产业付酬的各种方法。现在我们必须从不同工人之间公正的观点考虑它们。为公正起见，在任何产业中从事相同等级工作的不同工人的工资，就我们所知，必须与第 14 章第 1 节界定意义上的他们效率成比例。我建议探究一下在产业付酬两种主要方法——计时工资与计件工资——中，我们在多大程度上可以期望这个必要条件能得到满足。

594

第 2 节

在计时工资下，这个意义上能完成的工作要比有时设想的大得很多。使用小心记录和相应调整的做法，工资率能以适合个别工人不同效率的不同水平安排。[①] 实际上经常有人主张，在建立起平均工人标准工资率的地方(或通过雇主与雇工团体的协商达成，或由政府

---

① 对这方面的精心尝试，参照甘特，《工作、工资和利润》，第 4 章。在伯明翰的铜业中，全国铜业工人联合会执行委员会根据每个人工作的能力分级，共分 7 个不同等级，每个等级的最低工资由集体谈判决定。如果雇主对任何工人的资格有异议，由市铜业学校干事为他作行业操作实际考测(古德里奇，《控制的领域》，第 165 页)。但这是极不寻常的做法。

方面权威性干预决定）对于低于和高于平均能力的工人来说，调整必然都是很不完善。然而，经验并未完全证实这个见解的正确。

关于低于平均能力的工人来说，当他们的相对拙劣是出于某种明确的体力原因时（如老年），调整进行得十分便利。工会随时有特殊安排允许年满 60 岁的工人接受较短的标准（计时）工资率。威廉·贝弗里奇爵士说，这类安排“出现在几个家具业工会和印刷、制革及建筑业等工会的章则中。在一个工会中，凡年满 56 岁的会员不但允许而且由工会支会强制其接受少于标准工资率的工资（以便不使用失业基金）”。[①] 他还说，“当然有可能在某种情况下很少实施正式的例外规则，或者工会支会拒不同意较低的标准工资率。另一方面，完全可以肯定，许多工会事实上为年老会员作例外处理，在这个问题上未有正式规则，这样做的有木工和粗木工统一协会，在较少程度上这样做的还有工程师统一协会。的确这个问题是有关特定工会支会的力量与感情的大问题。如果牢固地建立这个标准工资率，为老年会员作例外处理可能看来是安全的”。[②] 但是，产业中有许多相对低效率的人，甚至在录取时经过

① 《失业》，第 124 页注。

② 出处同上，第 124 页。这些安排的特殊性和不肯定性在伯恩斯先生向济贫法委员会委员所作证言中有所说明：“在工程师统一协会中，我们不要求年过 50 岁的人从一个城市调往另一个城市，一般说来，我们不要求他在 55 岁以后接受标准工资率——由处理此事的委员会斟酌办理”。但是得到这种优惠者的百分比很小。“事实上，虽然我们允许工人在 55 岁时在标准工资率以下工作，但实际情况是，55 岁甚至 60 岁的人多不利用这个机会。工会中的纪律观念和他们忠实于他们同事的观念极强，以致在大多数情况下，工人宁愿完全放弃工作，不愿接受较低标准工资率的工作。因此，工会不但不阻拦工人接受较低标准率，事实上相反，工会鼓励会员这样做”（议员 G. N. 伯恩斯先生的证言摘录在《委员会报告》第 313 页脚注中）。

相当严格能力测试的工会会员中也有这类人，他们的低效率与诸如老年或疾病这种明确的客观原因无关。对于这些人调整起来特别困难。有关困难的性质在对新西兰仲裁法所称“迟慢工人”的许多事例讨论中有所说明。与该法裁定“最低”工资有关，仲裁法庭经常根据它提供仲裁为迟慢工人确定“低工资率”。[①] 在该法颁布后的较早年份，通常习惯于从工会主席或书记那里获得要求低标准工资率的允准。但实际情况是，对于与年老、遭受事故或疾病折磨的那些人不同的迟慢工人，工会官员不大愿意给予允准。因此根据经过修改的仲裁法，将允准权力授予听取工会代表意见后的当地调解委员会主席。在维多利亚，允准权控制在工厂总稽查官手中，允许必须符合如下条件，即在任何工厂中经允准工作的人数不可超过以全额最低工资率雇用的成年工人的五分之一。[②] 工会不愿批准允准是由于它们担心，通过允准，工厂中普通等级工人要求的标准可能提高，从而使最低标准暗中降低。[③] 这种不愿意倾向在工会有义务向失业会员支付巨大失业救济金时当然会被制止。不过在任何情况下这种倾向可能在一定程度上起作用。根据

① 参照布罗德黑德，《新西兰的国家劳动管理》，第 66 页。

② 参照阿夫斯，《工资委员会报告》，第 61 页，和雷诺，《关于最低工资》，第 96 页。

③ 允准低标准工资率成为逃避裁定的方法的危险已为负责执行仲裁法那些人清楚地看到。“总稽查官给予允准根据的是以个人某种丧失能力为基础的要求，而不是以行业或一家特定企业的急迫需要为基础的要求。如果条件改变，使得要求允许的申请因改变而更加重要，十分一致的看法是，此时会出现由有关委员会重新考虑其决定的必要。当决定在执行时，人们认为工资条件应符合决定，在它们阻止或推迟工资下落的力量上，有人认为它们在未来将证明它们的最大价值。希望就是这样，但对于那种测试形式来说，它们还没有经受过，这里必须强调的要点是，在这样一个时期，人们并不认为允准是可以依赖的适当手段。”（阿夫斯，《工资委员会报告》，第 63 页）

英国劳资协商委员会法，可能根本不会对这样的迟慢工人给予允准——只给予身体或精神丧失能力者。因此对于低标准工资水平的工人佯称调整是完全轻易与简单的事情是没有根据的。即使对这些人有许多工作要做。

关于高于平均能力的工人，当然从来没有任何规则不付给他们高于标准率的工资。但是常常有人断言，雇主事实上拒绝对能力超过标准的人支付高于标准率的工资，因为他们害怕工会以此为借口要求提高标准本身；[①]尤其在大雇主中，统一工资率的方便无疑使他们强烈希望阻止对个别差异的调整。“结构屋面工工会书记估计，纽约市工资超过最低标准的会员不超过 2%。一位蒸汽过滤工工会官员估计，在他的纽约市工会人员中这个比例不少于 5%，不多于 10%。”[②]但是从整体上说，最低工资率变为最高率的趋势看来没有像普遍设想那么强。因而 1902 年维多利亚工厂稽查员说，在制衣业中当男工和女工最低工资分别为 45 先令和 20 先令时，平均工资分别为 53 先令 6 便士和 22 先令 3 便士。[③]更有甚者，在劳动局 1909 年的报告中说，在奥克兰市不包括低工资率工人和童工的 2451 个雇员中，有 949 人得到最低工资率，1504[④] 人或者说 61%得到高于最低工资率的工资。在威灵顿，工

① 应该注意，当它是特定一些工人设法获得高于标准计时工资的超额工资问题时，在计时工资制下的工会不可能依赖集体谈判达到目的，因此，雇主的讨价还价能力在关于标准本身问题上，更可能比工人的能力高明（参照麦凯布，《美国工会的标准工资率》，第 114 页）。

② 麦凯布，《美国工会的标准工资率》，第 118 页 n。

③ 参照韦布，《社会主义与国民最低工资》，第 73 页。

④ 原文如此。——译者

资高于最低工资的有57%，克赖斯特彻奇有47%，达尼丁有46%。[①] 某些美国工会的政策大致上也说明同样情况，这些工会就有关标准工资与最低工资和雇主达成协议。在罗坷诺克的诺福克与西部铁路的工场中有一个时候的最低工资是每小时20美分，而极大多数工人在工场领取的标准工资率是每小时24美分。1903年在"苏"(Soo)铁路与国际机械师协会之间订立的协约中，"规定铁路公司机械工场最低工资率为每小时30分，而标准工资率每小时为34.5美分"。[②]整个情况美国劳动局的通讯员于1915年有很细致的总结："雇主们常常对我说，他们相信存在一种最低工资变为最高工资的趋势，但是他们却难以从他们自己企业中举出这个趋势的证据。好几次我在调查中发现，在他们自己工厂里没有一个人领取最低工资。雇主们的意见看来更多是基于假定的推理结果。而不是亲身经历的结果。深入思考也不容易明白最低工资会变成最高工资……。为什么在那里的这种制度下雇主们中间不会有和在旧制度中那样争相得到最有效率和最高技术工人的同样竞争呢？看来是没有理由的；为什么这些工人得不到以他们高超效率为基础的工资呢？也是没有理由的。缺乏维多利亚在这方面的统计数字，但是在新西兰，在最低工资由仲裁法庭确定的地

① 《经济学季刊》，1910年，第678页。最低工资变为最高工资的趋势，当然在某些情况下要比其他情况下强烈。因此，布罗德黑德笔下的新西兰的情况是："在与外部世界不存在竞争的那些行业中，根据工人的技术程度，许多人得到高于由法庭确定的最低工资的工资，但是在与进口货物竞争的其他行业里，我相信，把最低工资作为最高工资的做法相当普遍。在后一种情况下，雇主争辩说，他们付不起任何工人比法律确定的更多的工资"(《劳动的国家管理》，第72页)。

② 霍兰与巴尼特，《美国工会制度研究》，第118页。

方，1909 年由劳动部门制成表格的工资统计数表明，在自治领的四大工业中心由法律确定最低工资的行业中，领取高于最低工资工人的百分比，从达尼丁的 51％到奥克兰的 61％不等。没有理由认为，维多利亚的调查统计数字会出现不相同的结果”。[①] 即使在公开支付最高计时工资作为对较高效率奖励受到摩擦与妒忌阻拦的地方，雇主想要达到的效果有时可以用秘密发放工资的办法达到。[②] 还应该记住的是，当计时工资严格固定，没有机构使工资超过标准工资率时，标准工资率寻常在不同中心固定在不同水平上，素质差不多的工人倾向于集中在这几个中心。因此当一个能力特出的工人在他留在原来地方得不到特出的收入时，他为达到目的可以迁移去流行对高产付高工资的地方。

可是，即使当特出效率得不到任何增加工资率回报时，他可以从下列各方面得到回报：淡季时继续就业；去往领取不同工资率的许多雇工等级的单位就业，如去往铁路服务；机会出现时得到升级。这些回报中第一个特别重要。它的作用在工程师统一协会在主要根据计时工资做工的日子里所作的记录中有很好的描述。按

① 《美国劳工统计局公报》，1915 年，第 167 号，第 136 页，“最低工资立法”。

② 例如，新西兰一位雇主告诉阿夫斯先生说，“他感觉到硬性报酬等级的危险，所以对某几个他雇用的人，他每天付给‘一些额外酬劳’，但付给是‘悄悄’进行的。工人付给纸币或硬币，几个硬币夹在钞票里。他给我看一排小包，以极快速度发掉这些包，‘没有人能知道其他任何人得到多少’”（《工资委员会报告》敕令书，4167，第 109 页）。一个英国雇主以类似方式告诉慈善组织协会非技术劳动委员会说：“如果一个人比另一个人工作较好，我们在周末给他 1 个或 2 个先令。我们必须小心不让别人知道此事，否则他们要知道为什么。他们不能理解这是因为此人对我们贡献大。你不能公开说，‘我愿多给你 2 先令’。否则他晚上在破屋里将有一段非常难堪的时间”（《报告》，第 109 页）。

照该协会的"招聘学"，把许多年的结果（有几年好有几年不好）平均一下，得出如下工人因没有工作而受损的日数表：

每年损失少于 3 天……占工会会员人数 70.4%

每年损失在 3 天到 4 周……占工会会员人数 13%

每年损失在 4 到 8 周……占工会会员人数 4.6%

每年损失在 8 到 12 周……占工会会员人数 2.8%

每年损失在 12 周以上……占工会会员人数 9%

由此可见，出现失业的大部分集中在比较少的人数上。[①] 失业的分布与低效率有关，这点可从下边 1895 年（中等年份）领取失业救济金者的年龄分布表可以看出。[②]

15～25 岁间工会会员一年中平均损失天数……8.8 天

25～35 岁间工会会员一年中平均损失天数……13.1 天

35～45 岁间工会会员一年中平均损失天数……12.3 天

45～55 岁间工会会员一年中平均损失天数……20.1 天

55～65 岁间工会会员一年中平均损失天数……33.1 天

65 岁以上工会会员（不包括领年金退休者）
一年中平均损失天数……26.9 天

---

① 关于美国情况的证据，参照施利奇特，《工厂劳动力的转移》，第 44～45 页。

② 参照《英国和外国的商业和工业》，第 2 部，第 99 页。

这些表上数字不包含由于“缩短工时”、患病、误时或劳资纠纷而损失的时间，也不包含因加班而增加的时间。它们表明年老和被假定为低效者的损失最大。[①] 此外，“将 1890 年与 1892 年的情况进行比较，将得出相当惊人的结果，即会员在经济最好年份失业的比例(21.4%)几乎与最坏年份几乎差不多大(26.4%)”。[②] 1926 年劳动部对根据失业保险法保险者的状况作一次大规模抽样调查。调查表明在 1923 年 10 月到 1926 年 4 月两年半期间，抽样中男工的 63%和女工的 66.2%根本没有领取救济金，那些领过救济金者中有接近一半的人领取时间不到那段时间的十分之一。[③] 报告还说，尽管有一些复杂的考虑，“显然年龄一直是 45 岁以上男人和 35 岁以上女人失业的一个因素”。[④] 德兰士瓦贫困委员会在战前发表的率直的声明中强调了这些事实的复杂性。“真正高效率的人很少失业，除非在两个职业中移动时间的短时失业，因为他称职胜任，总是最后一个被解雇，一般说来他有足够的钱使他能迁移到

① 有证据表明，1922 年工业衰退时期，英国工人中失业的发生率，如预期的那样，在 25～40 岁人中最低，20 岁刚出头的小伙子中比年纪较大工人较高(参照莫兹利《由年龄和性别区分的失业发生率》，刊于《经济学杂志》，1922 年 12 月，第 484 页)。一个可能的解释是，20 出头小伙子就是由于大战没法学习一门技术的那些人，无技术工人的工资与技术工相比是不适当的高，因此无技术工人(他们中年轻小伙子占不寻常的多数)发现找工作要比技术工人困难。无论如何这种解释要比猜测好一点。注意到意大利在 1921 年通过一条法律是有意义的，这条法律的大意是“在有必要解雇的情况下，保留工作的优先权给予年龄最老的工人和家庭负担最重的工人”(《外国报刊评论》，1921 年 7 月，第 191 页)。

② 贝弗里奇，《失业》，第 72 页。

③ 《1927 年英国从失业保险者抽样中调查就业与保险历史的报告》，第 46～47 页。

④ 同上，第 38 页。

需要他技能的其他地方。”[1]

第 3 节

在计件工资制下，获得公平待遇的困难乍一看要少得多。因为这种制度经精心设计使工资与产品成比例，它恰好就是公正所要求的东西，符合第 9 章第 1 节提出的要求条件。但是，深思片刻便能明了，工资与产品成比例只有在不同工人**在相同条件下**操作才是公正的。除去这种情况，工资与产品成比例和工资与效率成比例不是一回事。[2] 因此理所当然，要计件工资制产生公正工资必须为不同的工作条件提供不同的补助条件。

第 4 节

首先必须为不同工人在机器或手工工作中得到的支助差异给予补助。因此给予使用老式机器的工人或煤矿中最易挖的煤层已经挖完的煤矿工人比使用最现代设备的工人或在煤层表面挖最易挖煤的工人，较高的计件工资。这种补助在重要产业的工资协议中经常有所规定。例如，在挖煤工作中，付给挖煤工的每吨工资几乎有无限的变化，不但煤矿与煤矿不同，而且在同一矿井中煤层与煤层不同，根据的是煤的性质和每一处挖煤的条件；然而在某些地区（例如在诺森伯兰郡和达勒姆郡），决定工资的协议要求全郡

---

① 《德兰士瓦济贫委员会报告》，第 121 页。

② 同上。

每吨煤工资率的确定，应使每个煤矿能制定出某种大家同意的工资，也就是“郡平均工资”。[①] 大量证据表明，在当地或在一个行业中有经验的人能以十分精确度计算出不同环境中这种补助应是多少。

第 5 节

其次，不同工人在同一工厂中从事生产物品的性质差异，必须予以补助。重要工厂常常订立计件工资清单规定这些补助。各种补助安排的一般方法劳动部的报告中有如下清楚说明：“仔细的审核可以看出，尽管这些清单显示细微的变化，但它们中间至少在比较重要方面，存在结构上和安排上某种共同的显著特色。从这些共同特色中看得出最值得注意的是‘标准’物品或工序的定义，每种物品或工序下标上相应的计件价格。从这个出发点起开始，排出整个工资等级，所有其他物品或工序的价格根据清单上详细说明的额外收费、折扣额和补助额，相应地根据标准清楚地求出种种不同的价格。以这个方式从一份价格清单有可能提供有十分细微差别的大量工序。我们可以以伦敦印刷业排字工人的印书等级的基础作为标准单位的例子：

所有英语作品的普通排版（包括 14 磅活字和 8 磅活字）的排字工资为每 1000（对开铅字）7.5 便士，7 磅活字 7.75 便士，6 磅活字 8.5 便士，5.5 磅活字 9 便士，5 磅活字 9.5 便士，4.5 磅活字 11.5 便士（全包括天眉和空白字行）。

---

① 《标准工资率报告》，1900 年，第 14 页。

以上是最简单形式工作的计件工资率；如果排字原件不是英语，如果排版特别困难，如果需要任何别的改变或外加，可以找到为这些情况规定的等级，并详细说明由于要求排字工人做与标准工作有特定差异的工作，应支付的额外报酬”。[①] 有些工厂它的“产品是有限的几种大宗货物。性质上或多或少相同，每年都生产相当数量，生产过程完全一样或十分相似，”[②]经验表明，技术专家能以精密的正确度算出不同补助应是多大。

第 6 节

对于经常使用但未能标准化的操作，如大量的修理工作，以及所有在开始时期没有经验的新操作方法，要正确地计算它们的补助自然困难得多。但到以后几年，使用“基本确定工资率”的方法，计算补助就比较容易了。这个方法以如下事实为基础，即大量工业操作都由以不同方式结合在一起的比较少量的基本动作组成。基于这个事实，由经验决定每一个基本动作的适当时间，可能在事先计算出以前从来没有做过的新复杂工作的合适时间。当然联合任何一组基本动作的过程，经常做这些动作的人能比很少做这些动作的人快得多，因之，我们测算适合任何工作的计件工资率，要根据这项工作是否经常进行，是否足以使这项工作值得成为一批工人专门操作的本领。但是这个困难比较次要。基本确定工资率

① 《标准价格工资率报告》，1900 年，第 16 页。

② 施洛斯，《收益分享报告》，第 113 页。有关美国安排计件工资等级适应产量的规模与模式的方法、使用的原料和工作的体力条件的详细叙述，参照麦凯布《美国工会的标准工资率》，第 1 章。

方法的一般性质可用以下一段话来描述："假定这项工作是刨平一个铸铁件的表面。在普通的计件工作制下，工资率确定者要遍览刨床所做工作的纪录，直到他找到尽可能类似于所设想工作的一件工作，然后推测做这件新工作需要的时间。可是根据基本确定工资率的做法，先要作如下的几步分析：

人工完成的工作	（时间按分计）
把铸件从地面抬到刨床平台上的时间	…………………………
在平台上放平和摆正铸件位置的时间	…………………………
加上挡块和插鞘的时间	…………………………
去掉挡块和插鞘的时间	…………………………
把完工的铸件搬到地面的时间	…………………………
清理机器的时间	…………………………

机器完成的工作	（时间按分计）
粗刨成 $\frac{1}{4}$ 英寸厚、4 英尺长、2 $\frac{1}{2}$ 英寸宽的时间	………………
粗刨成 $\frac{1}{8}$ 英寸厚、3 英尺长、12 英寸宽的时间，等等	…………
精刨成 4 英尺长、2 $\frac{1}{2}$ 英寸宽的时间	…………………………
精刨成 3 英尺长、12 英寸宽的时间等等	…………………………
总计时间	…………………………
外加——不可避免的延迟时间百分比	…………………………

显然，这项工作包含相互配合的一组操作，做每一个操作的时间能容易地用观察决定，当这个确切的操作组合此后绝不再次发生时，与上面所说某些操作相类的基本操作将在同一工场几乎每天在不同小组中进行。工资率确定者很快就十分熟悉每一个基本操作所需时间，他可以把它们从记忆中记下来。工作的一部分由机器完成时，他可以参阅为每一部机器制定的时间表，表上印有创制每种宽度、厚度和长度组合所需的时间”。[①] 当然这个办法不完善，因为决定从一种基本操作过渡到另一种基本操作可以容许的空隙还是多少有点专断判定的事情。[②] 不过这个办法无疑能在许多工作中确定哪种工资率是公平的工资率。要做到这点，除这个办法外，就不可能做到。

第 7 节

第三，不同工人在工作上从与管理权力部门合作中得到支持的差异必须给予补助。当一家工厂组织不良，常使工人等待原料，有一定效率的工人可以生产较少产量取得的计件工资要比组织完善的工厂多。一位有经验的观察家的如下评论指出这一点非常重要："工作的方法与分配在不同地区差别惊人，工人领取的实际工资受到管理者掌握组织与管理水平优劣的巨大影响。受雇于同一家工厂分在不同车间在完全一样外界条件下以相同计件工资率做完全一样工作的一群工人，出现每周平均工资一个车间一直稳定

① 《工程学杂志》，1901 年，第 624 页。

② 参照霍克西，《科学管理与劳动》，第 51 页。

地高于另一个车间，这是很平常的事情”。[①] 显然必须作任何尝试，正确地计算在这个问题上必须作出的补助，以解决这个巨大困难；差不多同样的困难是，所有工厂的管理质量常常随时在变动。这些困难无法完全克服。但是当困难看来相当严重时，在某种程度上可以用建立最低计时工资，作为计件工资制的辅助办法来加以克服。一般素质工人的收入无论如何不允许低到那个标准。强有力的工会普遍以保证这条界线为目标，[②]而煤矿工人最低工资法以法律实施这个办法。实际上这个办法补救了极端无能的管理部门产生的坏影响，它也考虑到管理工作中偶尔产生的失招。在任何工厂或矿山中，总的看来其管理能力属于一般水平，但它们必然有时会在指导工人操作中出现提供给个别工人的设备发生偶尔的变化。“假定一组工人正以每吨若干工资卸煤车，因前面工人行动延缓，未能将空车移走让满车驶入，因而使他们有相当长时间空着无活可干；或者假定在驶入满车时停的地方不当，以致加长工人卸煤的距离并在不方便的位置工作，或者工人不是由于他们本身的过失而赚不到公正工资。再次假定，由工头组织的一组工人中把新手混在技术工人中，由于这些新手不善干活以致全组产量减低。要是他们按计件工资率干活，他们收入的降低不是他们的过错。”[③]在长时期平均看来，这种偶尔事件将相当平均地分布在全体就业的工人身上，所以在整体上每个工人得到近似的公正工资。但是工人日常周工资的偶然大幅度变动是有害的，若有可能应该

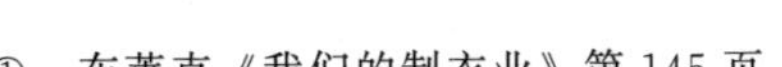

① 布莱克，《我们的制衣业》，第 145 页。

② 参照科尔，《工资的支付》，第 4 页。

③ 戈因，《工业工程学原理》，第 123 页。

阻止其发生。增加一项适当的结构性的最低计时工资就能防止损害的发生。为了预防不良管理和意外波动的极端事件造成非有意的后果，必须掌握如下特性：第一，在实施最低计时工资时，现行的计件工资率制度应稍稍降低；如果不这样，工厂支付的平均效率工资实际上提高了；这是一种非计划中的结果。由此作出的推论是，一个地区的一般平均计件工资率改动时，最低计时工资率也应改动。第二，付给一个正常效率工人的最低计时工资应低于此人可能期望根据计件工资平均赚到的日工资；否则旨在使计件工资促使工人努力的刺激势将大部消失，结果是产量可能大大降低；这将是第二个意料不及的后果。第三，应以某种方式作出规定，保证最低计时工资只发给具有正常能力的工人。要是它是完全普遍的最低工资，它将意味着将不称职工人的效率工资强制提高到一般水平以上，这会是第三个意料之外的结果。因此，要求制定一个像英国煤矿工人最低工资法规定的规则，即在无任何事故、疾病或生产场所的反常情况之下，经常在正常一周中生产不出规定产量的那些工人，应该不列入最低计时工资范围以内。

第 16 章　作为可变关系的公正

第 1 节

根据上一章第 1 节所述，素质完全相同的工人中间，公正工资的意思只有一个，即平等工资，只有在享受的附带优势有差异时才加以调整；公正工资在不论什么环境下都是这个意思。在素质不同的工人中间，公正工资在任何特定的环境中，以相同方式意味着与效率成正比的工资，因而彼此间具有某种明确的数字关系。乍一看可以认为这种数字关系像质量关系一样，在任何环境中都同样，即在相同的工人之间要求公正。但是实际并非如此；理由是具有一定素质与能力的不同个人的比较效率不是在所有环境中都相同。本章的任务就是要把这问题分析清楚。为此目的把工人中的差异区分为两类是方便的：(1)特定种类能力程度上的差异；(2)工人分别掌握的能力种类上的差异。我先不理会种类上的差异，从假定只有一种能力开始——这一种能力以不同程度分配给不同工人。

第 2 节

这里的关键是马歇尔在论述土地肥力时所说的话。他说，应该记住，即使在我们认为一种庄稼只享有一种肥力时——一种肥力与我所说一种能力相对应——两块不相同土地的肥力并非在任何环境中彼此只具有单一的数字关系。相反，这种关系在不同需求状况、不同资本供应条件等等下将是不同的；甚至可能发生这样情况：一块土地在一组环境里比另一块地更肥沃，而在另一组环境里会比另一块地贫瘠。现在我们以同样方式发现工人 A 的净产量（设想成边际的）和由此产生的效率很可能对工人 B 的净产量（同样设想成边际的）具有一种数字关系，随着支持他们劳动的工具等物品供应的改变，数字关系也改变。由此可见，虽然在任何一组特定条件下，两人的工资间存在某种明确的数字关系是正常的，这个关系不是简单地取决于他们个人的素质，而是容易随着外部环境的变化而变化。

第 3 节

马歇尔关于肥力的分析使人想到进一步的推理，即进步一般地倾向把具有较低能力工人的效率提高到与具有较高能力工人的效率到同一水平，因而使他们工资之间的公正率更接近地趋向统一。他写道："与特殊土地上下种流行庄稼和种植方法的适应性的任何变化无关，存在不同土地的价值不断趋向平等的趋势。相反（没有任何特殊理由），人口与财富的增长使较贫瘠土地有较丰足收入"。[①] 如果事实确是如此，相似的命题看来在从事生产同一商品的具有不同程度能力的工人中应当同样有用。马歇尔的命题能以彼此有如下不同的两块土地加以严格的证实，即一块土地上投

① 《经济学原理》，第 162 页。

资第 r 单位的产量超过另一块土地投资第 r 单位的产量，差额为 r 所有价值的同一不变量。马歇尔以图解说明这个道理。[①] 当然，两块土地不必彼此以这个关系相关连。情况可能是这样，土地 A 每笔投资的收获量都比土地 B 较低，直到第 r 笔投资，此后收获不断增大，在这种情况下，当进行(R＋k)次投资时土地 B 收获较低，但它的收益性——它是测量土地肥力的标准——远远跟不上土地 A 的收益性。当对土地产量的需求上升引起投资次数增加超过(R＋k)时，土地 B 的收益性进一步落在土地 A 的后面。因此生产特定作物的不同能力的土地收益性，随着需求上升是否趋向平等的问题，取决于任意取样的不同土地的马歇尔叫做生产曲线(即投资不同次数的收获量表)之间通常保持哪种关系。据我判断通常(可能)关系是证明马歇尔结论正确的那种关系。[②] 倘若是这样，我们还可以说，根据推理我们可以说，在具有不同程度同样能力的工人之间支付的工资率若是“公正”的，随着人口与财富的增长将趋于平等。

① 《经济学原理》，第 162 页注。

② 如果两块土地的生产曲线彼此平行，那么，如马歇尔指出，不管这些曲线形状如何，产品(譬如说小麦)需求的增加使较差土地的收益性比另一块土地的收益性增加较大比例。如果二根曲线是直线，在整个长度中一根落在了一根上面，即使曲线不是平行，结果完全一样。如果二根曲线是直线但相互交叉，情况就不一样。如果它们是二根直线在最初时重叠(即在第一次投资时)，这两块土地收益性之间的比率在任何需求状况下都是相同的。如果它们不是平行的也不是直线，就说不出其结果来。这些结果很容易用简单的图解加以说明。

第 4 节

其次必须考虑到这个事实，即人生来就有不同**种类**的能力和不同程度的能力。无疑，两个人或两块土地可能彼此有如此这般的不同，以致它们能力间的比率（当资本价格处于任何一定水平时）在所有用途上都相同，当然这种情况不可能常常发生。拥有特定价格的资本，一个人一般将对另一个人在体力上处于一种关系，在数学能力上处于一种不同关系；正像一块土地生产大麦比另一块地多产 10%，生产小麦多产 20%一般。实际上常有这种情况，两人之间的优点等级在不同目的上是不同的。滕尼先生在拳击场上比赫尔·爱因斯坦强，但在实验室就不如他。由此可见，当不同种类能力能够提供的公众的劳务需求彼此相对发生变化时（不论是爱好变化的结果，还是有不同爱好人们中间收入分配发生变化的结果），或者当技术发展改变了不同种类能力在生产劳务和物品上的相对重要性时，(1)改变投资于训练不同类型人才的相对资本量是有利的；(2)不同类型净的和毛的相对效率（即包括计算资本的利息）以及在这些类型间属于"公正"的相对收入都将改变。就这样，当战争大大提高普通士兵服役的需求时，非技术工人的效率和收入提高，而音乐家的效率和收入降低；要是战争永远打下去，生下来就有当兵特殊天赋的孩子将有相对高的收入预期，那些生下来有音乐特殊天赋的孩子，其收入预期就相对的低。另一方面，技术发展能使大量工业操作由有高度技能的人驾驭精心设计的机器来进行，这就使得智能高孩子的效率和收入预期相对高于那些生来有公牛般性情与体格的孩子。再则，如果一项发明使失明在

某种职业中与以往相比是较少的障碍，盲人势将大量进入那个职业，使其他人离去，直到最后，盲人的相对效率上升，他们相对于其他人的收入到处比以前稍有提高。比较广阔的视野和相同的目标，巴特森写道："在这个国家伟大的工业发展开始时，一些家族和个人上升到出人头地的地位或下降到默默无闻的地位，并不证明他们出身的世系先前应该是和在不同环境中曾经是处于不同的相对地位。在各种不同环境中，取得成功需要不同的素质"。[①] 因之人们不同类型的效率不仅仅单由他们的本性决定，也不是由他们的本性与资本的供应价格一起决定，而是由这些事物连同不同种类劳务的需求状况和各种职业中工业技术状况共同决定的。我认为，不可能说爱好与技术的今后发展可能带来相对效率因而相对收入的何种变化——是拉大差距还是趋向较大的平等。

第 5 节

当提出这样问题，即某一家工厂实行的工资相对于其他工厂的工资是否公正时，上面分析的意义就变得明白了。当然这里的主要问题是关于不同工厂一般工人工资之间的关系。因为当知道了一家工厂普通工人的工资相对于另一家工厂普通工人的工资是公正的时候，发现对那些高于或低于平均数者应该给予的补助是比较简单的事情。如果我们凭直接判断或用其他方法知道这些普通工人在所有方面完全相同，我们根据第 14 章第 1 节所说的道理还应该知道公正工资就是平等工资。但是，如果我们不知道我们

① 《生物事实与社会结构》，第 32 页。

正在比较的各工厂工人是完全相同的，问题就复杂得多。如上面所引那一节中表明的，如果工资与效率不成比例——以净边际产品乘以价格计算——它们彼此就不是公正关系。这点是正确的。但是，如果说工资在这个意义上与效率成比例，它们**必定**处于公正关系，这点是不正确的。它们只有满足第二个条件，它们才处于公正关系，那就是如果各工厂间的劳动力分配得合乎理想，以便使第9章第2节所说的广义国民所得达到最大。① 在这些情况下如何有可能决定在一家工厂实行的工资相对于其他工厂是公正的还是不公正的呢？在某些条件下可以得到切实可行的办法。有可能找到某个典型的或标准的年份，在那一年里一家工厂的雇主与雇员中普遍同意那里的工资率相对于其他工厂实行的工资是公正的。这个工资率将是我们讨论的出发点。肯定了它以后，我们试图以调查统计的办法发现从我们标准年份起其他工厂的工资率以何种比例发生变化。假定它们上升了20%。然后，如果我们工厂工人和其他工厂工人的比较平均素质没有发生明显的改变，我们的结论是我们工厂现在的公正工资应是标准年份实行工资加20%的上升。这个方法在战前时期煤业调解委员会实际上曾长期应用，它常常能作出公正工资合理的最后决定。但是本章的分析表明，它只能做到这点，因此只有假定同时没有发生任何事情，相当可观地改变主要在我们工厂和其他工厂使用的那种类别和程度的技能的相对总需求的情况下才能应用。如果从我们的标准年份起公众对赛马的爱好大大扩张，对诉讼的兴趣大大缩小，去受训成为职业

① 参照《生物事实与社会结构》，第14章，第1节。

骑师的才能相对于去受训成为律师的才能价值要大得多，同时骑师相对于律师的公正工资现在要比那一年高得多。至于这两种才能的相对供应量不取决于自然的天赋，而取决于投资在训练和培养最早相同的两种人的金钱数量的不同。我们应该想得到，进入需求上升职业的人数相对于进入其他职业的人数必定增加，但过了一段时间后新的和旧的公正关系间的差别就将减小。因此，对技术工人与非技术工人相比较的相对需求的降低将改变这两个阶层工资间的公正关系，这种改变从长期看来要比当前看来的程度较小。如果我们假设对具有职业骑师天赋人们服务的需求比那些具有律师天赋的人们服务需求相对上升，将引起前一个阶层有相对较多的孩子——我们可以假设——来分享他们的自然天赋，最终达到的新公正关系与旧公正关系间的差别将进一步缩小。

第17章　在工资业已公正的地区和职业中以干预方法提高工资

第1节

在第14章的分析中，注意力局限于意在迫使某些地区和职业提高工资的干预方法的效果，那些地区和职业的工资不公正地低于其他地方付给享受同样偶尔福利的相同劳动力的工资率。但是有时有人宣称，低而公正的工资和低而不公正的工资同样可以常常强制提高，以有利于国民所得。我们现在得研究一下，这个宣称在多大程度上和在什么环境中是有根有据的。

616

第2节

在罗先生的一本非常有趣的书《实践和理论中的工资》里，他强烈主张强行提高工资率可以刺激雇主，不但在上文第14章第8节描述的发生剥削情况的地方，而且在整个产业改进组织的方法和技术。[①] 雇主发生这种反应的范围必然取决于那里的主要雇主团体在不同工厂中已采取最著名的做法达到什么程度，和取决于改善那个做法的良好机会。可是可以常常找

---

① 所引书第204～214页。

到某种有利的反应。作为这种反应的结果，任何特定能力的特定数量劳动力的净边际产品将间接上升，国民所得也将增大；正如与增加的工资率导致工人生产能力以下一章描述的方式得到改进有一样的效果。这种考虑引起某种设想，赞成逐步小幅度地提升工资的政策，甚至在工资已经公正和不存在对工人能力有反应问题的地方也使用这个政策。然而，本章不考虑这种反应，我们对问题的研究建立在雇主的技术和组织方法不受工资政策明显影响的假定上。

第 3 节

首先，如在第 14 章第 2 节正文中已有暗示，特定地方的公正工资有时是作为两个或更多不公正要素中经过冲突或删除的结果而出现的。因此在某个地区或职业中劳动净边际产品的价值可能异常的高；因为那里工人的数量由于习俗或进入的巨大费用一直很少。如果这个环境单独起作用，工资率将是不公正的高。但是也可能发生这样情况，即这些工人被他们雇主剥夺谈判权，被迫接受少于他们工作净边际产品价值的工资。如果这种环境单独起作用，工资率将是不公正的低。**可能**产生这样的情形，即这两个相反的倾向正好互相抵消，所以由此产生的工资精确地处在公正的水平上。但是这种公正包含两个不公正要素，干预其中一个将不利于国民所得，而干预另一个将有利于国民所得。国民所得的利益要求工资率不应公正，而应处于体现两个不公正删除要素中的前者的水平上。因此，尽管工资公正，干预还是值得想望的。不过很明白，确切删除起反面作用的不公正要素是十分不可能的。因此，在整体上是公正的工资率，除非有极为特殊的理由，不能合理地怀疑它包含任何不公正要素。因而本节中提出的各种考虑虽然它们指出某些种类不公正工资的复杂性，但它们对于公正工资来说只有学术研究上的意义。

第 4 节

其次，在任何特定的地区或职业中，为使与其他地区或职业相比是**公正**的工资（从国民所得的角度看也是**正确**的）必须满足某个明确的条件。这个条件是在一般地区或职业中工人获得作为工资的他们工作的净边际产品价值。如果工人取得的少于此，他们就没有正常动机去做普遍利益所需要的那么多的工作。提高工人的工资达到使需求价格与供应价格相等的水平，会导致国民所得规模的增加，足以补偿他们额外牺牲休闲时间而有余。现在，当事情已安定下来处于或多或少稳定状态的时候，经济力量的作用趋向于保证在一般行业中工资确实与劳动的净边际产品的价值相一致。但是条件容易发生变化，例如，由于新机械的发明，资本的积累，国外贸易的开展或用作货币的物质供给的扩大。这些变化中的任何一种必然趋向于普遍提高整个职业劳动净边际产品的价值（以货币计算）。因此原来工资虽然依旧公正，还是太低了。提高所有工资有利于国民所得。但是，如果把每个人工资率的公正看做反对提高工资的决定性理由，这种变化就根本不会出现。例如，假如整个行业的工资率由调解委员会或仲裁委员会决定，不管是完全自愿的或者部分由政府当局控制；这些委员会遵循的原则是使它自己的工资率与其他职业支付给相同工作的工资率相等。在

改变着的一般条件面前，结果将是完全的**僵局**。同样，可以想象为，工人即使在稳定条件下，他们的工资在任何地方以确切相同的程度受到“剥削”。基于这个理由，在任何地方工人工资可能少于他们净边际产品的价值。这里，反对干预公正工资率的严格规则将再次使任何纠正这个弊端成为不可能。因而可见，工资率的公正必定不可用作决定性理由来反对以干预手段提高工资。

第 5 节

如果上面说的是事实，即在整个行业中工人受到剥削，或者说在整个行业中工资由联合委员会决定，而这些委员会的惟一行动原则就是建立公正，那么上一节中的结论具有重大的实际重要性。存在一个宽广的领域，在这个领域中以干涉手段提高业已公正的工资将对国民所得有好处。但是事实是，整个行业不是由奉行单一公正原则的联合委员会控制，有充分理由相信，工人受剥削的地区和职业只是整个行业的一小部分。因而在某些情况下不顾工资已经“公正”，干预工资率的这些特殊理由不是广泛应用的。不过必须承认，当一种巨大而突然的变化出现在生活的货币费用上，如大量发行纸币可能带来的，一般地说货币工资不会立即作出反应，因此有一段时间到处的实际工资趋向过低。因而那种只以干预来提高不公正工资的政策，将失去时机赶不上要求的调整。如果一个外部权威机构能迫使任何行业或行业集团的工资，从当时仍属“公正”原来水平，提高到将在一个短时间内“公正”的新水平，这将有利于国民所得。当然应该理解，当生活的货币费用经历巨大而突然的变化时，对货币工资方面的反应是当局迅速完成的职责，这

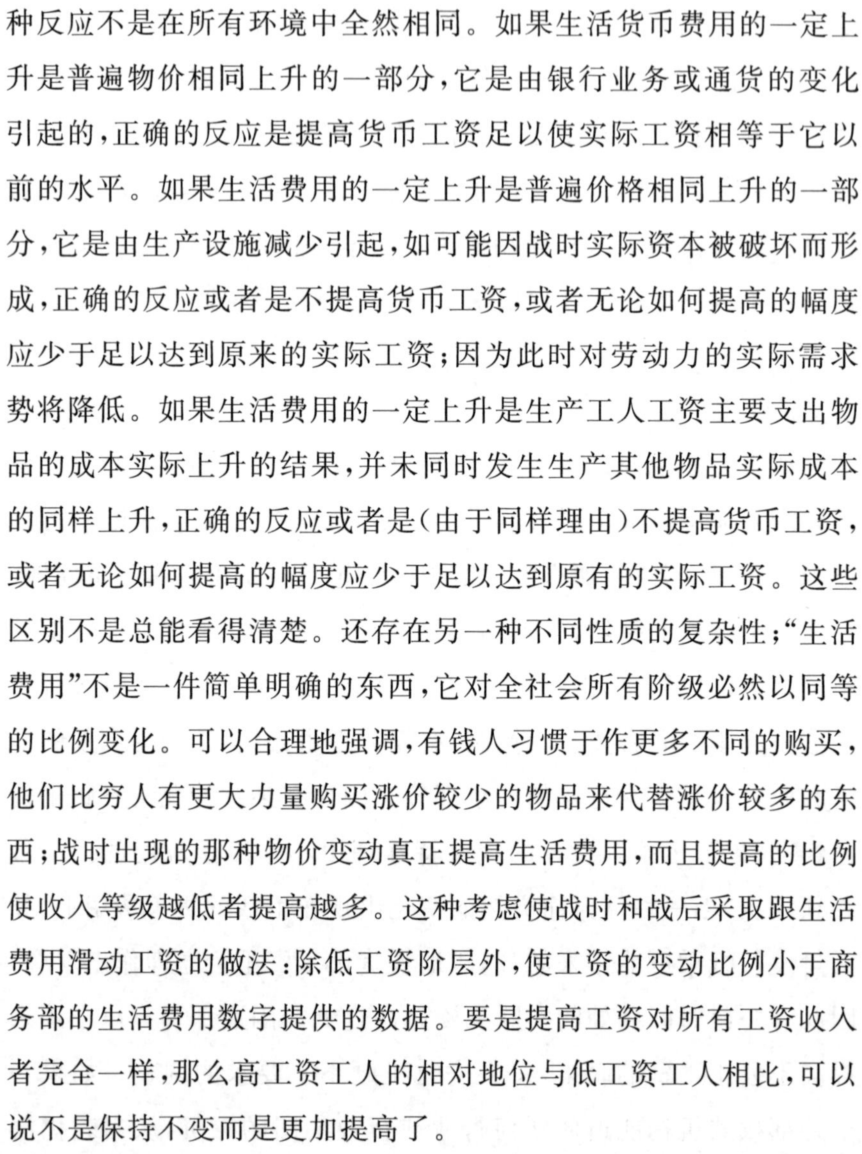

种反应不是在所有环境中全然相同。如果生活货币费用的一定上升是普遍物价相同上升的一部分，它是由银行业务或通货的变化引起的，正确的反应是提高货币工资足以使实际工资相等于它以前的水平。如果生活费用的一定上升是普遍价格相同上升的一部分，它是由生产设施减少引起，如可能因战时实际资本被破坏而形成，正确的反应或者是不提高货币工资，或者无论如何提高的幅度应少于足以达到原来的实际工资；因为此时对劳动力的实际需求势将降低。如果生活费用的一定上升是生产工人工资主要支出物品的成本实际上升的结果，并未同时发生生产其他物品实际成本的同样上升，正确的反应或者是(由于同样理由)不提高货币工资，或者无论如何提高的幅度应少于足以达到原有的实际工资。这些区别不是总能看得清楚。还存在另一种不同性质的复杂性；“生活费用”不是一件简单明确的东西，它对全社会所有阶级必然以同等的比例变化。可以合理地强调，有钱人习惯于作更多不同的购买，他们比穷人有更大力量购买涨价较少的物品来代替涨价较多的东西；战时出现的那种物价变动真正提高生活费用，而且提高的比例使收入等级越低者提高越多。这种考虑使战时和战后采取跟生活费用滑动工资的做法：除低工资阶层外，使工资的变动比例小于商务部的生活费用数字提供的数据。要是提高工资对所有工资收入者完全一样，那么高工资工人的相对地位与低工资工人相比，可以说不是保持不变而是更加提高了。

第 6 节

现在我们必须考虑一个更广泛的要求。那就是在工资较低的任何职业里，不管相对于这个职业做工工人的效率程度是不是公正，工资应当提高到足以使普通工人得到适当的生计；对于普通男工和普通女工的“适当的生计”是分别根据这样的事实解释的，即男人要养家女人不必养家。认可这个要求的某种态度在 1918 年英国劳资协商委员会法中有规定，它是 1909 年最早法案修订后新引入的。尽管根据原来的法律，在工厂中成立劳资协商委员会之前的情况是工资**特别**的低，根据后一个法律，没有组织工会这一点就足以使工人接受的工资可能不适当的低。这个要求在其他地方已得到明显的接受。因而 1912 年南澳大利亚产业仲裁法规定，“法庭没有权力命令或规定不保证受影响雇工最低生活的工资。‘最低生活工资’的意思就是足以使居住在已在或正在工作的当地的普通雇工得到正常和合理需要物品的金额”。① 在西澳大利亚法律规定，“制定的最低工资率或其他报酬必须足以使普通工人凭它生活得合理的舒适，并考虑到这些普通工人日常承担的家庭责任”。② 在 1918 年新南威尔士法律中，这些一般性规则都予以统计数字上的解释。命令商务部贸易委员会经公开调查生活费用后，每年公布国内和国内任何限定地区男女成年雇工(不正常低效率者除外)分别的最低生活工资，任何产业协议制定的工资以及任何关于工资的裁定不得低于这个最低生活工资。澳大利亚联邦仲裁法庭贾斯蒂斯·希金斯先生(在关于非技术工人方面)继续根据同一原则进行工作，他设法为假定是 5 口之家家

① 《美国劳工统计局公报》，第 167 号，第 165～166 页。

② 出处同上，第 167 页。

长的正常男人和假定只维持个人生活的正常女人按照生活费用制定基本工资。[①] 在大多数美国州里，都有妇女的最低工资法，规定的最低工资是足以供应必需的生活费用和维持雇员身体健康的工资。[②]

第 7 节

在公众讨论中，这些建议提出的问题有时被一种含混的观念弄得模糊不清；这种观念认为最低生活工资意指在任何企业雇用的有正常能力工人的"生活收入"。当然不是这样。最低生活工资在普通惟一想象中是一个男人的工资能使得到它的人，如果他只有一般性的家庭负担和在疾病问题上有一般性的好运气，其收入足以过得不错的生活。但是能在这种条件下达到这种目的的工资率，对于一个有超过一般家庭负担或遭受不寻常疾病的人就达不到这个目的了。[③] 这种"最低生活工资"也没有考虑有些工人需要赡养父母的事实，父母们在过去也像他们孩子一样工作；更没有考虑这样事实，即有些工人的妻子没工作对家庭收入毫无贡献，而另一些工人的妻子对家庭就有很大的贡献。此外，养家餬口的人能

① 参照他有趣的著作《法律与秩序的新领域》。对于技术工人他的目标是在基本工资上外加"补充工资"，在决定补充工资时最最主要的是考虑能负担的程度。可以看出，在贾斯蒂斯·希金斯先生的原则中，对非技术工人的**实际**工资率根本不变动。

② 参照《美国劳工统计局公报》第 285 号。这些法律就它们对未成年人的影响而言，并未规定工资应该可以维持生活，仅仅规定工资是"适当的"和"不是不合理的低"。

③ 朗特里先生曾指出，在约克郡如果建立以多达 5 个孩子家庭为基础的最低工资制，那么在出生孩子中至少有 20%在 5 年或更多年份得不到充足的抚养（见《劳动者的需要》，第 41 页）。

够在家庭人口增长的一个阶段供给家庭“生活”，而在另一个阶段就力量不足了。这个考虑十分重要，例如，鲍利先生以他于 1912 年在雷丁调查穷人情况为根据作出估计，一个工人为过合理标准生活所需的最低开支，“在结婚时为每周 16 先令，5 年内逐渐增加到约 25 先令，假如有 4 个孩子全都活下来，10 年内达到 28 先令。此后 5 年保持 28 先令，然后随着孩子能够自立，回落到 16 先令。”①女工人的最低生活工资与生活收入之间的联系更为疏远，这是因为主要由丈夫支持的妇女、单身妇女和本身是家庭主要赡养者的妇女之间的状况有巨大差异。把这些不同情况合起来一起考虑事情就很明白，在任何行业中实行这个名词任何说得过去意义上的最低生活工资，距离保证达到“生活的收入”已十分接近，这甚至对正常得到它的那些工人来说也是件好事。我们希望保证在所有行业中施行生活的收入因而与“最低生活工资”没有真正关系。在雇用工人等级极低，以致其公正工资（如第 14 章所解释）低于最低生活工资率（不管我们对此选择何种定义）的行业中强行提高工资率的政策，必须根据其本身的特性单独加以考虑。

第 8 节

得到广泛支持的一个论点如下：“用尽人力资本又无力补充它的企业是不能自给的企业，它对社会有无可怀疑的损害。因此，一个妇女其生活部分由其他来源维持，如由父亲、丈夫等等；雇用她

① 《社会现象的估量》，第 179～180 页。

做工的企业实际上得到那些其他来源的补贴,补贴幅度就是她的工资少于适当生活费用的差额。"①换言之,允许形成这种补贴所必需的低工资继续存在,也就是允许这个过程的继续,在这个过程中,生产能力和由其产生的未来国民所得被逐步用尽。这个论点站不住脚。它依赖"用尽"这个词的含糊不清。如果派一些人在某个企业里工作,耗损和破坏了生产能力,要是他们不被派往那家企业工作,他们的生产能力将有效增大国民所得,这种生产能力的破坏必须严格地记入这家企业的借方。它的社会净产品达不到它的私人净产品达到的严重程度。但是不存在那种普遍的设想,即一家工厂雇用低等级工人付给他们相等于他们能在别处赚到的工资就会用尽在这个意义上的人力资本。因为,如果这家工厂不雇用他们,他们或者以同样工资被别的工厂雇用,或者他们不再被雇用;不论哪种情况,没有理由假定,他们的生产能力将立刻受到任何损耗。因此,那家工厂只是在使用或雇用他们意义上而不是在损耗他们意义上用尽他们的生产能力。因而他们在工厂里所做工作的社会净(边际)产品和私人净(边际)产品之间不存在差异,也不会因这种情况的继续引起对国民所得的破坏。这个结论也不受如下事实——当它是一种事实时——的影响,那就是受雇在工厂里工作的工人从其他来源得到补贴;因为如果他们不受雇于这家工厂,他们还是必然受到至少同样数量的"补贴"。如在14章中曾详细论述,事实确是如此,如果一个职业或一个职业部门之所以能维持下去是由于它有能力支付一定等级能力工人的工资,少于这

① 《新政治家》妇女增刊,1914年2月21日。

些工人若不在这个职业或职业部门工作他们能够在别处赚到的数目，那么这个职业或部门的继续存在就会引起社会资源的浪费。这里存在真正的寄生现象。其实质在于这个事实，即付给工人的工资少于他们能够和愿意在他处赚到的数目。当不发生这种情形时，即使付给工人的工资大大低于他们独立维持自己生活的需要，也不存在寄生现象。应当以法律禁止工厂支付的工资少于"公正的工资"，即使这种禁止会引起工厂破产的论点，完全不同和毫不支持下一个论点，那就是禁止工厂支付少于"最低生活工资"的工资，那么把这种工资付给在各方面都不值最低生活工资的工人，也应当予以同样禁止。后一个论点不能成立，而我们研究的问题必须与它无涉。

第9节

我们假设一家特定工厂雇用低级工人，而付给他们的工资从他们比较低效看，相对于其他工厂所付的工资是公正的；我们再假设，这家工厂和其他地方的效率工资的相等，是与那里和其他地方净边际产品价值的相等，以及工资与这些价值之间的普遍相等同时存在。在这些条件下，如果这家工厂的工资率被强制提高，雇主便有强烈的引诱力使能力较差的工人离开他们特别合适的工作岗位，让这些工作完全由能力较强的工人去做。例如，不同城市不同工会工资率的建立，主要把能力较强的工人吸引到有较高实际工资的城市。正如1889年"码头工人6便士工资制"的建立引起从乡村来的体格强壮的外来者部分取代了原来码头工人中的体弱者。要是出现这种反应，不可能真正出现怀有这种目标的工人得到比以前实质上多得多的工资。其后果将是不同等级的工人在不同职业间的再分配。结果是对国民所得的规模既没有有利也没有不利的重大影响。支持某些特定工人的干预意图事实上将被规避的手段挡开。然而,让我们假定,由于某种理由这种工人的重新安排是不切实际的。那么确实,除非对劳动力的需求完全没有弹性,否则必然发生一些劳动力被从工资上升的企业中逐出,结果是根据不同环境,有些人根本找不到工作,有些人到别处就业,由于条件不好,他们中大多数人的净产量价值比过去降低。根据第 14 章中简要作出的分析,这是必然的结果。由此的推论是,雇主勉强同意在公正工资低于最低生活工资的工厂里强行提高工资达到"生活"标准,除了对工人能力的反应外,必然损害国民所得。

第 10 节

初看起来,认为所造成的损害大致上与干预方法达到的行业个数成正比,这是很自然的;所以如果最低生活工资制在公正工资低于最低生活工资的 3 家相同的工厂实行,比起只在其中一家实行来国民所得将降低 3 倍。但是这还是过低的估计。当劳动力——随后还有资本——被逐出一个职业时,它按寻常过程进入其他职业;尽管它在那里生产少于它以前生产的数量,它还是生产许多东西。如果只有少量劳动力和资本像这样寻觅新家,同时有巨大领域接受它们,它们中每一单位的新贡献价值将非常接近与原来贡献一般多。但是,如果接受它们的是一定限度的领域,而要寻觅出路,许多劳力与资本不得不挤入价值较低的用途,因而每一单位所作的新贡献将较少。所以干预的次数增加 2 倍或 3 倍,造成 2 倍或 3 倍数量的劳力与资本闲置或放任自流，对国民所得的损害将超过 2 倍或 3 倍。当试图从澳大利亚经验推论英国强制提高低工资行业工资的可能后果时，必须牢牢记住这段议论。因为"在澳大利亚殖民地，工业主义在形式上相对简单在范围上相对有限。农业是主要行业，它没有受到仲裁法的影响，成为被从工业中逐出任何劳力或资本的出路"。[①] 在英国，农业发挥的相应作用要小得很多，因此，如果试图实施强制提高工业工资这个影响广泛的政策，可以得到的出路规模极小。此外，实际上可以肯定，在联合王国内这个政策若不同时应用于农业，很难单单在工业中实行。它对国民所得的危险因而要大大高于澳大利亚经验所暗示的。

第 11 节

直到此刻我们一直不明言地假设，早已确立的不顾夫妻和家庭财产的固定工资的做法将维持下去。但是近几年来人们相当注意以家庭为基础制定工资的建议。这些建议离开理想的公正工资比上面描述的"最低生活工资"政策更远。因为它们要求相等素质的不同人领取的工资根据他们抚养孩子的个数而有差异。大战期间付给军人的工资（工资与养家津贴一起计算）实际上就是依照这个原则规定的。发给警察的按照生活费用而增加的战时补助金也是根据同类型的基础。人们早已了解，政府当局如果愿意，完全可以为它自己的文官工资采取这种计划，但是它觉得这种方案如果

① 查普曼，《工作与工资》，第 2 卷，第 263 页。因为 1918 年工业仲裁法（进一步修正条文）的通过，这个情况对新南威尔士不再完全确实，仲裁法已不是完全与农业无关。

引入工业机构，必然引起不论哪种失业在任何时候都将集中在有庞大家庭的工人身上。可是在最近几年里，在几个国家中出现一种令人注目的后来称作“家庭工资制”的动向。在德国，由于实际工资的严重下降，在寻常工资率上有家庭的工人无法生活。由于这种状况，“按照家庭人口发给额外津贴的制度现在广泛实行。根据这个观点，德国劳动部新近对目前劳资集体协议进行分析。分析表明几乎所有行业都在某种程度上应用家庭工资原则；还有些重要工业普遍认可这个原则，它们中有采煤业、机械工程业、纺织业以及纸和纸板制造业”。[①] 在法国，这个制度在 1916 年最早开始呈现出重要性，此后发展颇快，到 1923 年几乎有 250 万工人受到它的影响。在不同的工厂里建立起“补偿基金”，不同的雇主以工资清单一定比例拨款充基金，用此基金支付全部家庭津贴。[②] 根据这个计划，雇主按照所雇用的工人人数向每一个工人支付相同的总金额，而不管工人家庭的人数多少，因此对任何雇主来说没有任何诱惑力去优先雇用单身汉而不想雇用已婚男子。在比利时、荷兰和奥地利，这种制度也有一定程度的流行。[③] 很容易看出，按照这种类型的计划，特定总数的工资付出将比根据寻常类型最低生活工资规则支付的工资产生较大的社会利益的直接回报，但是任何形式的家庭工资从另一方面遭到严重的反对。它为了给予有大家庭的工人津贴——一种对家长身份的津贴——必然含有向单身汉课税的意思。我现在不是提出这种制度在原则上是好事

① 《劳动公报》，1923 年 3 月，第 86～87 页。

② 出处同上，第 86 页。

③ 参照拉思伯恩，《经济学杂志》，1920 年，第 551 页。

还是坏事的问题;关于这个问题要看到这一点是适宜的,即这些单身汉在婚后生活中将获得他们年轻时遭受损害的补偿,但是具有相同收入能力的不同单身汉应当平等地课税。如果采用家庭工资计划,单身汉中那些人碰巧在单身汉与有家男子的比例占极少数的工厂里工作,他们受到的打击要比在单身汉比例较大的工厂中他们的同行严重得多。如果为给予大家庭家长津贴目的而征税,看来还是通过普通税收机构征收要比用这种隐蔽的和不均匀的征税方法较好。这个意见适用于由国家法令使所有产业普遍使用家庭工资制时加以考虑。对于限制在特定产业中使用这种制度有进一步的反对意见,那就是在这些特定产业里必然会充满有大家庭的已婚男子,使得那里没有可为他们利益征税的单身汉。[①] 在1927 年新南威尔士通过家庭资助法,该法规定,对单身母亲的家庭,只要其收入少于只有一个男人和女人的家庭,政府每周向每一个孩子补助 5 先令,同时每个孩子每年再补助 13 英镑,同时规定由所有行业的雇主按他们工资清单的一定比例出资,以筹集必要的收入。[②]

① 参照海曼,“德国的家庭工资制争论”,刊于《经济学杂志》,1923 年 12 月,第 513 页。关于法国的“家庭工资”安排的论述,参照道格拉斯“法国的家庭补助和清算基金”,刊于《经济学季刊》,1924 年 2 月。一篇有趣的论述家庭工资和家庭捐赠各种形式的文章包含在拉思伯恩小姐著作《剥夺继承权的家庭》中,亦可参照科恩的《家庭收入增加》。

② 关于这个法律的论述参照《经济学季刊》,1928 年 5 月,第 500 页及以下诸页。

第 18 章　工资率与生产能力

第 1 节

以上三章所作的全部分析都未提到以干预方法提高工资对工人体力上、智力上、精神上从而在工作效率上可能产生的后果。但是，如我们刚才了解，某些产业的工作操作需要极少技术甚至不需要技术，在这些产业里甚至正规称为强壮的工人也属于很低的等级。在这些产业里——家庭的简单缝纫是其中之一——即使公正工资必定是极低的工资率，不公正工资更不要说了。在这类产业里，旨在强制提高工资率的干预手段初看时似乎可能影响工人的生产能力，因而可能间接地增加国民所得，尽管从他们本身看，直接后果正好相反。预期的反应部分是体力上的，这是由于较好的食物和较好的生活条件增强力量造成的。预期的反应部分是心理上的，这是由于工人有受公正待遇的意识，有增加希望的感觉，他们还知道，增加了工资，工作懒散更可能导致失去工作。因此，在雇用特别低级工人的职业中——一个相同性质的论点也可以向雇用较好工人的那些职业提出，只是力量较弱——使用干预手段提高工资看来比在以前几章中提出的意见本身所表明的有更强有力的理由。现在需要检查一下这个意见。

第 2 节

有时人们认为可以比较受雇于工资高低不同的职业或企业的工人的生产能力来解释这个问题。有人发现赚高工资的工人，其生产能力大大高于赚低工资的工人，于是推断如果后者领取与前者同样多的工资，因而会提高他们的生产能力水准。这个推理不适当。高工资地区工人一般比低工资地区工人能力较高并不证明高工资产生高能力；相反可以有另一种解释，即高能力带来高工资。发觉从低工资地区转移到高工资地区的工人很快赚得适合于高工资地区工资的事实也不证明这一点；因为最可能作地区转移的人正是感到他们本身已经具有比他们同伙更大的能力，应得较高的工资。上面那类根据统计作出的论证，必须以最大怀疑的态度看待它们。为了以实验方式发现增加的收入怎样对生产能力起作用，我们需要调查在低工资和高工资条件下**同一工人在相同环境中的**产量。只有这样我们才能够确定增加工资对不同收入等级工人产生反应的程度。不幸的是，这种性质的调查无法实行。大战中为建立新军征集和训练的士兵，外表上出现的迅速改善的确使人们感到，人的素质在年轻时的可塑性无论如何要比我们以往习惯假设的更快捷更完全。据研究过这个问题的那些人的报告，由劳资协商委员会决定在制衣业和制盒业中的增加工资产生的良好效果指向同一方向。[①] 这

① 参照托尼，《制衣业中的最低工资》，第 121～134 页；和巴尔克利，《制盒业中的最低工资》，第 51 页。在制盒业中工人的生产能力以间接方得到提高，因为实行较高工资率诱使雇主更注意对工人的训练；“每个工人必须受训后才能得到最低工资，而在以前工人赚得多么少，雇主根本不在意”（上引书，第 51 页）。

些事情提供希望的基础，但它们并不能使我们作出任何明确的结论。我们因此最后又回到依赖称为常识的含糊的猜测做法。这种情况使我们想到在特别贫困的工人身上反应最为显著，因为在这些人身上通过较好的食物、衣服和住屋有体力改善的巨大余地；使我们想到，反应将随着受影响者的年龄和他们以往的条件而变化；使我们想到在就业相当正规，因而能达到生活明确标准的地方，要比就业"临时性"和断断续续人们中间，反应更可能发生；使我们想到提高工资维持的时间越长，改进能力达到显著程度的机会越大。

第 3 节

在因为低等级工人正受雇主剥削和付给工资少于工人应得的地区和职业中，没有理由预期把工资率强行提高到公正水平将引起任何受影响的工人长期或短期的失业；因为没有他们的劳务，雇主将得不偿失。因此，必须考虑的只是对实际得到较高工资工人的生产能力的直接影响。因此实际上可以断定，对国民所得将有一些净利益。此外，有理由预期这种利益是可以积累的。如果允许剥削，而工人与雇主谈判的不好结果将导致他们生产能力的下降，从而减少他们净边际产品的价值，他们将从较低水平开始下一轮谈判；如果他们的谈判结果再次稍微不利——因为他们力量较弱此时更可能出现这种结果——他们将再次被以同样方式驱赶到更差处境。因此他们的生产能力和他们领取的工资一样累积地和逐步地减少，国民所得由此遭受严重损害。可是，如果剥削受到阻止，工资强制上升到公正水平，对生产能力的好处将开始上升，酷似它下降时的动态。高收入导致较大生产能力，较大生产能力导致获得更高收入的力量，这是因为工人的劳务所值更多，也因为生活条件较好，他们在谈判中处有较有利地位；这样得到的较高收入将再次起作用增加生产能力；如此渐增地重复下去。这个想法在那些特殊贫困工人中特别重要，他们的贫困只要继续下去，使他们容易成为雇主优越谈判力量的牺牲品。因此在这种环境中，在 14 章中达到的结论，即强行提高由于剥削而降至不公正低的工资率，当加上对生产能力反应这个理由时，就会得到肯定和更加有力。

第 4 节

第 14 章和 17 章指出，在有点特殊条件下，强行提高已经公正或者不是由于剥削缘故造成不公正的工资率，除了对生产能的反应外还有利于国民所得。对这些条件作上面所说那样的研究，事情就很清楚；当存在这些条件时强行提高工资率，从整体上说可以容易地对工人的生产能力产生有利的反应，绝对不可能产生损害的反应。因此通过工人生产能力提高对国民所得所起的间接影响是与直接影响一致的。然而当条件是那样，即强行提高工资率除了对工人生产能力有反应外，会损害国民所得，那些反应起作用的方式极难确定。理由是，在那些条件下，有些工人将被从工资提高的那个地区或职业的就业中逐出，或者沦为失业，或者往他们产量价值少于以前的地方去工作。但除非发生这些事情之一，否则国民所得不会受到损害，而我们现在的假定是除了对生产能力的反应外，国民所得将受损害。但是，如果有些工人的生活比以前困难，那么对生产能力的净后果不仅仅是对实际上得到较高工资率

那些人有好处，而且也损害其他一些人，初一看这样的假设似乎是合理的，即在一个特定的企业里工资率增加后，如果在整个行业支付工资的总数较前减少，作为整体的工人的总生产能力不会增加。在一家特定企业的工资增加会增加这个企业工人的实际收入、有关损害国民收入的情况将在第4编的叙述中详细探究。显然，当劳动力需求在工资率已强制提高的职业里高度无弹性时前景最佳。从短期观点看来，只有劳动力需求无弹性最适合于对生产能力的反应，造成无弹性需求的原因一般说来要比从长期观点看来大大有利。例如，如果任何行业的工资被强制提高，雇主只要还有订单在手一般不会解雇许多工人。如果工资对生产能力的“反应时间”相当迅速，无论如何当受增加工资率影响的商品不是主要由工人购买的商品时，可以认为有利反应的机会是相当好的。倘若为任何一群工人确定的工资率不是突然提高得比原来工资率高得很多——否则可能出现大量工人被解雇的情况——而是一小步一小步逐渐提高，机会就会特别的好。因此可能经常出现这样的情况，即在强行提高工资率除了对生产能力的反应外还会损害国民所得的话，损害至少会被这样的反应部分抵消。当政府当局有办法帮助偶尔遭受失业的人们时，政府的额外帮助——它是强行提高工资率的间接后果——将使这种抵消作用稍稍大于没有这种帮助。这个抵消的作用是否大得足以超过对国民所得的直接损害，对于这种损害它是否必然被抵消，一般地难以断定，而要取决于每个独立问题的细节条件。

第 5 节

还应该说，在任何情况下，如上一节提出种种理由认为正当的这样提高工资的干预手段本质上是临时性的干预手段。在计件支付工资的地方，它不但在实质上而且在形式上也是临时性的。因为，虽然增大的计件工资提供较大收入可以增进工人的生产能力，使他能在一天中生产更多的产品件数，从而使他能永久地根据原来计件工资率挣得更大收入，但这种办法不能促使他变得有资格取得新的计件工资率。因此，没有理由在老计件工资率已完成它对生产能力的反应之后让它保留下去——至少从国民所得的观点看没有理由；要是老计件工资率保留得比这更长，它不会对生产能力再增加什么，而将损害国民所得，因为它阻止劳动力以最有利的方式在不同用途中进行分配。当工资计时支付时，证明正当的干涉在形式上不再是临时的，没有理由增加了的计时工资会在某个时候减少。但是它在实质上是临时性的，因为过了一段时间之后，工人由于他们已经改善了生产能力，有资格取得新的计时工资，因而这个工资将成为“自然”工资，保持这个工资不需要任何干预。

第 19 章　全国最低计时工资

第 1 节

在 17 章中我们考虑了旨在提高低工资行业或行业中一部分的工资使其达到“公正”水平的干预后果。这个问题的中心是“中等”工人的工资;不言而喻的设想是,付给高于或低于中等工人的工资率可以根据他们可比较的效率加以调整。我们现在考虑一种不同类型的干预手段,它主要不是针对行业而是针对个人。假定在所有——或在大多数——行业的中等工人已给予合适的报酬,某些行业中能力低的工人根据他的低效以等级规定付酬,只挣得常常使得公众良心震惊的一点点钱。普遍认为这种事态必须在法律上建立全国最低日工资加以阻止,依法雇用不论什么样工人的工资都不能低于这个水平。必须清楚地理解,这个政策在实质上不同于第 15 章第 7 节中描述的建立那种低等级工人不在其内的全国最低日工资,而且相差甚远。澳大利亚的某些劳动法律对此有所说明,虽然非常不完善,因为它确定的最低日工资低于除异常低效的学徒以外的任何工人的价值。维多利亚和南澳大利亚议会“决定在那里注册的工厂雇用不论什么样的人必须给予某个最低报酬——维多利亚每周 2 先令 6 便士,南澳大利亚 4 先令”。[①] 新南威尔士 1908 年最低工资

① 阿夫斯,《工资委员会报告》,第 88 页。

法以相同方式规定，雇用工人或店员必须付给至少 4 先令的周工资，任何数量的加班工资除外。[①] 同样在新西兰的工厂法中规定，由工厂雇用担任任何职务的每一个工人，有权利在受该行业雇用的第一年得到工作职位工资无论如何不得低于每周 5 先令，此后每年增加不得低于每周 3 先令，直到得到每周 20 先令为止。[②] 这个法令条款的最早形式——上面所说的形式是 1907 年修订后稍有修改的形式——的通过是为了防止受工厂雇用的人得不到“合理的货币报酬”。经常制定的工资与加班工作无关，而奖金是被禁止的。[③] 同样的思想体现在 1913 年犹他州的法令中，它为全体“有经验的”成年妇女确定每天 1.25 美元的最低工资，这个最低工资甚至对有生理缺陷的工人也不允许有例外。[④] 1917 年亚利桑那州通过同样性质的统一工资率法。[⑤]

第 2 节

如第 17 章第 8 节表明，强使低等级工人的工资率高出他们“公正”水平的试图，只要实行的范围狭小，可能被一种完全合法形式的规避弄得不起作用，那就是在这个地区和这个地区以外的职业之间不同等级的工人的重新安排。可是当国家通过干预建立全

① 《劳动公报》，1909 年 3 月，第 103 页。

② 参照阿夫斯，《工资委员会报告》，第 88 页；和雷诺，《关于最低工资》，第 335 页。

③ 阿夫斯，《工资委员会报告》，第 88 页。

④ 《世界劳工法律》，1914 年 2 月，第 77 页。

⑤ 参照道格拉斯，《美国经济评论》，1919 年 12 月，第 709 页。也参照《美国劳工统计局公报》，第 285 号，第 22 页及以后几页。

国性最低计时工资时，这个行动影响的范围可不是狭小的区域。相反，它或多或少是全国规模，不会留出空隙使低等级工人被推入那里接受低得荒谬的工资。以在不同素质工人中重新安排工作的方法来规避干预就完全行不通。因而产生在国民所得上的效果可以证明是严重而巨大的。

第 3 节

有可能制定全国最低计时工资的法律将附带地阻止某些不公正的低工资，它们是剥削的结果，也就是雇主付给工人的工资少于他们劳务的价值。强行提高**这类**低工资，如同第 14 章中解释的，将对国民所得的规模发生有利的作用，因为它加强有能力的雇主在与无能力对手竞争中的地位。甚至低工资在与效率成比例意义上属于公正工资的时候，也不一定可以断言较高工资不是公正的。因为就如上一章表示，只要一个低能力工人能在一段短时间内获得良好的工资，他或她可能到此时已提高能力，变得具有挣较高工资的价值。只要发生这种事情，国民所得势将受益。可是事情很清楚，这些仅仅是建立全国性最低工资附带的副产品，并非它的主要后果。

第 4 节

它的主要后果是从私人企业中逐出一些低等级工人，确定全国最低工资的水平越高，逐出的人数越多。一旦它制成法令，低等级工人在今后接受的工资率就不能像他们中许多人如今得到的那么低，随后出现的情况必然是他们中某些人将不再值得雇用。当然，不是所有现在价值低于新工资的人都将被解雇，因为私营企业中解雇一些工人将增加留下那些人的价值。但是那些现在价值少于新工资的人中的某些人，当最低工资制建立时依旧没有资格得到新工资。他们在总人数中的比例的大小将依据劳动需求有弹性还是无弹性。人们有时强调，这个劳动需求是完全无弹性的，原因是在某些特殊行业中（如制链业）有统计数字证明劳动需求就是这种性质。但是，当它是普遍最低工资问题时，有关联的是作为整体的劳动需求而不仅是特殊行业的劳动需求；不论从短期还是从长期观点看，几乎毫无疑问，这种总需求的弹性要比制链行业特殊需求的弹性大得多。① 因此，低等级工人在建立全国最低工资后的新工资比他们现在所值的工资要高出很多，这种情况将使他们不值得在私营工厂被雇用，其人数可能相当大。他们中有一些雇主无疑出于好心或旧友谊继续雇用他们，但许多人将失去工作，从而没有机会从提高收入得到提高的生产能力。因而就那些人而言，他们对国民所得没有间接收益，而有明显的直接损失，因为他们的劳动退出私营企业的生产。当然他们中有些人可能被派到国家控制的机构工作。但是在机构中受补助人员的强制性劳动无不生产很少的产品；因而无论如何，他们生产能力的主要部分被浪费了。

第 5 节

在政府方面完全冷漠而被动的制度下，这种结果是普遍的，无疑国民所得将受损害。但是必须记住，在真实世界里，照顾穷人的

① 参照后文，第 4 编，第 3 章，第 8 节。

组织良好的制度可以重建人们的力量；这些人由于失业沦落困境需要政府救济，可以在农业殖民地或其他地方给予经济知识的训练，让他们日后在就业中使用。因此，建立全国最低工资虽然它将在一段时间里促使一些人退出实际生产，假如能同时做到本书第4编说明的模式，对穷人实施组织良好的政府政策，甚至对这些人来说，从长期看来不一定损害国民所得。

可是稍一深思就明白，从这方面寻找利益更多是表面的不是实际的。建立全国性最低工资制能完成的事情比没有建立这个制度能完成的多不了多少。如果没有组织良好的关心穷人的制度，就没有理由假定由于最低工资作用被从私营企业中逐出的任何人将得到训练和重新得到工作；即使有这么一种制度，只有家庭没有能力和意愿支持他们又得不到政府帮助的人来求助这个制度，并从它那里得到好处。但是，如果建立全国最低工资制，大多数被最低工资逐出私营企业的人，因为据推测最低工资本身是根据最低生活需要考虑的低工资，他们的收入实在太少，以致几乎可以肯定，他们将以这种或那种方式求助于国家组织照顾穷人。因此这个组织将有很多相同机会对从私营企业撤出那些适合训练的人和那些需要治病的人，就像如果没有全国最低工资它将做的那样帮助他们。

这还不是全部。必须记住，因建立全国最低计时工资被阻止在普通工厂工作的那些人，绝不是全能从国家训练得到好处。老年人没有这种希望，他们迄今做很少工作，从他们的家属和朋友那里得到他们生活需要的其余部分。这些人只能排除在对企业作部分和偶尔服务之外，尽管他们能够并愿意继续服务。老年妇女家庭工人和较年轻的工厂女工，她们的生产能力低，并有丈夫和父亲的部分支持，情况将与老年人一样。还有领取政府养老金者和其他人的情况也一样，如果允许的话他们乐意尽力工作，从而有助于养活自己。迫使这些人无事可做将对国民所得造成确实而无法补偿的损害。因此，如果要不造成损害，最主要的是在建立全国最低计时工资的任何法律中，应当规定它的作用不包括上述类型想要工作的人，对于那些人训练没有给予十分明显的确实前景。但是能做到这一点，同时又不会发生其他不合乎希望事情的令人满意的办法是极难策划的。在策划出这种办法之前，我们可以公正地作出结论，建立一种有效的全国性最低计时工资制度（效果大大高于相当多的人现在获得的）从整体上可能损害而不是有益于国民所得。没有这种最低工资制无疑使一些低等级工，尤其是低等级女工及其家庭将留在私营企业里，其收入不足以维持适当的生活。如本书第 4 编将强调指出的，极有必要纠正这种不幸。要补救这种不幸的办法不是建立会将低等级女工完全赶出私营企业的全国最低计时工资制，而是由国家采取直接行动，如有必要动用国家基金，保证全体公民家庭在生活的每一部门能保持适当的最低标准。

第 20 章　特定产业的固定和浮动工资率

第 1 节

当实践中任何地方因为工资"不公正"或者其他理由决定要进行干预时，就会立即出现一个新问题。有效的干预办法或者包含权威地授予一个新工资率，或者包含鼓励雇主和雇工同意一个新工资率。不论是权威授予或协议同意，把决定的条件永远固定下去是可笑的。一般的产业形势和特定的行业环境一样，处于不断的波动状态。因此，每一种授予和协议的工资率必须明白规定或暗中示意限制在一段短时间内。在能要求修改之前的时间应是多短，完全取决于修改必须面对的实际困难。除此之外，从表面看来，由于条件会在任何时候发生根本变化，当任何一方希望修改时应予同意。可是实际上单是为了方便的考虑就有必要制定某个最短期限，但是还存在其他考虑。除非那里雇主与雇工的关系特别融洽，否则重开根本性工资争议次数不可避免的多是危险的。看到这点，起主导作用的决定，规定从实行之日起不少于两年的有效期限是通行的。为了便于这场讨论，我们将假设普遍采用这个做法。但是不能根据这点就认为，无论何时在订立政府授予或劳资协议的工资标准中，工资率必须严格固定至少两年。因为有可能想出办法，用这个办法政府授予或劳资协议的工资率，应规定在规定期间内工资可以随需求的暂时变化而变动；我们可以根据这种期限观点，暂时把劳动供应条件看成是已知的。因此，必须从硬性安排和塑性安排之间作出选择，在肯定这些安排的可比较效果以前，我们的调查研究是不完整的。

第 2 节

让我们假定有一家处于一般均衡的企业，它整体上既不扩展也不萎缩，但是它对劳动的需求，一段时间跌落在它的平均水平以下，一段时间上升到它的平均水平以上。我们再假设目前其他企业的需求条件稳定不变。第 14 章到 17 章的论证表明，考虑到某些阻碍和对生产能力的可能反应，最有利于国民所得的工资率是根据第 14 章第 1 节中所说条件的工资率，也就是在协议或政府规定期间与其他地方付给类似等级工作相等的工资率。符合国民所得利益的工资率应是单一与不变呢？还是应该在一个平均数上下变动呢？

首先让我们考虑劳动需求的上升。如果采用固定工资制，这就意味着工资率保持不变。因此我们可以预期供应的劳动力数量也不变，结果是完成的工作总量要比让工资波动情况下减少。但是必须记住，虽然每个人的工资保持同样，但每个劳动效率单位的工资实际上对新来雇工提高了。于是出现调整，或者是雇主把过去只付给优秀工人的工资付给开始雇用的素质不好的工人，[①]或

① 可以设想，在计件制度下这个办法是无法实现的，因为不管工人是谁，特定的

者为加班工作付给特殊的工资率。不论哪种情况，对给新劳动单位的钱比付给原来劳动单位的多。可以想象，如果劳动需求上升不大，可以把同样的工资增加量加在雇用劳动的总量上，就像总工资率以同等比例提高一般。不同之处在于雇主在他的新工人和老工人之间确定了实际上等于两种价格制度的工资，为自己保留一笔钱，在单一价格制度中，这笔钱原来是加在老工人的报酬上的。这个结果在加班办法中得到最好说明。假定正常的工作日是6个小时，每小时工资6先令——1先令相当于第6小时工作引起工人不愉快的报偿。再假定外加1个小时同样效率的劳动，给一个已经做工6小时得到6先令工资的工人的不愉快计价15便士。那么雇主能从那个工人得到7个小时的工作，他可以提高每小时的一般工资率到15便士，或者和以前一样支付6小时工作日的工资，另外为每小时"加班"支付15便士。这两种付酬办法所完成的工作量大致上是一样的①；惟一差别在于，如果采用前一个办法，雇主付给工人的是外加的18便士，而根据后一个办法，多出来的3个便士他保留给自己。这点有一定重要性。但是作为一般规律，特别是如果劳动需求上升巨大，雇主想要的全部额外劳动能用加班工作和增添能力差的工人的办法得到。因此，虽然使用固定

工资与特定的产量相称。但是由于(1)相等的产品件数并非总是同样质量，而且相等件数的产出并非总是对雇主财产造成同样数量的损害，例如在煤矿中胡乱采出1吨煤可以损害邻近煤矿的总的开采条件；(2)即使当两份产品在所有方面完全相同，一个工人在最后修饰他的产品时，占用他雇主的固定设施的时间要比他身边的另一个工人长。

① 由于使用加班办法工人得到的钱较少，因而钱的边际效用对他们稍稍较高，在加班办法下取得的工作量绝对应该比用其他办法取得的稍大。

工资计划对国民所得能有一些扩大，但扩大的程度不可能像采用浮动工资计划那么大。

其次让我考虑劳动需求的下降。如果工资率保持原水平，雇主值得保留做工的劳动数量将缩小，要是工资率下降，劳动需求也会缩小但在程度上要轻些。这一点在大战前不久英国贸易委员会一份报告对英国和德国情况的比较中有很好的说明。“工会标准工资率在德国没有像在英国同等程度的流行。结果是工人在接受工资低于他们以前尤其在不景气时候受雇工资的工作中有较大的自由，由于这个缘故出现较迅速地恢复某种就业和从而失业工会会员百分比的降低。”[①]这就是说，在不景气时候，更多工作是在塑性工资制不是在固定形式工资制下完成的。

综观这些结果，可以说，把景气和不景气时期连在一起看，按照劳动需求的暂时升降，使用在中间水平两边流动的工资制，意味着比永久固定在那个水平上的工资制，有更多的工作机会和更大的国民所得。这个利益直接出自劳动需求与供给间的更好调节。它是改进组织的结果，与由改进机器产生的利益一个样。但是它不能长久保持下去，像企业最初得到它时那样成为企业独占的所有物，而是作为整体分布全社会，以至于建立比原有平衡更有利的新的普遍平衡。因此国民所得的利益要求工资不应处于中间水平长达两年之久，而应围绕这个水平经历短时间的波动，就这样一直使劳动需求与劳动供应持平。

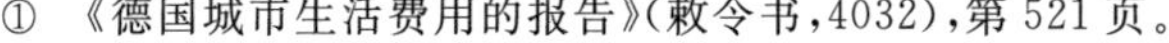

① 《德国城市生活费用的报告》(敕令书，4032)，第 521 页。

第 3 节

对于这个结论有一个反对意见，那就是浮动工资的有效性的界限要仔细的调查。一直有人坚持，个别工人工资的波动往往间接损害他们的道德品性和他们的经济效率。因而查普曼教授（现今的西德尼爵士）写道："可以认为，有点稳定的工资，它不经常变动和只有小量变动，帮助建立合适的和良好设计的生活标准，要比常常突然而巨大变动的工资有多得多的机会"。[①] 如果这个意见正确，情况必然是，随着劳动需求波动而波动的工资率的直接利益抵不过它的间接害处。因为，虽然国民所得暂时会增加，它最后会因对本国一些工人素质的损害，产生更大程度的缩小。

在考察这个论点中，我们立刻察觉到"工资"这个词应当删去，代之以"收入"这个词。能建立良好设计生活标准的是收入的稳定不是工资的稳定。因此，如果暂时不考虑与不同个人间分配有关的问题，为了不受西德尼爵士论据的影响，我们可以暂时撇开固定工资比波动工资会把收入降得更低的所有职业。这样删除后的职业包括劳动需求弹性大于 1 的所有职业。的确，可能有人反对说，虽然在这些职业中使用波动工资制在不景气时工人集体挣得较多，但是有些技术极好一直能够就业的特定工人挣得较少，可是**他们**收入的稳定而不是其他人的收入稳定有特殊重要性。但是，由于这些优秀工人的生活可能比技术较次的同行好，后一个说法大

① 《经济学杂志》，1903 年，第 194 页。

有争论余地。因为可以肯定的是，穷人收入的波动引起的苦难和因而引起生产能力的损失，其程度要比性格相同的富人收入的同等幅度波动产生的后果大得多，因而这个反驳的失败可以表明，在劳动需求确当部分的弹性大于 1 的地方，西德尼·查普曼爵士的论点没有力量反对波动工资。

从短期观点看，在劳动需求高度无弹性的职业中，结果可能不同。实行波动工资制，在这些条件下工人总收入在不景气时将降至较低水平。要是这是事实，在景气时候可以正常地作充分的储备以备不景气时之需，因而对生产能力随之对国民所得的不良后果不会很大。然而如人人皆知，普通工人并不“使他的开支和储蓄相等于标准工资，不会把他有时得到高于标准的工资看做预防他将在其他时候所得低于标准时的保险基金”。[①] 因之有可能对生产能力产生相当大的净不良后果。无论如何在这方面必须提出这样的事实，即在固定工资制下，除非劳动需求完全无弹性，可以得到的就业在不景气时将缩小，很多的工人可能完全失去职业。当然，这种情况不一定会发生。在某些行业里——最令人注意的是棉纺业——就业的紧缩使用全面缩短工时来解决，而不减少员工的人数，在别的行业里把工作均分大家轮流劳动，但是一般说来，不景气时的实际失业人数在固定工资制中比波动工资制中更多；而总失业者的生产能力可能受到特别大的损失。因此，即使在劳动需求高度无弹性的职业中，只要它不是绝对无弹性，由于波动工

① 这是斯马特给他的忠告，见《浮动等级》，第 13 页。可以见到，当铺和得到贷款的能力为短期失业者部分提供(虽然有时是有害的)储蓄的替代物。

资造成的对生产能力的不良后果和由于固定工资造成的对生产能力的不良后果相差无几。当然这并不表示从总体上说绝不会出现波动工资比固定工资对生产能力有更大损害并因而更大地间接损害国民所得的情况。然而它确实在任何特定事例中将证实的责任放在那些认为这样的情况业已出现的人们的身上。因为上文提到两种不良后果是如此模糊和不明确，以致实际上常常不可能比较彼此的分量。在没有特别详细资料的情况下，我们的决定必须以这样的一个事实为依据，即随劳动需求波动而波动的工资对国民所得会产生较好的直接后果。因此一般说来，必须判定本节检查的为固定工资率制度的辩护已经失败。

第 4 节

那么，如果同意随劳动需求波动而波动的工资是值得想望的，那就需要决定调整工作应做得怎样频繁才行。从纯理论讲，调整工作似乎应该不断地每天做，甚至要时时刻刻做，但是实施这种调整有不可逾越的实际障碍。需要时间收集和整理统计数字，调整变动必须以此为基础。登记和普通企业方便好用的方法派上了用场，要用它们确定一个较低的限度，连续调节中间的间隔时间必不可少于这个限度。当然这个限度不是永远不变的。例如，在小型当地企业中，限度可能比大型全国性企业低。但是在每一个企业中它必须定在明显高于纯理论推荐的极微小的水平以上。有可能从那些企业的实际做法进行判断——那些企业中的间隔时间是单从方便考虑并根据浮动等级表决定——似乎这个间隔时间不应少于 2 或 3 个月。[①]

第 5 节

我们就这样满足于符合国民所得的利益要求，在劳资协议或政府规定正常期限之内浮动的工资制度，和决定了在连续波动之间应该有多长间隔之后，接着我们必须决定用什么计划组织波动本身。显然若其他条件相同，劳动需求的波动越大，工资率的相应变化应该也越大。这个原则现在必须具体加以确定；为此目的必须谈一下巨大劳动需求波动所依赖的主要要素。这些要素分为两类：(1)雇主了解我们关心的劳动，正在帮助生产商品的需求表的变动；(2)也帮助生产中与劳动合作的其他要素供应表的变动。现在让我们审核这两组要素的影响。

第 6 节

雇主对劳动正在帮助制造的商品的需求的变动，直接来自公众对这种商品需求的变动。那种需求的波动可能性当然因商品等级的不同而不同。最明显的区别在于一种是个人"为他们自己的利益"希望立刻使用的物品，另一种是主要希望通过展示显得与众不同的物品。对前一种物品的需求可能较为稳定，因为如杰文斯所说，人们对它们的欲望在较长时期内一般是稳定的。譬如说我们可能注意到连衣裙制作业的稳定状况，"没有一个制衣业(在伯明翰)在短期内遭受如此之小的困难"。[②] 另一方面，后一种主要

① 例证请参照 L. L. 普赖斯，《劳资和睦》，第 80 页。

② 凯德伯里，《妇女的工作与工资》，第 93 页。

是用于炫耀目的的商品；公众意见经常把杰出品质的优点从一种物品转移到另一种物品，人们对它们的欲望容易波动。因此商品需求在广泛消费的普通物品上似乎比对奢侈物品较少变化。在这些特殊考虑上应加上较一般的考虑，即供应来自许多独立部分组成的广阔市场的企业可能比供应来自狭窄市场的企业享受较稳定的需求。这仅仅是统计学家熟悉的宽广命题的特定应用，即“一个平均数的精确性与它所包含的项数的平方根成比例”。[①] 这在M.拉扎德《失业与就业》里的有意义研究中有很好的说明。他使用1901年法国人口普查的数字，取若干企业记录的失业百分比，把它们与几个行业中的每家企业的平均工人人数(平均人数)相比较，用他自己的方法发现一种反相关。把大量失业与易变的需求联系起来，他用这种关系解释反相关，他相信这种关系存在于巨大平均人数和商业销路扩大之间。“这后一个现象和人员数大小之间的关系是明显的。大企业只有它服务的市场相当巨大时才能存在。大市场必须也是相对稳定的市场，因为在这样的市场里一部分顾客消费的减少可以由另一部分顾客消费的增加来弥补；这种意味着生产稳定的稳定性同时也含有没有失业或无论如何含有失业减少的意思。”[②]他以同样方式坚持认为：“如果失业看来由基础

① 鲍利，《统计学要素》，第305页。

② 《失业与就业》第336～337页。M.拉扎德又说：“A ce premier avantage, propre aux grandes entreprises, du fait de leur organisation commerciale, il s’en ajoute d’autres, résultant du mécanisme de la production. Lorsque la direction de l’industrie est concentrée dans un petit nombre de mains, les chefs d’entreprises connaissent le marché qu’ils fournissent mieux que ne font, dans leurs sphères respectives, les petits ou moyens entrepreneurs des autres branches industrielles. Sachant sur quelle consommation ils

产业向成品产业向上递增，这种状况可以用以下事实来解释，即在等级顶端的产业由于比较专业因而市场比较狭窄。另一方面生产原料产品的产业供应许多其他产业需要的原材料，因而享受许多销路给予的优势”。[①] 当然可以援引相同原理来解释为什么铁路运输的需求甚至与煤、糖或铁等产品相比较也较稳定的缘故。同样，在国外市场和在国内市场有一样大量销售的企业，其他条件相等，它可能比只在国内销售的企业有更稳定的需求——除非它的产品被重要外国海关税率的改变所打扰。

第 7 节

当任何商品的公众需求出现波动时，想象雇主对它需求波动的原因完全出自一辙是很自然的。可是事实上，雇主的需求通常通过二者中较小的波幅而波动，其理由从制造存货的普通做法中可以看出。在淡季，雇主喜欢得到和储存比他暂时希望出售的更多的货物，而在旺季，因为他有这些货物可以依靠，他对新货物的需求上升得少于他供应的公众的需求。简言之，他这个月的需求来自预计的较长时间的公众需求，因而在一定程度上摆脱了暂时波动。

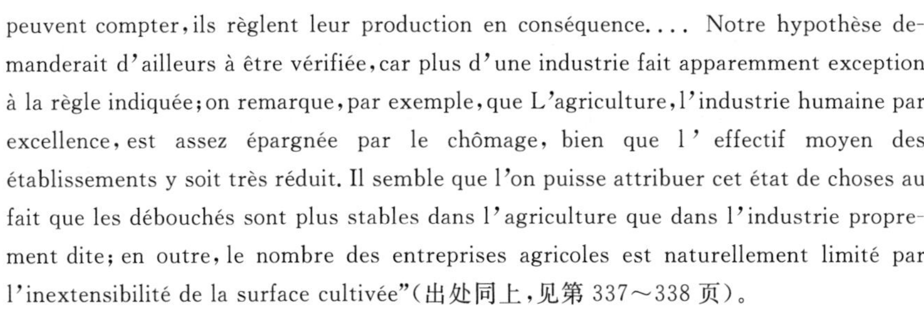

peuvent compter, ils règlent leur production en conséquence.... Notre hypothèse demanderait d'ailleurs à être vérifiée, car plus d'une industrie fait apparemment exception à la règle indiquée; on remarque, par exemple, que L'agriculture, l'industrie humaine par excellence, est assez épargnée par le chômage, bien que l' effectif moyen des établissements y soit très réduit. Il semble que l'on puisse attribuer cet état de choses au fait que les débouchés sont plus stables dans l'agriculture que dans l'industrie proprement dite; en outre, le nombre des entreprises agricoles est naturellement limité par l'inextensibilité de la surface cultivée”（出处同上，见第 337～338 页）。

① 《失业与就业》，第 337 页。

当然，需要制造存货的程度在不同产业中各有不同。对雇主来说，他手中掌握一个商品单位从一个时间到另一个时间的成本越大，这种做法对他的吸引力越小。当然这种成本部分取决于同样影响所有商品的条件——利率。因为所有经过时间的存货意味着由于持有未售商品的利息损失。它还取决于对不同商品而不同的各种条件。在这些条件中最明显的是储存费用。这个费用的一个重要决定性因素是商品在经历时间过程中对自然损耗的抵抗力，较广泛地说就是商品对腐朽和意外破损的耐久能力。在这种能力上宝贵的金属和坚硬材料——如木材——特别有优势。我们能预期从地下开采出来的东西一般说来比用它们制造的东西较为耐久。注意到这样的事实是有趣的，即冷藏和其他保藏方法的近期发展使得许多商品——主要是食品——比它们以往情况大大耐久。例如，啤酒花委员会在1908年写道："先前在1856年调查时，注意力被这样的事实所吸引：'啤酒花在储存中的变质阻碍了一年的大量收获充分供应另一年需要的。'冷藏的出现可以实行过剩年份和不足年份间的调剂，因而产生对价格的稳定作用"。[①] 还可以说，如教士、医生、教师、火车司机和出租车司机提供的直接服务这类东西是全然不能储存的，而像煤气和电力这种东西是不能大量储存的。储存费用的第二个重要决定性因素是商品在经历时间过程中对自然耗损的抵抗力，或者更广泛地说是它价值的稳定性。我考虑中的对照在于有稳定需求的大宗货物——查尔斯·布思曾引用

① 《德国城市生活费用的报告》，第10页。

物理和光学仪器作为这类货物的例子[①]——和无稳定需求的时髦货物之间。很清楚，一种下个星期就没有人要的商品当然比有保证不变市场的商品经营成本更高和储存的吸引力更小。因此自行车的旋转和踏脚部件，不管流行什么样的车架类型它们的用途完全一样，可为储存而大量制造，但是整车却不能这样做，因为整车的形式常有流行式样的变化。不适合为储存而制造的极端例子是舞服这类商品，买这种服装的顾客都希望按她自己的特别订单制作，"现成"的舞服实际上对她没有吸引力。也有可能在一个时候习惯个别定制的东西，后来变成较普遍使用的东西，也有正好与此相反的情况。房屋有时根据未来私人屋主嘱咐建造，有时成为投机事业的商品。制靴业在很早的时候就有发展，那时个别定制的占大多数，到现在大部分靴子都是现成做好出卖的。另一方面，在某些纺织业中，有迹象说明其变动方向相反。新近一份费城的失业报告说："20 年前，制造商制作地毯、针织品或衣料，然后外出销售**那些**地毯、针织品或衣料。今天顾客发来订单要求特定设计图案，使用某种棉纱或丝线，每英寸有一定数量的线，制造商照特殊的订单制作。以前制造商生产他特定货物的标准型号，在淡季只是包装起来堆放在仓库里……今天制造商通常极少制造存货，主要依照订单生产"。[②] 显然，向产品标准化的每次发展使得为存货而生产更为实际可行，而离开标准化的每一次发展使为存货生产更加困难。

① 《产业》，第 5 章，第 253 页。

② 《稳定就业》刊登在《美国政治科学学院年报》，1916 年 5 月号，第 6～7 页。

第 8 节

在这方面还有另外一点需加说明。假定为存货而生产的做法引起雇主对任何商品需求的波动比公众需求的相关波动较小，性急的读者可能会想，在这两种波动之间的关系能用恒量分数来表示，它在不同行业中不同，但在任何一个行业里不管波动大小如何都是相同的。这个想法不对。对于公众需求上升或下落的特定百分比，如果雇主需求的反应是上升或下落幅度为前者的 5/6，就不能预期对较大的公众需求的变化作同样比例的反应继续合适。通常，为存货生产的做法执行到某一点前具有小量诱惑力，超过这一点就很不愿意再扩大了。因而合适的公众需求是经历细微波动而不对雇主需求产生任何可察觉的影响，但是过了某一点后，进一步的公众需求波动往往伴随雇主需求的进一步波动，其幅度很快与前者相等。这些考虑证明在大多数工资浮动计算法中发现的规定是正确的，即商品价格的变动必须超过一定明确的数量才会出现工资的任何变动。[①] 它们也可以作为在实际上普遍适用的以下规律的根据，即按照浮动计算法当工资与价格相连接时，工资变化的百分比应该少于与其相应的价格变化的百分比。[②]

第 9 节

现在让我们转向第 5 节中区分的任何职业中劳动需求波动的

① 参照普赖斯，《劳资和睦》，第 97 页。

② 参照马歇尔，《工业经济学》，第 381 页注。

第二个决定因素。在供应价格表上容易变动的共同起作用的要素中，最明显的是行业中使用的原材料。在采掘工业中(如煤矿)，原材料不起任何重大作用；但在大部分工业中它们十分重要。根据第 6 节所说，显然，当原材料是从大量独立来源获得时，供应的波动可能少于不得不单独依赖一个来源。就是这个缘故，意欲驱逐外国销售商，对原料课以高额保护性关税，可能带来增加的波动。除原材料外，共同起作用的要素包括辅助劳动劳务和机器的服务。例如，机械的进步实际上引起劳务供应价格表的降低，而机器服务是由投资于受机械进步影响行业的资本提供的。此外，在某些产业中，来自太阳的光和热所代表的大自然本身是生产中一种非常重要的共同起作用的要素。因而在建筑业中的劳动需求有高度的季节性变化，因为冬天出现的浓雾严重干扰砌砖、铺石和抹灰泥，同时白天钟点的缩短有必要依靠人工照明，这又增加了成本并进一步阻碍上述工作的效率。无疑近时的发展，如用水泥取代石灰有助于减少这个行业受气候变动的影响，[①]而且这个影响还是很重要的。同样的话适用于伦敦码头的卸货业，这个行业容易受霜冻与浓雾的严重干扰。另一方面，室内行业和不依赖天气条件的行业，如工程业和造船业——这里显然与制衣业无关——季节变化发挥相对小的影响。因此，根据 H. 卢埃林·史密斯爵士的历时多年的研究，失业百分率在最旺月份和最淡月份的平均差额，在建筑业为 3.25%，而在工程业与造船业只有 1.33%。[②]

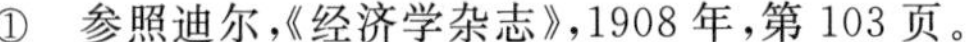

① 参照迪尔，《经济学杂志》，1908 年，第 103 页。

② 参照《调查就业不足痛苦委员会报告》，Q. 4580。

第 10 节

当任何行业中劳动需求在一定程度上波动时，工资率适当的随后波动当然不是单独由劳动需求波动的大小决定的。它还取决于该行业中劳动需求的弹性有多大以及供应的弹性有多大。需求的弹性越大，适当的工资变动将越大；供应的弹性越大（这里指的是从短期观点来看），工资变动将越小。前一个论点不需要特别评说。但是把后一个论点应用到实际上还应该说几句。有一些职业中劳动供应的是有弹性的，那些职业中提供的工资率的少许变动，就足以使劳动量与其他职业间的劳动量有相当大的转移。因而一般地说，出现以下的结果是正常的：第一，如苏格兰页岩矿和煤矿那样，[①]当一个小型企业处于同类大型企业的邻近时，相应于特定需求波动的工资变动，其幅度小于一个孤立的企业。第二，证明对于一个特定行业或地区专门的工人工资的特定变动为合理的一组条件，将证明缺乏技术劳动者或管理人员工资的较小变动也是合理的，他们技术的普遍性质使他们更易流动。[②] 第三，在受过特定

---

① 参照谢里夫·詹姆森在页岩矿工人仲裁中的裁定书（《经济学杂志》，1904 年，第 309 页）。

② 不论在一个行业或地区，当专业性极高时，面对相当大的工资变化，劳动供应实际上会保持不变。工人可能知道，他们的技术在其他地区或职业没有用处，因此在离开此处前可能被迫接受工资的巨大下降。也不想让其生产能力明显受损（除了挖土工和其他劳动者，他们工作依靠强大体力使得他们特别依赖营养）。因而劳动供应可能全无弹性。考虑到受影响工人中的保守思想也使供应没有弹性。例如，克拉彭博士所写手工织布业衰落情况："年老织工对这个独立和专业的自豪感使得他们一想到工厂就愤恨，他们以顽强的态度坚持他们的家庭工作，从长期看来这对他们没有好处"（《布雷福德纺织协会》，1905 年 6 月，第 43 页）。

职业训练的工人中，相应于雇用他们的某个行业的需求的特定变化的工资波动，在有其他行业需要他们的劳务时应该较小。因此在煤矿业的旺季或淡季中，矿上雇用技师的工资应比采煤工人的工资波动较小。第四，当工资计件支付时，相应于劳动需求一定波动的工资波动百分比应少于计时支付的工资。因为，在计时工资制下，提高工资在诱导工人在一个小时中投入更多劳动上没有与增加计件工资相同的效果，因而效率单位的供应弹性降低。第五，在诸如信息传布、交通的改进或部分工人较愿去离家远处工作等的广泛变化，倾向于增加劳动供应的弹性，从而缩小相应于任何特定需求波动的工资变动。最后，易受正常季节性波动的行业里，许多工人为淡季作好准备，设法使自己获得淡季时其需求会增加的某种形式的技术。因此，在季节性波动正常限度内，劳动供应有相当的弹性，因而季节性需求的变动不会严重地改变工资。所以，尽管对锅炉工的需求在夏季和冬季之间有巨大波动，工资不应实际上也不会波动得很大，因为这些工人常常也受雇于在夏季其需求扩大的制砖厂。

第 11 节

迄今我们的讨论只限于劳动需求变动与由其带来的工资变动之间关系的一般性质。我们还要探究：在任何行业中相应于劳动需求特定变化的工资波动，是否不论劳动需求的数量与方向如何，工资波动应以相同方式与它相一致。回答必然是否定的，因为劳动供应不会有适应上下方向所有数量的相同弹性。的确我们可以假定供应弹性不会变化很大，因为需求的变化相当接近于平均数。工人进入和退出大部分行业大约同样无障碍。例如，在英格兰北部矿区，“外来的矿工，包括大量技师，他们都把他们的时间分开作为采矿和其他手工艺之用，用到哪里要看哪一个行业提供较好的获利机会”。[①] 因此需求中等程度的上升一般与需求同等程度的下降一样会引起相同程度的工资变动。但是对于需求的巨大上升和下降，不再能见到这种对称。当劳动需求有相当大下降时，有一条界限，工资下降越过这条界限必然会将现有的可用劳动量下降到零。对无技术工人而言，这条界限由他们完全失业依赖失业保险维持生活等等的生活条件决定；对技术工人而言，由作为他们最后一招即在无技术职业中能挣得的收入决定。因此，如果劳动需求已降低到大于中等程度，进一步的下降将伴随工资的小于比例的下降，到最后工资不再下降。[②] 另一方面，当劳动需求有相当大上升时，对无技术工人工资的影响应与需求有小量上升时产生的影响成比例。对于技术工人，工资增加的百分比应该更大。因为，虽然已经在一个行业中做加班工作那些人的能力，和有可能存在流动的失业人群，能相当容易地使劳动供应有中等程度的增加，但当需要巨大增加时，这些人力资源不起作用。[③]

第 12 节

根据这样的一般性分析，现在我们必须探究在政府裁定或劳

---

① 《统计杂志》，1904 年 12 月，第 635 页。

② 这些理由证明建立与浮动计算法联系的为技术工作和非技术工作的最低工资标准是正确的，这个最低工资不能由任何相应最高工资作抵偿。

③ 这个考虑提供支持在某一点已经到达后使用“双重提高”策略的论据，这个策略在南威尔士煤矿业的先前浮动计算法中和某些英国浮动计算法中都出现过。

资协议的条款中有多大可能提供适应在条款有效期间发生的需求变化来调整工资率的自动机制。为此目的设计的最著名方法——它曾在一段时间里广泛使用于煤矿业，至今仍在钢铁业流行[①]——是连接一个行业工资率与其制成品价格的浮动计算法。产品价格的变动被看做生产这种产品的劳动需求变动的指数；从而建立连接不同量价格变化和不同量工资变化的明确方案。这个方案当然随着不同行业的特定条件而变化，应以本章以上 7 节中引证的种种理论为基础。我们希望一个设计巧妙的方案将促使工资率以那些理论指出它应当变化的方式变化。

第 13 节

对于以挑剔目光看这个机制的任何人来说，这种情况自然会发生，即因为它使工资变动不是依据当时的价格变化而是依据先前的价格变化——即上一季度记录下来的价格变化——根据它所作的调整必然是不正确的。可是事实并非如此。因为对任何商品雇主需求与公众需求之间的连接总能弥合可以看到的间隙。雇主需求的波动落后于最初的原始波动。通常总是在价格上升一小会儿以后雇主才认真地想到扩大他的业务；同样当萧条出现时，他们才急忙以同样方式减少生产。他们在任何时候的劳动需求来自较早时候出现的公众对商品的需求。从而可知，浮动计算法中假定的缺点，即以过去价格确定今后的工资[②]，实际是一个优点。的

① 参照《劳资谈判与协议》，为工会代表大会而出版，1922 年，第 46 页及以下诸页。

② 参照阿什利，《工资的调整》，第 56～57 页。

确，有时有人反对说，在事情发生之前所作的明智预测，正开始影响工业企业越来越多的经营行为；只要这种趋势流行，以过去价格作为今后需求指标的适当性势必缩小。"那么为什么当工业领导人注目于未来，并宣称必须扩大产量和更多人手时，工资应自动下落？或者为什么当雇主眼见景气已经过去，正准备接受一段淡季时，工资应当上升？"[①]这个疑问的答案可从对"公众需求"这个短语的更严密分析中找到。在目前情况下它指的不是最后消费者的需求，而是那些中间商贩的需求，这些人从制造商买入商品，他们的行为是批发价格变化的直接原因。出现这类人的地方，当工业界领导人的预测充满希望时，价格绝对不可能下落；当他们的预测前途黯淡时，价格绝对不可能上扬。因为这些预测一般与中间商贩的看法相同，如果是这样，它将反映在他们当前的需求上，从而反映在当前的价格上。因此上述的反对意见只有在制造商和中间商的预测有差异的情况下才是确当的。但是，由于前者的预测大多以后者的预测为根据，这种情况极少发生。

第 14 节

然而对于浮动计算法有人提出更加严重的反对。制成品价格的变动，在其他事物相等的条件下才是制造制成品的劳动需求变动的良好指标。但在实际生活中其他条件常常是不相等的。因为这里所指的其他事物包括原材料、辅助工劳务以及机器服务的供

---

① 查普曼，"对浮动计算法的几种理论上反对意见"，载《经济学杂志》1903 年，第 188 页。

应条件；所有这些的供应条件都易于变化。显然任何一种这些事物的供应价目表向一个方向作一定的波动就会引起雇主的劳动需求（他们的工资是我们正在考虑的）以完全相同的方式波动，从而形成雇主对制成品需求价目表相反方向的相等波动。因此，为了根据雇主商品需求波动来推断劳动需求的波动，我们需要从雇主商品需求波动抽出发生在其他生产要素供应价目表中不论什么样的波动。确实，在以下两种情况下不必为纠正作什么规定：(1)当生产的其他要素的供应价目表肯定没有发生波动时，或(2)当它们在商品成本中发挥作用极小，以致它们的波动可以忽视而不致出现严重差错时。难以想象在一个企业中能假定存在这两种情况中的前者，但后者确实在如煤矿那样采掘行业中继续存在，在那里几乎全部生产成本是劳动费用。除了在这些行业外，价格变动提供的指标是有严重缺点的。价格的下落可以由于对商品需求的下降而发生，也可以由于原料供应价的便宜而发生。所以连接价格变化与劳动需求变化有两条道路：由一条道路引起的价格变化是下落；由另一条道路引起的价格变化是上升。例如，如果铁的价格因公众对铁的需要增加而上升，会产生制铁工人劳务需求的升高；但是如果铁价上升是因为煤矿业的罢工使得制铁中使用的成分之一变得昂贵，会使制铁工人劳务需求下降。显然在后一种情况下工资不应当随价格而增加，而应该向相对方向移动。

第 15 节

作为回避这个困难的办法，有时有人建议，指标不应是制成商品的价格，而应是在成品价格与制造它使用原料价格之间的差额。

棉纺工人工会的官员利用这种“差额”明显成功。他们获得差额的方法是，“从棉纱（有 11 种）或白棉布（有 23 种）的价格中减去原棉的价格”，[1]并命令以此数作为工资谈判的标准。这个指标的优点在于遇到商品需求下落和买原料费用增加时可以用相同方式移动。可是它提供的解决办法并不完善。在成品生产起作用的要素中原料只是其中之一。辅助劳动和机器服务的供应条件也是易变的，但是它们变化没有反映在“差额”的任何变动中。例如，机械的改进实际上意味着机器给予帮助的便宜。当这种改进发生时，差额像粗略的价格统计数字一样，容易以同样方式，虽然在较小程度上引向错误。此外，差额和价格一样，因为价格进入差额的结构，它们会引起实际上严重的不方便。它们在生产商品的一般设计水平等等方面容易发生变化的行业中不大可能提供良好的指数。在这些行业中，价格的明显变化可能真正表明制造物品种类的变化。当价格是从出口货物的数量与价值推断时，这种困难特别容易发生，因为有理由预期，各种较便宜的货物将在对外贸易中逐步让位给较高档和价值更高的各种货物。

第 16 节

但是另一个能避免某些上述困难的办法是将工资浮动计算法的基础既不建立在价格也不建立在差额之上，而是建立在“利润”之上。1900 年棉纺业工资谈判报告清楚地说明，在任何情况下这个行业要得到“有代表性企业”利润或总利润的令人满意的估计数

---

① 舒尔茨—盖弗尼茨，《社会和睦》，第 160 页。

是极端困难的。[①] 例如，对于彻底失败和消失的企业怎样计算？但是令人感兴趣地看到，解决 1921 年煤矿大罢工的协议实际上提供是以利润为基础的浮动计算法，即**为每个地区**制定标准工资和标准利润(总计为标准工资费用的 17％)。每个月收入在支付工资以外的其他开支后的余额，在利润与工资间划分，比例为 17 比 83。采煤业也许比大多数其他行业能较好地适合这种安排。

第 17 节

上边的讨论或明或暗地揭示在建立有效浮动计算法道路上的许多困难同时，也说明充分考虑到劳动需求表所有变化的计算法在理论上是可能的。在有利的环境里，例如在煤矿中，劳动是生产成本中最最重要的要素，那里没有理由说建立不起相当接近于理论上理想的办法。显然当这点能够做到时，包含浮动计算法的政府裁定要比包含整个有效期单一固定工资的裁定远为优越。但当情况是这样时，我们必须认识十分严重的不利条件，甚至完善地建立起来的浮动计算法定会遭遇到这种不利条件。商品实际需求的变化或者货币或信用的膨胀或紧缩可能带来商品价格或企业利润的上升或下降，它影响货币价格的一般水平，但不会使实际条件有实质性的改变。很明显，如果煤的价格或煤矿主的利润上升 50％是由于纯粹货币原因形成普遍 50％上升的一部分，对煤矿工人工

① L. L. 普赖斯先生在讨论这些谈判状况时，谈到在棉织业中的“利润”尺度是“比寻常类型”滑动计算法“更接近利润分享概念的方法”(《经济学杂志》，1901 年，第 244 页)。这个观点**把代表性企业**的“利润”作为指数看来是不对的。当然，使个别企业支付的工资与它自己特殊的“利润”一起波动的制度是完全不同的事情。

资的适当反应是增加 50％。但是，如果煤价或煤矿主利润上升 50％是由于煤的实际需求的增加，如在第 8 节中指出，适当的反应将是比 50％少得多。因此，在煤价或煤矿主利润由于属于煤的原因变化时，规定正确调整工资的任何计算法，当遇上这些变化来自普遍货币原因时，必定作出错误的调整。补救这个缺陷可以做一些事情，就是使工资变动**不但**依据煤价变化或矿主利润变化，**而且**依据总物价的变化，如若愿意可以说"生活费用"的变化。[①] 因此可以有一种上边几章描述的那种类型的计算法，它不是指煤价的纯粹变化，而是指煤价变化与物价变化中间的差额；在这种类型的浮动计算法上加上第二个计算法，使工资与物价（或称生活费用）以同一比例变化。这样，如果煤价上升 50％而总的物价上升 20％，工资应上升 20％**加上** 30％（对煤的上升特别）的一部分，特定煤业的浮动计算法可以这样裁定。可是，这个安排虽然在一般物价变化是由于货币或信用原因时能令人满意地运用，但是如第 17 章第 4 节所说当这些变化是完全或部分由于战时资本毁灭、歉收、运输手段一般改进等等原因时，将不会产生正确的结果。

第 18 节

还有另一种不利条件甚至更难纠正，任何形式的浮动计算法都会遭受其害。这些计算法意在在运用它的特定行业里使工资率的变动与劳动需求的变动相联系，根据它们的性质不能认识或者

① 像几种战后浮动计算法那样**单独**依据"生活费用"指数为基础的计算法是不适当的，因为它们忽略了需求的变动。这种计算法在 1922 年由毛织、纺织品、制索、造纸和其他几个行业采用（《工业谈判与协议》，工会代表大会，1922 年，第 22 页）。

无论如何不能考虑到这些行业劳动供应的变化。例如由于雇用同类型劳动力的一些其他行业的发展或衰落可能带来的变化。简单地说，工资率调整不但应当适应劳动需求的变化，同样应该适应劳动供应的变化。某些浮动计算法做不到这一点有时导致明显不合理的结果，这就有必要使签订浮动计算法协议的一方自愿地承认比计算法裁定的那些条款更有利的其他条款。

第 19 节

根据这些考虑，看来虽然我们可以从浮动计算法协议，期望有比从期限相同的固定工资协议能得到的更好的调整，但要是雇主与雇工间关系甚好，足以允许在协议或裁定执行时期的工资率有两个月或一个季度的变动，让工资率不完全以机械价格或利润指数的变动为基础，而且也以可能出现的任何其他适当考虑为基础。这种类型的解决办法有几个实例。1902 年苏格兰煤业协议中，有相当一部分直到 1907 年保持不变，协议规定"在确定目前矿工最低与最高之间工资时，应考虑当时煤矿工作面煤的净平均现实价值**连同该行业的现状及其前景**，在当前一般情况下，规定煤价每吨涨跌每 4.5 便士，工资在 1888 年基础上升降 6.25%是合理的"。[①] 1906 年联邦地区订立的协议以相同方式规定，"煤售价的改变不是委员会作出决定所根据的惟一要素而只是一个要素，双方都有权利提出理由，既然销售价变动，工资率为什么不变"。[②] 根据这

① 《集体协议报告》(敕令书，5366)，1910 年，第 32 页。

② 同上，第 27 页。

种类型的方案,每 2 个月或 3 个月要进行合理的和取得一致同意的调整,而不是自动调整。因此,实际上只有雇主与雇工间保持真诚友好关系的企业才能成功地采用这种方案。

第 四 编

国民所得的分配

第1章　不协调的一般性问题

在以上三编中我们已考察了某些重要社会力量影响国民所得大小的方式。当然，我们不敢说已经检查了有关的**所有**力量。相反，许多比较疏远的力量，如决定人们对工作和节约一般态度的那些原因，以及许多比较熟悉的原因，如影响机械发明和改进工场管理方法的原因，我们有意地将其放在一旁。我不想建议补救这个缺陷。可是还有另一种缺陷，我们不能就这样轻率地听之任之。根据第1编第7章和第8章阐述的论点，可以认定，除了特殊例外，一般说来能增加国民所得而不损害穷人绝对份额的任何事情，或者说能增加穷人绝对份额而不损害国民所得的任何事情[①]必然增加经济福利。任何事情只增加其中一种的分量而同时减少另一种的分量能否增加经济福利就难以断定了。直率地说当存在这种不协调时，由任何原因带来的对经济福利的总后果只能以仔细地掂量总体上对国民所得的损害或利益，对照贫困阶层实际收入的利益或损害来决定了。对这类问题不可能有普遍性的解决办法，因此重要的是要断定它们在多大程度上有可能在实际生活中出现；换言之，要发现在引起作为整体的国民所得和穷人绝对份额不

① 也就是说，不论从变化以前时期的观点还是从变化以后时期的观点看来都不损害它。参照第1编，第7章。

协调的起因是经常发生还是偶尔出现。当发现不协调现象时，必须考察由此出现的某些实际问题。

第 2 章　帕累托法则

第 1 节

仅仅是这个问题的陈述使我们接触一个有趣的论点，要是这个论点站得住脚，它就能立即解决这个问题。这个论点是：不可能存在任何原因能对国民所得总量和穷人绝对份额产生全然相反的结果。这个论点得到归纳证据的支持。归纳的资料来自帕累托进行的引人注目的调查，由他发表在他的《政治经济学教程》中。他把主要在 19 世纪的好几个国家的收入统计数字收集在一起。指出：如果 x 表示一定收入，N 表示收入高于 x 的人数，画一条曲线，曲线的纵坐标是 x 的对数，它的横坐标是 N 的对数，对于经过调查的所有国家这条曲线全都接近直线，而且倾向于与垂直轴线成一个 56°的角度，没有一个国家相差 3°～4°以上。这意味着（因为正切 56°≈1.5）假使大于 x 的收入数相等于 N，那么大于 mx 的数字相等于$\frac{1}{m^{1.5}}\cdot$ N，不管 m 值为多少都是一样。因此收入分配状况到处一样。“看来我们面对大量化学组分相同的水晶。有大块水晶、中等大水晶和小块水晶，但是它们全都是相同种类。”[①]这

① 《政治经济学教程》，第 2 卷，第 306～307 页。

些是帕累托发现的事实。在《政治经济学教程》中他似乎从这些事实得出的推断包括两个部分。他对收入中不平等的缩小是这样解释的:“收入能以两种截然不同的方式趋向平等;那就是或者因为较大收入的减小,或者因为较少收入的增加。让我们认为收入不平等的缩小是以后一种方式完成,所以当收入少于 x 的人数相对于收入多于 x 的人数减少时这个情况就出现了”。[①] 在这个基础上他发现:第一,“我们一般地可以说,相对于人口的财富的增加,将产生最低收入的增加,或者产生收入不平等的缩小,或者同时产生这两种结果”。[②] 第二,“要提高最低收入水平,或者要缩小收入的不平等,必须使财富增加快于人口增加。因而我们知道,改进穷人生活条件问题,最重要的是生产财富”。[③] 现在,根据帕累托所说,“要增加最低收入或缩小收入不平等或者两者皆达”,实质上相等于“增加给予穷人的国民所得的绝对份额”。因此,这个论点实际上等于说:一方面,增加国民所得的任何事情一般说来必须也增加穷人的绝对份额;另一方面——这里有关的就是这一方面——任何原因增加穷人绝对份额,不可能同时不增加作为整体的国民所得。因此不可能产生上一章中提到那种类型的不协调,也就是我们不会碰到任何建议,采取它将使国民所得增大而穷人的绝对份额缩小,或者使国民所得缩小而穷人的绝对份额增大。

第 2 节

很显然,对这种以归纳法论证为基础的有力主张,需加以非常

① 《政治经济学教程》,第 371 页。

② 《政治经济学教程》,第 2 卷,第 324 页。

③ 出处同上,第 408 页。

仔细的考虑。因而有必要从一开始就注意其统计基础中的某些缺点。必须说的要点是，虽然我们在审核的各种不同分配在形式上相同，但是它们之间的相同绝不是完全一个样。在它们全部中，确实，对数收入曲线——至少就中等收入而言——接近是一条直线，但这条线的倾角虽然差别不是很大，但从被考察的统计表上不同人群来看似有明显的差别。例如，帕累托根据适当数据求出垂直轴的角度正切的最低数字为 1.24（巴勒，1887 年），但他的最高数字为 1.89（普鲁士，1852 年）。这还不是全部。如鲍利博士曾经指出，经过长时间观察所得最重要数字组（普鲁士数字组），其曲线的斜率随时间的推移而递减。鲍利博士提出的数字与帕累托的数字稍有不同，但是总的后果在两组中是一样的。根据帕累托的数字，在他对收入分配的想法中，曲线的较小斜率表示较大的质量[①]——应该记住，他想法的适当性尚待争论。因此，鲍利博士自然地为普鲁士数字提出解释："在普鲁士收入变得更加均匀地分配，从这些数字可以看出，普鲁士的收入正得到比英国更加均匀的分配"。[②] 因此，帕累托的比较虽然有趣，但是在它们之上建立任何精密数量的分配规律显然是无法接受的。

第 3 节

如果要全面了解情况，放弃这点是对头的。让我们假设帕累托推理的统计基础在上面指出的方式上没有缺点。即使如此，还

① 参照《政治经济学教程》，第 96 页。

② 所得税特别委员会，1906 年，《证词》，第 81 页。

是保留着许多需要批判的材料。让我们考虑一下他这个分配方案或形式究竟是什么，它的存在似乎发现了一种神秘的需要。如果我们不像帕累托所做的那样，而是以较简单形式绘出一条曲线，使横坐标代表收入量，纵坐标代表接受这些收入量的人数，曲线将很快上升到它的最高点，此后下落，但速度慢得多。这张图将表达众所周知的事实，即有非常大的人数其收入大大低于平均收入，相比之下，只有极少数人的收入高于平均收入。总之，目前收入分配的基本特征是，收入的极大部分都聚集在收入等级表较低一端的附近。这个事实由于如下理由而有重大意义。有清楚的证据表明人的体格特性——也有相当证据表明人的精神特性——是由完全不同的计划分配的。例如，在为任何一大群人的身高画一条曲线时，画出来的图像(如画收入一样)不会有一个隆起和单边倾斜的外形，而是像一顶三角帽一般的对称曲线，总之，用一个术语来说，它将是典型的高斯曲线或错误曲线，它与中间相对称，以这种方式使得两端附近没有大量聚集，而只有高度高于和低于中等者数目相等的人数，随着两个方向离开中间的距离增加，每边高度人数递减。现在，从事情的表面看，我们应该期望(有理由这样想)，如果人们的能力按这种计划分配，他们的收入将以同样方式分配。为什么这个期望不能实现呢？对这个疑问的部分解答也许可以从"能力"这个词的较严密的分析中找到。就我们使用这个词的目的而言，它一定是挣取收入的能力的意思。但是人们使用几种不同的能力挣取收入，能力的主要区分是体力能力和脑力能力。因此，从挣取收入的观点看，很难正确假定我们正在讨论单一同性质的人群。如果我们一块儿考查一所大学的学生和一所初中的学生，得到这两群人合在一起的身高表不会与正常的曲线相符合。如果大学的人数比初中的人数少得很多,而身高大大超过这两群人合在一起平均数的也不适当的多。可能脑力劳动者组成同性质的一群,体力劳动者组成同性质的一群,但就挣取收入的目的而言,他们并不联合组成同性质的一群;正常法则分别支配每一群,有的支配大学,有的支配初中,但不一块儿支配两者。根据这个思路可以部分解释独特形式的收入分配曲线。可是有一种更重要和更肯定的解释:收入不是单独依靠体力或脑力能力,而是依靠能力与继承的财产的综合。继承的财产不是按能力比例分配,而是集中于少数人。即使不谈这个事实(过一会儿再提),即拥有大量财产能使财产主人通过训练改进他的能力,这个情况必然使收入分配曲线偏离"正常"形式,从我们目前讨论的问题看,这一点的重要性是明显的。如果收入分配曲线的形式部分由遗产和继承决定,那么能发现目前条件下占优势地位的特殊形式不可能是**必然的**,除非假设现在普遍风行的继承体制保留下去。那么,把任何形式说成是绝对意义上必然的所谓法则,与这个无可反驳的推理相违背。①

第 4 节

帕累托举出的统计资料并不为任何相反论点提供基础。因为从逻辑上看,显然如果他的统计资料提到的所有不同人群除了他们全有收入外,还具有一些共同的特性,而以他们为基础的收入分配的一般推理都不能扩展应用到不具有这些特性的人群上。但是

---

① 参照贝尼尼,《统计方法原理》,第 310 页。

事实上，所有这些人群均是享有与现代欧洲相同一般类型的继承法权利的社会。① 于是立刻可以看出，要是这些法律被取消或根本改变，收入分配的形式会受怎样的影响是无法推理出来的。在《政治经济学教程》发表几年后出版的他的《政治经济学手册》中，帕累托本人明白无误地承认这一点。他写道："我们无法断言，如果社会制度激烈改变，曲线的形式会不会变动；例如，如果集体主义制度替代了私有财产制度"。②

第 5 节

也没有必要为了可以大大影响收入曲线，去想象会破坏继承法律的非常巨大的变化。有理由相信，能以显著方式影响"挣得的"收入与由投资得来的收入之间比例的任何事物会带来同样的结果。这个意见有双重理由。首先，经验告诉我们，由财产得来的收入其分配要比由脑力工作或体力工作得来的收入大大不均等。沃特金斯先生在他的《巨额财富的增长》中，在一幅有意义的图表后面作如下评述："根据此表进行比较后有可能知道，判断事物的标准必须是相对的不是绝对的。便于使用的相对数是上十分位数或上百分位数对中位数的比率。可以看出在工资的统计资料中，上十分位数总是略小于中位数的两倍，而在 9 个职业的 1 个职业

---

① 当然这并不是说全部现代欧洲的继承法律是完全一模一样的。它们在细节上有相当大的差异。例如法国法律比英国法律实施财产在子女中更均匀地划分，否定长子特权。把这个事实与贝尼尼的观察(《统计方法原理》，第 191 页)联系起来看是有趣的，他观察到法国的财产分配比他那里较为均等(也参照伊利，《财产与契约》，第 1 卷，第 89 页)。

② 《政治经济学手册》，第 370～371 页。

中，上十分位数超过数稍稍大于$\frac{1}{4}$。在薪金分配中，上十分位数接近中位数的两倍，这样，不均等状况与流行的工资收入分配没有很大差别。但是在它与流行的财产收入分配之间存在巨大的差距。在马萨诸塞州根据遗嘱统计的资料中，上十分位数是中位数的 8 倍或 9 倍，这无疑还是有说得太少的失误，因为这个数字不是净值，所以在较小遗产中应为负债打一个大折扣，还因为许多数字很少的遗产不通过法庭。在法国的遗产中上十分位数是中位数的 13 倍”。[①] 英国也有有效的统计资料，表明财富比收入有更为引人注目的集中。这点克莱教授在把他自己对 1912 年联合王国资本分配的估计数字与鲍利博士对 1910 年收入分配估计数字之间的比较中有很好的说明。他写道：“94.5％的人占有国民收入的 56％，而 96.2％的人只占有国家资本的 17.22％；98.9％的人占有收入的 71％，而同一百分比的人只占有资本的 33％”。[②] 其次，由投资产生的不均等分配的收入的重要性越大，劳动收入分配本身可能更加不均等。这种结果的出现是因为由投资产生的收入形成的差距使得有可能出现不同程度的教育训练，并为进入赚钱的职业提供不同的机会。在两类收入之间的相互关系，贝尼尼在一份图表中有所说明，在那份图表中他将某些意大利人收入分作两部分：“一部分代表人们从使用财产得到的收入，假定为对所有不同

① 《巨额财富的增长》，第 18 页。

② 《曼彻斯特统计协会公报》，1924～1926 年，第 64～65 页。关于收入与资本分配有用统计资料的有用概述，请参照卡尔—桑德斯和琼斯合著《英格兰和威尔士的社会结构》，1927 年，第 9、10 章。

行业的投资，有统一的回报率譬如说5%；另一部分代表同是那些人从工作中获得的严格的个人收入。例如，一个人的总收入为2,000里拉连同9,016里拉财产，可以认为他的总收入是由451里拉的投资成果和1,549里拉的职业活动成果组成。以这种方式计算我们得到如下表格：

总收入(里拉)		财产收入		个人工作收入
1,000	＝	143	＋	857
2,000	＝	451	＋	1,549
4,000	＝	1,458	＋	2,542
8,000	＝	4,285	＋	3,715
16,000	＝	11,665	＋	4,335
20,000	＝	15,885	＋	4,115
32,000	＝	28,640	＋	3,360
40,000	＝	37,500	＋	2,500

当然可以注意到，当总收入开始超过16,000里拉时，个人工作所得部分减少；但这种减少并不意味着职业报酬跟着减少；它只是意味许多人现在将完全依靠来自他们财产的收入生活，不再追逐任何高收入的职业，而他们的这种行为降低了他们所属阶层由工作得来收入的平均数”。[①] 此外，还有可能改变收入曲线形式的另一种方式。除了投资收入的变化外，也可能发生教育训练等分配，也就是对人的资本投资的变化。当发生这种变化时，必然趋向于直接改变劳动收入的分配，即使最早人的能力是根据某个(同一)的

① 《统计方法原理》，第336～337页。

有差错规律分配的，也许某些这种性质的变化引起穆尔教授所作的结论，他从研究美国工资统计资料得出的结论是，同一时候不同人们中间的工资可变性 1900 年比 1890 年较小。

第 6 节

当上述几个论点得到承认时，作为规律(即使仅有有限必要性)的帕累托法则的一般防御能力很快垮了。他的统计资料并不证明引用任何原因可以影响分配的推理是有理由的，而这些原因并未以近似相等的形式已经存在于他从那里获得统计资料的至少一个社会里，而且这个社会的范围有限。这个考虑是真正致命的；帕累托实际上被迫放弃他早先阐述他准则时所作的全部主张。在《政治经济学手册》中，他坚持认为那个准则纯粹来自经验。“某些人将根据它演绎出一般规律，作为能缩小收入不平等的惟一途径。但是这样的一个结论远远胜过能从这些前提得出的任何结论。由经验得出的规律与我们此刻关心的那些规律一样，在凭经验发现它们在真实的界限之内具有价值，在这个界限之外，它们很少或者没有价值。”[①]这番话的意思是，即使“规律”的统计资料基础比它实际具有的更加可靠，这个规律很难使我们断言，任何预期的变化**必定**不改变收入分配的形式。事实是，鉴于其统计基础的脆弱，它决计不能使我们这样做。作为一个整体的国民所得的变动和归于穷人的绝对份额的变动之间的不协调，不能以统计资料证据证明其为不可能，因此，必须进行对这个问题的细致研究。

① 《政治经济学手册》，第 371～372 页。

第3章　资本与劳动的供应

第1节

在进行此项研究时，我们不得不利用有点儿粗糙的近似值方法。我们探索的是关于某种原因对国民所得大小和对它在富人和穷人中分配的比较后果。不存在可以直接调查这种意义上分配后果的方法。但是经济学家已完成对影响另一种意义上分配——即不同"生产要素"间的分配——的力量进行十分全面的分析，并使其成为共同财产。这两种分配不是一回事。要是每一种要素专门由一组不提供任何其他要素的人提供，这两种分配**将会是**完全相同的了。但是在实际生活中，同一个人往往提供几种要素的各一部分，从这种要素得到部分收入，从另一种要素又得到部分收入。地主不仅是"土地这种原始和不可毁坏的财产"的主人。相反，他经常在他的土地上投入大量资本，有时还在选择佃户，对他们的耕作方法上施展一定控制，和根据情况决定必要时驱逐佃户等事务上投入相当可观的脑力劳动。店主提供资本，特别是他做赊账生意时，他还花许多脑力劳动去判断"顾客的声誉"，以期不产生坏账。一个有大资本的雇主依旧兼是明显的资本家、脑力劳动者和不确定事情的担负者。最后，一个普通体力劳动者经常在某种程度上也是一个资本家。鉴于这些理由，显然可见关于在生产要素

中分配的理论不能直接或无保留地应用于有关人们中间分配的问题。但是在这种情况下困难并无决定性的实际重要性。显然,英国穷人阶级的最大部分是挣工资的工人。确实"在挣工资工人与直接为顾客、小雇主和小农庄主劳动的人之间没有明确的分界线……工资与薪金之间也没有明确而统一的区分"。[①] 但是挣工资劳动者在穷人中占主要地位有以下事实说明,即在大战前他们的人数达 1,550 万,而收入低于每年 160 镑的非挣工资者人数为 350 万。[②] 此外,有理由假定大量以独立劳动挣小量薪金或小量收入的人们,以与挣工资者本身完全相同的方式受有关经济利益主体的影响。因此为了当前讨论的目的(虽不是为了所有目的),我们把体力劳动者和穷人看做大致上相等的阶级,不会犯严重错误。而且统计资料表明,显然根据这样解释,联合王国穷人实际拥有最重要获得收入的手段是体力劳动。我上文已说挣工资的人数大约为 1,550 万人,而依靠工资生活的人也许达到 3,000 万人,或者说接近总人口的三分之二。战前这些人积累的财产——当然现在要大得多——估计为 4 亿 5 千万镑,因而它产生的利息一年达2,000 万镑。这个数字也许稍稍超过挣工资者总收入的$\frac{1}{35}$,其余全部都是劳动工资收入。[③] 正如我们已经大致上同意把穷人等同于挣工资者,因此也可以同意把挣工资者的收入等同于要素劳动的收入。这种简化办法的使用不会带来可以看得到的错误。我们确定了这

① 鲍利,《工业产品分配》,第 12 页。

② 出处同上,第 11 页。

③ 参照齐奥扎—玛尼,《富裕与贫穷》,第 49 页。

一点，便可以直接使用经济学家熟悉的分析方法。

第 2 节

我们可以将生产要素（它们的联合运作产生国民总所得）划分为两大类：劳动力和劳动力以外的其他要素。当然啦，不论是劳动力还是劳动力以外的其他要素都不能组成由相同单位构成的同质组合。劳动力包含全部不熟练工人的工作和许多种类熟练工匠的工作；劳动力以外的其他要素除大自然的工作外，还包含许多种类精神能力的工作和不同种类资本手段的工作。然而这种情况与我们现在的问题无关。我们的问题是要决定，影响在一种意义上作为整体的国民总所得的经济原因，能不能或者在多大程度上影响相对意义上要素劳动的收入。在本章中，注意力将集中在两组最广泛性质的原因，那就是分别作用于一般资本供应和一般劳动力供应的那些原因。开始先谈资本供应是合适的。

第 3 节

资本，或者用具体的名词说资本手段是等待劳动成果和不确定收成的劳动力本身的体现。因之，除了发明和改良外（这些即将加以研究），资本手段的增加，只能意味着人们愿意接受更多的等待劳动成果和更加使那些成果变得不确定。换言之，它意味着等待的或者不确定成果的、或者说等待又不确定成果的资本手段供应增加了。显然这种增加将有助于增加作为整体的国民所得。它会同时造成劳动实际收入的减少吗？关于这个问题的分析马歇尔曾有详细论述。他的分析带有某种重要的限定性条件，但不影响当前的论证。它表明:第一,每一种生产要素(包括企业家的工作)[①]一般地倾向于以相等于其商品净边际产品的增加速度得到报酬。第二,其他条件相等,它表明随着生产要素供应超过一个相当低的最小量,在这个意义上,每种生产要素将减少。[②] 因为,随着任何一种要素的供应增加,而所有其他要素的供应不变,它把一个不规则边界沿大量路线向前推进。[③] 任何一个要素的增加越多,其他要素的数量减少,每个新单位寻找可以利用的其他要素,用它来进行合作,从它那里得到支助。这个命题表明可以称为对个别生产要素的报酬递减律是什么。这一规律必不可与对投资于特定行业的一般资源的报酬递减律相混淆。参照第 2 编第 11 章。

第 4 节

从这个分析能够得出与我们目前问题直接有关的一个重要命题。这个命题有两方面,其大意是:如果任何生产要素的数量增加,与它完全对立的所有其他要素获得的每效率单位的收益(在被

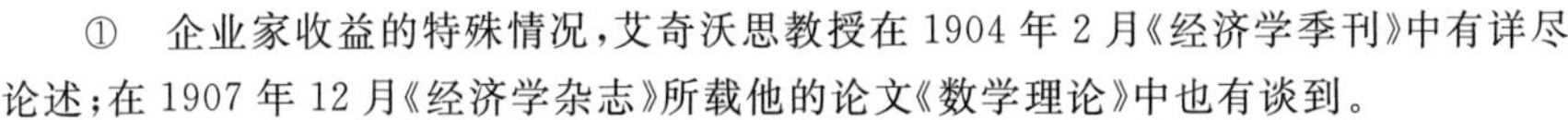

① 企业家收益的特殊情况,艾奇沃思教授在 1904 年 2 月《经济学季刊》中有详尽论述;在 1907 年 12 月《经济学杂志》所载他的论文《数学理论》中也有谈到。

② 这个思想在特戈特的一组精心编制的数字中有很好的表达(参考卡斯尔,《利息的自然与必要》,第 22 页)。应该注意的是,在图解中随着利息下降,生产性货物的需求更加牢固,当需要上升时,生产性货物的修理和更新更加频繁。

③ 这一限定性条件的意义在于,在其他要素的特定状况中,一种要素供应的增加达到以最佳规模供应单一集体单位所需要的数量——也就是足够数量的人竖起一棵大树或足够数量的人在一个行业中经营一家最佳规模的工厂——不一定产生递减收益。提一下与眼前论证无关的情况,即人数的增加(产生于较密切的接触和相应的思想激励)可以间接导致资本供应的增加和组织的改良,因此产量的增加大于人数的比例。报酬递减律与其他要素不增加时一个生产要素的供应增加的后果有关。

完整取代的意义上说)将减少,与它完全合作的所有要素获得的每效率单位收益将增加没有一点被取代。这个命题的前一半是显而易见的。中国经营零售业移民的到来,必然损害新西兰的英国零售商店店主;低档次欧洲移民的不断涌入,必定把美国非熟练工人的工资保持在低水平上。[①] 这个命题的后半部很容易证明如下。由于增加的要素的每一单位必须付给同样的费用,而新单位的费用低于老单位的费用,老单位和新单位产量的一部分是转移给合作的要素。[②] 作为说明,我们可以注意以下情况,即在新国家普遍流行高水平工资,因为首先那里有大量可以利用的土地,其次当地人把土地典押给外国人也能得到大量资本。[③]

第 5 节

如果说不同要素是部分合作和部分对立这点在实际上是普遍真实的话,那么其中一种要素数量增加是由于其他要素获得收益的结果。这个过程可以作这样分析:假设要素 A 的数量从 A 增加

① 陶西格教授于 1906 年写道,尽管美国人大多数货币收入有增加,"普通教工工人和工厂打工的不熟练工人的工资似乎维持不动,有时甚至下降"(《经济学季刊》,1906 年,第 521 页)。不熟练移民工人到底是美国熟练工人的主要竞争对手还是主要合作者,它是另一个和更困难的问题。霍里奇博士就这个问题写道:"就是因为新移民形成非熟练工人阶层,使得当地工人和老移民提升到工人贵族的地位"(《移民和劳动》,第 12 页)。普拉托教授在《工人保护主义》第 72 页中持同样见解,他认为一般说来低等移民做当地工人希望离去的职业,这种情形不但进入美国的中国与欧洲的移民如此,而且意大利和比利时去法国、瑞士和德国的移民也是一样。

② 它与目前要注意的论据无关,但这个论点要完善还要作补充:作为对改进需求的反应,一起工作的要素往往能增加数量,但由于它们的供应曲线成正角倾斜,不足以减少它们的收入到原来的水平。

③ 参考马歇尔,《皇家劳工委员会报告》,Q. 4237～4238。

到(A+a),新单位的 x 先前占有的用途被其他要素 B 的 mx 单位所取代。于是产生在要素 B 每单位收益上的效果相等于如果两种要素完全合作所能产生的效果;要是要素 A 的数量从 A 增加到(A+a-x),要素 B 的数量从 B 增加到(B+mx)。其后果显然意味着要素 B 每单位收益的增加或减少,更可能意味着增加,因为 $\frac{A+a-x}{A}$ 比 $\frac{B+mx}{B}$ 相对较大。可是不知道代表要素与它们产量间关系的函数形式,要比现在所做更确切地说明此种关系是不可能的。大致上说,要素 A 数量的增加将导致要素 B 每单位收益的增加,假设的条件是要素 A 额外单位的极大部分能有利地转用于不是要素 B 单位先前占领的用途。因此总的说来,在两种要素部分合作和部分对立的地方,如果两种要素间的合作关系比对立关系更为重要时,一种要素数量的增加将扩大其他要素的每单位收益,从而扩大国民所得的绝对份额。

第 6 节

一般等待和承担不确定性与一般劳动之间的关系实际上主要是合作的或者主要是对立的问题不是一个能给予先验地回答的问题。如果人类学会怎样取得惟一种类的资本手段是一种只能正确复制体力工人劳动力而不能做其他任何事情的弗兰肯斯泰因怪物,这种关系将是完全的对立关系,所以在事实中它是什么,主要取决于人们把劳动结合等待和承担不确定性能够创造东西的性质。如果我们现实主义地思考这些东西主要是什么——当然啦,当思考的是等待和承担不确定的一般性增加,我们必须想象新的

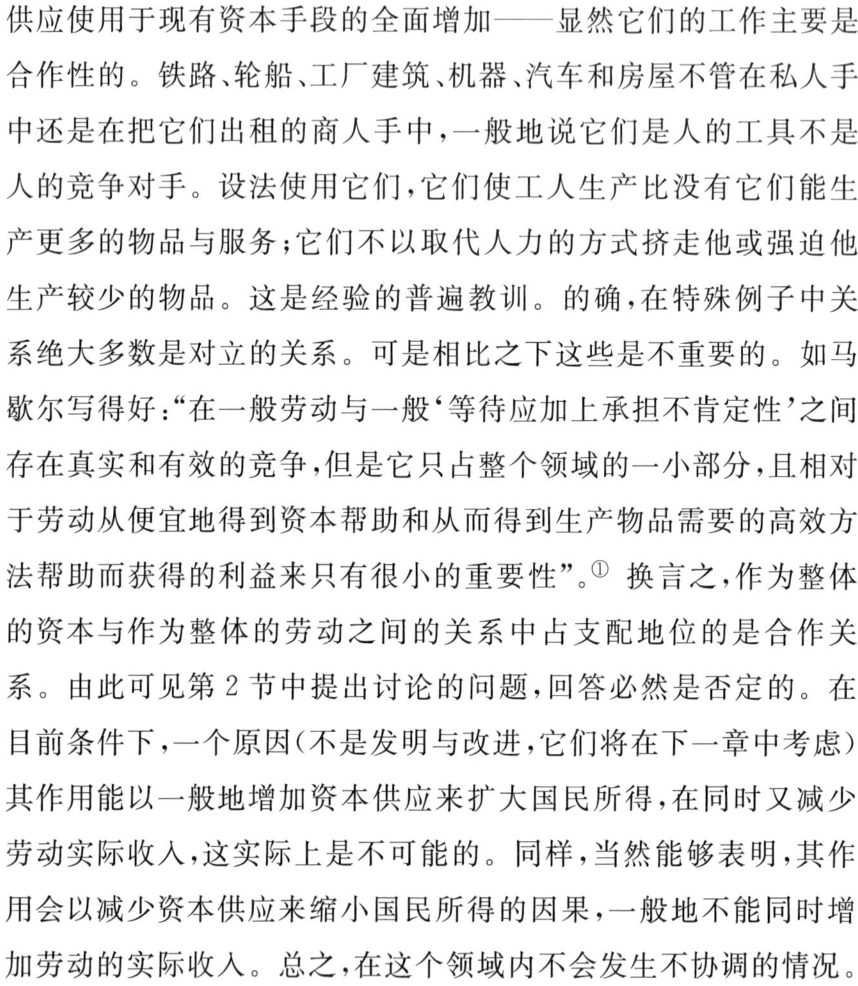

供应使用于现有资本手段的全面增加——显然它们的工作主要是合作性的。铁路、轮船、工厂建筑、机器、汽车和房屋不管在私人手中还是在把它们出租的商人手中，一般地说它们是人的工具不是人的竞争对手。设法使用它们，它们使工人生产比没有它们能生产更多的物品与服务；它们不以取代人力的方式挤走他或强迫他生产较少的物品。这是经验的普遍教训。的确，在特殊例子中关系绝大多数是对立的关系。可是相比之下这些是不重要的。如马歇尔写得好："在一般劳动与一般'等待应加上承担不肯定性'之间存在真实和有效的竞争，但是它只占整个领域的一小部分，且相对于劳动从便宜地得到资本帮助和从而得到生产物品需要的高效方法帮助而获得的利益来只有很小的重要性"。[1] 换言之，作为整体的资本与作为整体的劳动之间的关系中占支配地位的是合作关系。由此可见第2节中提出讨论的问题，回答必然是否定的。在目前条件下，一个原因(不是发明与改进，它们将在下一章中考虑)其作用能以一般地增加资本供应来扩大国民所得，在同时又减少劳动实际收入，这实际上是不可能的。同样，当然能够表明，其作用会以减少资本供应来缩小国民所得的因果，一般地不能同时增加劳动的实际收入。总之，在这个领域内不会发生不协调的情况。

第7节

这个结论导致国外资本投资的困难问题。除了在第2编第9章第11节指出的特殊限定条件外，可以假定：由于除非他期望有

① 《经济学原理》，第540页。

较好利润，否则没有人愿去国外而不在国内投资，所以自愿去国外投资将扩大国民所得。与此相反，乍一看国外投资似乎将缩小劳动实际收入。投资的资金不是从出口商品获得就是从抑制本来有需要商品的进口获得。至于贷款的给予是否以贷款的收入必须花费在购买铁路物资或其他材料并注定在贷款国付款为条件，并无什么不同。如果有这些条件，我们出口的货物种类可以改变，但货物的数量将不受重大影响。无论如何这个国家立即能得到的货物量将会减少。这实际上肯定会连累劳动受到直接损害，或者使得工人更昂贵地购买这种物品，或者减少帮助工人生产那种物品的工具与机器的供应。的确，因为一些资本将从国内使用中退出，利率将上升，这将鼓励储蓄以积贮更多资本。但是这个趋势只能减轻不能消除对劳动的最初损害。结果是劳动境况按照一般情况来看，必定要比如果结束资本国外投资要较差。

可是这个结果不是决定性的。在某些环境中，即使发生这种情况，在工人有兴趣购买的特殊物品中劳动者的境况可能更好。因为，作为我们国外投资的间接后果，这些物品可以大大便宜。事实上有过这种情况。乔治·佩什爵士在 1914 年所写的文章说："英国在最近 7 年中为我们岛屿外世界建造铁路供资总共为 6 亿英镑(投资总数达到 11 亿英镑)，所有这些钱全投在我们依靠其供应食物与原料的国家"。[①] 当我们的国外投资属于这种性质时，劳动的实际收入，就其惟一有重要性的意义说，有把握肯定是增加的，因此没有不和谐产生。要是禁止资本输出，无疑有特殊理由相

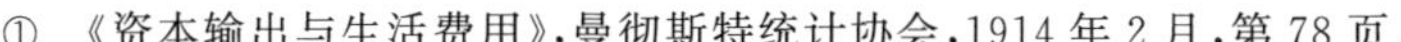

① 《资本输出与生活费用》，曼彻斯特统计协会，1914 年 2 月，第 78 页。

信，自由资金就会用于国内特别有利于工人的项目，如建造大量合乎卫生条件的工人村。这个结论不一定准确，一般来说没有特殊理由予以相信。

此外，必须考虑国外投资某些较遥远的结果。当资本输出自由时，获得国外较高利益的机会既引起比没有此种机会时有更多英国资本的创造，又能使一部分资本投资于获得比没有这种机会时有更大利润的企业。就这样，一个时期输出资本的自由对后一段时间扩大国家总实际收入发挥双重影响。结果是，其他情况相同，能够创造的新资本量在后一阶段将扩大。这种效果本身将年复一年地重复积累。因此到最后，如果我们假设每年输出资本数量保持不变——当然，如果我们假定投资国外资本的利息一直投资在那里，数量自然有变——作为过去资本输出的间接结果在国内创造的额外资本必然超过同一时间输出资本撤回的数量。根据这种假定，到最后作为整体的劳动能得到好处而不是损害。因而虽然从短期观点看可能有许多不协调，从长期观点和较高层次看，问题是很好解决的。实际的推论是，所有为劳动者利益限制资本输出的建议——除了上文引述在第 2 编第 9 章第 11 节讨论的特殊理由外——应该给予十分小心和严格的检查。

第 8 节

我们转而讨论第 2 节区分的第 2 类主要原因，也就是通过劳动供应起作用的那些原因。很明显如果这种供应增加，不管增加来自工人人数的增加或者由于他们平均生产能力的增加，国民所得必然增加。因而我们的问题是查明对总劳动实际收入产生的影响。上节提出的分析表明，劳动的净边际产品一般地以产品计算，因而它的**每单位**实际收入必定减少。所以它的总收入是否增加取决于对劳动需求的弹性大于 1 还是小于 1。如果这个弹性大于 1，整体上劳动将得到比以前较大国民所得的绝对回报量；如果弹性小于 1，劳动将得到较小的绝对量。① 因此有必要决定，事实上需求的弹性是大于 1 还是小于 1。②

让我们开始时别理会工业中可使用劳动供应的增加，可能对

① 一般假定（正文中所叙是其特殊例子），其他情况相同，生产的任何一种要素数量的增加将伴随出现应计入该要素的产品绝对份额的增加，只要所说要素的需求弹性大于 1。至于由应计入该要素的产品成比例份额增加而伴随出现的条件与此不同，它能以如下方法决定：已知其他要素的供应函数，总产量 P 取决于可变要素的数量，这样，如 x 代表这个数量，$P=f(x)$. 应计入可变要素的绝对份额由 xf' 代表，而成比例份额由 $\frac{xf'}{f}$ 表示。当 x 增加时后一数将增加的条件是

$$\frac{1}{f}\{f'+xf''\}+xf'\left\{\frac{-f'}{[f]^2}\right\}\text{是正数}$$

设 e 代表问题中那个要素的需求弹性。那么

$$e=-\frac{f'}{xf''};$$

上述条件使用简易替代法可用以下形式表示

$$e>\frac{1}{1-\frac{xf'}{f}}\text{ 或 }e>1+\frac{\frac{xf'}{f}}{1-\frac{xf'}{f}}$$

这样 e 以较大数量超过 1，应计入变更前可变要素的产品成比例份额越大。上边以符号列出的条件，如达尔顿博士指出，能用文字表述，那就是“需求的弹性大于所有其他要素加在一起相对份额的倒数”（《收入的不平等》，第 187 页）。

② 马歇尔和上边正文中应用的需求弹性一词意指变化极为微小时（严格地无限小），数量的成比例变化被除以价格的成比例变化。也就是达尔顿博士所称的“点弹性”（参照《收入的不平等》，第 192～197 页）。因此，为了正文中的论证可以适用于供应的现实变化，我们必须假定需求弹性大于 1 或者小于 1（根据情况而定）不仅仅与旧的或新的供应数量有关，而且与这两个供应数量中间的所有数量有关。

与劳动一起合作的其他要素供应所起的影响。然后可以看到在某个个人服务领域，劳动实际上在没有其他要素帮助下工作，因之那里每单位劳动生产率不会因其数量的增加而有察觉得到的下降，那里劳动能大量地被吸收，不会明显地减少它的产品以其他物品计算的价值。这种情况指出，在劳动数量增加时，对劳动一般真实需求的缩减率相当低；虽然缩减率确切有多快，或者换句话说劳动需求的弹性有多大，不可能说得清楚。可是在真实生活中，不理会由劳动供应增加间接带来的对其他要素供应的间接影响是不合理的。特别是，大家知道资本供应极不固定。当劳动数量增加时，从而间接地使资本每单位收益扩大——虽然那些曾决定留确定数字金钱给下代的人无疑不愿意储蓄得像以前那么多——但一般人将愿意储蓄得比以前更多，从而创造了更大量的资本。[①] 此外，由于更大规模的国民所得，人们的储蓄能力将增加。由此造成的资本供应的增加将作出反应，增加任何给定劳动数量的边际生产率。因此从整体看来，劳动需求即使从全世界总的观点看也是有相当大弹性的。[②] 至于任何一个国家中的劳动需求，它的概率更大。由于资本流动性很大，以致任何一个国家中资本获得每单位回报的小小增加必然不可避免地引起资本从外国流入，或者大量缩小先前向外国的流出，两者结果相同。除非由于双重所得税引起的复杂问题，关于这点可以希望很快会作出国际安排加以解决。因此对英国劳动总需求的弹性比单独依赖英国资本的那一部分需求

---

① 参照马歇尔，《经济学原理》，第 235 页。

② 参照艾奇沃斯，“论经济学中微分学的应用”，刊于《科学评论》第 7 卷，第 90～91 页。

的弹性要大。实际上它大得那么多，以致按照对这后者弹性任何合理假定，从长期观点看来，单独在这里讨论的英国劳动总需求的弹性实际上是确定地要大大的多于 1。

因而结果是，劳动供应的增加，不管是通过平均工人提供的特定效率劳动单位数的增加，还是通过提供的工人人数的增加，一般说来增加一定数量的劳动单位必定增加劳动作为总体获得的收益的绝对总量。的确，在广大劳动集体中，只影响几个小单位的能力增加，可能导致对其能力没有改进的其他小单位的损害。然而，这种危险在不同小单位也不是严格一致，且有部分合作的地方也可能避免；有些地方一些非熟练工人受职业训练，能力未能提高的小单位受发生的改革的间接作用而人数减少，因而损害也不再严重。而且，在广大劳动集体中，无论如何这些事情只有次要的意义。一旦表明作为整体的劳动绝对份额连同总收入，具有随劳动供应增加而增加的特性，直接与目前论证有关的惟一命题就建立了。

第 9 节

当劳动供应的增加来自劳动者能力的增加时，很明显随之发生带给他们收益的绝对份额的增加，根据以前各章论证，它同时增加工人的经济福利。然而，当劳动供应的增加来自工人人数增加时，每人收益的绝对份额减少，尽管事实上作为整体的集体的绝对份额是增加的。如果有理由相信每人的损失不赀，我们就不敢贸然作出这样的结论，即这种劳动供应的增加会带来劳动者经济福利的增加。然而事实能够表明，根据英国目前存在的情况看，每个人由此产生的损失是十分微小的。说损失用一般商品衡量是十分微小的，有已确立的事实为根据，因为英国的劳动需求弹性很大。如果情况是工人人数的增加，将导致主要由工人阶级消费的食物与其他物品价格的实质性增加，增加以对工人重要的物品计算的损害可能不小；可是目前我们能任意地从国外进口食物的事实，使得像我们这样小国的人口增加，不可能引起供应价格的递增规律。因此在任何意义上工人阶级每人实际工资的减少是极小的。[1] 因此，下这样的结论似乎是合理的，劳动绝对份额的增加即使增加来自工人人数增加时，它也将带来工人经济福利的增加。因此没有必要修正我们的结论，因为影响劳动供应的原因也影响国民所得的总量和在同一意义上影响劳动的总实际收入。我们的结论着重告诫：劳动福利有时被损害劳动者健康的原因所减少。

第 10 节

本章达到的一些结果有助于反驳两个流行的意见。第一个与劳动钟点有关，大意是工作日的普遍缩短，因为它将削减劳动供应量，将使全体工人能够获得比以前好得多的条件，他们的总实际收入必然增加。真实情况是，就工作时间缩减而言，它将导致比相应更多的劳动能力的增加，有利于国民所得和劳动绝对份额。但是，如果钟点缩减超过这一点，它将损害国民所得，鉴于劳动需求的弹性，劳动的实际收入必然也受损害。第二个流行意见是，强制退出工作，接受国家支助，将增加穷人的总实际收入，因而从劳动者观点看，应加以鼓励。有两个方案提交给皇家救济老年穷人委员会，

---

① 参考马歇尔，《经济学原理》，第 672 页。

其中一个内容是，“男女补助金领取者一律不准工作”，作为领取补助金的条件；而另一个方案提议把补助金给予“每一个年满 60 岁的人，禁止超过这个年龄者工作”。[①] 为这两个方案提出的辩护理由是，如果补助金领取者不放弃工作，独立工人将发现他们收入减少。可是从长期观点看，穷人的利益不单与独立工人的利益一致，而且与全体工人的利益一致；因为全体工人在他们生活的某一时期容易成为依赖者。但是从上一章中所说的道理，直接可以知道，如果劳动供应缩小，独立的和依赖的工人总收入都将缩小。因此，就目前的论证而言，采取这两种补助金方案所体现的政策是不可取的。可是应该注意，领补助金者停止工作的道理从一个更特殊的观点来看也有道理。这个办法可能被认为有充分理由，因为领取补助金的资格不是年老而是体力衰败。这点难以直接检验。但是如果放弃工作是得到譬如说每周 10 先令的条件。符合这个条件可以保证真正没有能力正规地赚到比 10 先令多得多的领取者的收入。因此这样的一种安排，虽然将消灭收入在 10 先令线以下许多人的工作，但它作为防止许多其他得到补助金的人和由于得到或盼望得到补助金的人在工作中贪懒松劲的办法是值得想望的。某些善心社团采取补助金政策似乎就是基于这样的考虑。[②] 但是很清楚，这个争论与那些领取补助金条件不是体力衰败而是达到某个确切年龄的地方无关。

① 《皇家救济老年穷人委员会报告》，第 72 页。

② 《皇家救济老年穷人委员会证词记录》(Q. 10880)。

第 4 章　发明与改进

第 1 节

就这样我们知道了在现有条件下对一般资本供应起作用的原因和对一般劳动供应起作用的原因是协调地运作的。它们或者都增加国民所得和劳动实际收入，或者都减少两者。可是当最初原因是工序或方法的发明或改进时，我们就面对一个较复杂的问题。所有这种发展，因为它们能生产以前从未生产过的某些东西或者它们能使过去生产过的东西生产得更加容易，它们必然增加国民所得。除非与此同时它们间接改变分配办法对劳动产生不利影响，否则它们必然也增加劳动的实际收入。因此，抽象地考虑任何发明，最初总会使人设想它的作用将是协调和谐的，因为它既有利于劳动又能增加国民所得。但是也有可能，一种特定的发明会改变资本和劳动在生产中发挥的作用，譬如说它使劳动相对于资本的价值比以前下降；如果发生这种情形，劳动得到的绝对份额可能减少。我们的问题是断定在何种状况下（如果有的话）会出现这种后果。观察到同一分析完全适合下列情形是有意义的：那就是最初原因不是普通意义上的发明，而是一种事态发展，这种发展能使一个国家获得价格比以前便宜的某些商品，办法是做某种别的事情，凭它能从其他地方买到这种商品而不是由自身生产这种商品。

这样做使人们能够得到更多需要的物品;这样做劳动与资本在生产中发挥成比例的作用可能改变了。

第 2 节

我们问题的流行解决办法很简单。人们这么想,如果发明使工厂雇用较少的劳动,工人将受损害,如果发明引起工厂雇用较多工人,工人得到好处。的确,霍布森先生曾表示,发明不总是使使用发明的工厂雇用更多的劳动,他说:"兰开夏和约克郡开始使用纺纱和织布机器使劳动雇用增加很多,接下来上世纪第二个和第三个 25 年里一连串发明与改进产生同样效果,但是以后机器的增加却没有出现同样结果;相反在某些大宗纺织品加工业中雇用人数下降。印刷厂引进自动排字机后大量增加雇用人数;制鞋业引进裁皮革机之后雇用人数反而减少"。[①] 因为发明而减少雇用的特殊领域的较普遍例子可以在农业中找到。众所周知农业机器已经取代了大量的农业劳动者。这种因果关系的偶尔失灵是所有人完全承认的。然而大体上,那些研究这个问题的人们相信,发明发生作用时会增加而不是减少雇用。于是,M. 勒瓦瑟尔写道:"普通的意见是'机器驱逐工人',并夺走部分工人阶级的工作。肯定确实的是,工厂装上有力机器在特定时间生产较大产量,雇用帮助机器的工人要比用手工生产相同产品的工厂少得多。人们首先看到的就是这种状况。只要人们以后再观察,努力研究,就能看到用机器经济地制造的货物,一般以较低价格出卖,常常必须找寻大量的

① 霍布森,《工业制度》,第 281 页。

新买主，因而增加的生产就必然提供比引进机器前雇用的更多的人手”。[①] 而且，济贫法委员会满意地发现在制造商中关于改进机器的后果有引人注目的一致意见。他们相信这样的改进“会在出现此种改变的部门暂时减少对劳动的需求；但这种取代不会作为规律减少雇用在每个生产单位的劳动，被省掉的工人很容易在同一业务内部被吸收——尤其是造船业，那里的变化引入缓慢，每次只影响少数人——最后结果需要有更多而不是较少的劳动力”。[②] 现在我并不想否定这些结论的以经验为依据部分。我不反驳济贫法委员们的断言，即保证任何领域增加雇用所必需的条件最后来自那个领域的发明，事实上这些条件是寻常能够实现的。但是我要争辩的是，普遍意见认为这些事实直接关系到发明与改进对劳动者和整个穷人的运气是有利的盟友还是有害的敌人问题。为弄清这个问题，一个不同的更深入的分析颇有必要。

第 3 节

每一种发明或改进或者使得已在生产的某种商品或劳务更加便利，或者有可能制造某种新的商品或劳务。因此可以肯定会导致受发明影响商品的价格便宜和消费增加。用不同方法制造和扩大的产量，就要有不同数量的劳动和不同数量的资本（或等待）运用于这个行业和为它制造机器的附属行业。让我们假设工人绝对不买由发明使之廉价的产品，那么发明对工人实际收入的后果取

① 《雇用与工资》，第 421 页。

② 《皇家济贫法委员会报告》，第 344 页。

决于发明对产品的净边际产品的作用，而在其他行业中劳动是产品边际净产值的主要要素。因为在均衡建立时，在出现发明的行业中劳动将得到相同的实际工资，就像劳动在其他行业中一样。为眼前的目的，我们可以合理地不理会劳动与资本以外的其他生产要素。以后的情况是，作为发明的结果，除生产有改进行业及其附属行业以外的行业的劳动数量，较之资本数量有大比例减少或者有较小比例增加；劳动的净边际产品以工人购买的东西计算必然增加，因而工人的总实际收入也必然增加，在相反的情况下这个总实际收入必然缩小。如果这两个变化的比例相等，实际收入必然保持不变。具有这几种后果的发明，我分别称之为资本节约发明、劳动节约发明和中性发明。当然可以看出，这几个名词用法不同于普通用法，根据普通用法，凡使用较少劳动得到特定数量产品的每种发明就是劳动节约。

第 4 节

这个分析容易应用到实际中，只要我们与之有关的行业(还有它的附属行业)内国家总雇用劳动的比例与它的总资本比例相等。在这类工厂中，向一个方向变化的任何事情，必定使那里使用的劳动与资本间的比例向相反方向变化。因此在我的定义中，使工厂中使用的资本对劳动的比例降低的发明或改进就是资本节约，增加资本对劳动比例的是劳动节约，使比例不变的属于中性。因而在这些条件中，我们能相当有信心地具体区分几种类型的发明。这样，假定上边的条件成立，采用两班或三班工作制，使得机器工作可能继续进行，这必定是资本节约的发明。因为在一昼夜 24 小时内，不采取 12 小时工作制，改而采用 24 小时工作制，100 个工人中 50 个白天工作 50 个夜间工作，只需一半机器便能生产如果全体 100 个人只在白天工作的特定的产量。当然当机器每天工作较长时间它将更快磨损。但是许多种机器的工作寿命——为了以新代旧——要比其物理寿命短得多。因此，虽然以两班 12 小时制代替 1 班 12 小时制不会使一定规模生产所需要的资本减少一半之多，一般说来这样的取代将减少相当多的资本。所以不管怎样，产出的绝对数量改变了，运用的资本对劳动的比例必然降低。这种发展能使经营任何商品的制造商、批发商或零售商以较少资本量（减少了以存货形式冻结的部分资本）同样有效地经营他们的业务。因为这里再次是，绝对量不论发生什么变动，运用的资本对劳动的比例必然缩小。这点从经济观点看，对持有股票问题有一定重要性。如将在附录 I 中说明，现代通讯的改进使得持股成为实际可行。在更寻常称为发明的事态发展中，我们仍然假定应用发明的企业仍保持以前运用的正常比例的资本与劳动，现在我们可能把像马可尼发明无线电报这样的事情看做资本节约，因为有了这个发明不再需要电线了。然而，大部分发明也许在狭义上必须认为是“劳动节约”的，因为如卡斯尔博士所说，“几乎全部发明者的努力都针对寻找耐久的工具来做此前用手做的工作”。[①] 必须记住这些结果不一定能产生预期的效果，除非产生发明的行业（及其附属行业）在发明之前正在运用的劳动与资本的比例处于与所有行业普遍平均的同一比例。如果这家企业运用不正常大的劳动

① 《自然与利息的必要性》，第 112 页。

比例或资本比例，以任何方向改变其比例的发明，可能以相同方向而不是以相反方向改变其他工厂的比例。例如，假设一家特定企业运用 3,000 单位劳动和 1,000 单位资本，而在其他企业每种都有 100 万单位。由于这家特定企业的一项发明使它只需要 2,000单位劳动和 500 单位资本。因此那里劳动对资本的比例从 3∶1 增加到 4∶1。与此同时其余企业的比率从 1∶1 增加到 1,001,000∶1,000,500。因此情况显然是，只知道发明对改进企业比例的作用本身，不能使我们断定这个发明是劳动节约还是资本节约或者是中性。可是坦白地说，我们没有理由假设劳动节约的发明在我思想中是不可能的。如果这种发明出在此刻我们分析考虑到的条件中，不协调状况必然发生。国民所得将增加，但劳动的实际收入将减少。

第 5 节

可是迄今考虑的条件与事实不符。我们曾假设工人绝对不买发明与改进使价格便宜的商品和劳务。显然这个假设十分不利于他们获得增加实际收入的前景。当条件如此时，甚至根据这个假设他们能获益，就事实上他们确实购买那种商品，他们将获益更多；当条件如彼时，根据这个假设他们将受损，可是在实际生活中他们可以获益。总之，发明给穷人消费的商品发挥的作用越重要，发明的净效益越是可能有利于穷人。

根据这个结果，一个十分有意义的事实是，主要由工人阶级购买的商品是相对粗糙的货色，它们能容易地大规模用机器制造；而主要由上等阶级购买的商品质量很高，并牵涉到手工劳动的较大使用。马歇尔写道:“在价值1镑的商品中,供穷人用的商品比供富人用的商品也许要使用多1倍的马力”。正是在这种为穷人制造的商品中,机械发明和改进找到最现成的机会,这种商品事实上全是最大量制造的。可是,穷人消费房屋和食物费用比富人消费的比例大得多,而建筑劳动与农业劳动得到机械工具帮助相对的少,关于这两种劳动的技术改进和组织设计有最广阔的发挥作用的余地。这段描述尤其适用于最贫穷者。“物价的下降在与他们工资的直接比例中,对不同阶层的挣工资者没有好处。房租和某些其他必需品的支出如燃料,对大多数工人数量上升,在低等级工人预算中占相对大的份额,因而在很大程度上减少他们从总物价下降中得到的好处。最贫穷阶级他们零星购买的物品极少,所以从住房和燃料以外其他商品较低价格中获益最少。”[①]但是这些叙述还没有接触到主要结果。总的看来,穷人花费比其他阶级人们更大的收入比例购买的物品,其制造过程特别需要发明。因此勒鲁瓦·比利着重指出:“上流社会的人从成衣匠那里定制衣服,故而从商店出售现成服装的大减价中得不到好处,那种现成服装是卖给人口中无力讲究衣着那部分人的”。[②] 他以这些物品对照“人民大众以前未曾用过但如今已普遍使用的使得工人家庭更加卫生和更加体面与尊严的所有那些物品。袜子、手帕、款式更多和更加适合的上衣、窗子的帷帘、地上的地毯、件数不少的家具,这些物品形成大众化的奢侈享受,是人类生产能力发展的结果”。[③] 还不止

① 《皇家济贫法委员会报告》,第309页。

② 《财富的分配》,第37页。

③ 同上,第440页。

这些。如马歇尔强烈主张的，必须加上主要由穷人消费的食物这类大宗货物，就英国而言，它们主要来自国外，近期最显著的特色之一就是运输机器改进的发展以及由此产生的运费的大幅度下落。对此还可以加上零售给穷人货物的机构的重大改进（这种改进已在合作商店实现）和随之出现的零星服务费用的巨大降低。

当然受近来发明大大影响的商品已直接或间接进入工人阶级消费领域的历史事实，并不能证明今后的发明极大多数属于同样性质。然而我们还是可以坚决认为这个历史事实满足大家的期望。因为，不但是利润的有利机会使得对发明的刺激在广泛消费的"大宗货物"中特别的大，而且如马歇尔指出，最后发展为汽油驱动的运货汽车、公共汽车的汽车的历史说明，即使原本专门为富人单独设计的那些改进，很容易迅速扩展自己供其他阶级的舒适使用。[①] 这样的思考引出结论：它比上一节单独的论点更小有可能暗示：任何特定的发明将损害劳动的实际收入。

第 6 节

在第 3 节和第 4 节的分析之上还必须加上另一个限定性条件。那个分析不明言地假定，发明（其后果业经检查）不影响人们每年准备创造的新资本的数量。可是这个假定没有保证。某些种类发明创造新的"花钱"领域，可以使富人的积蓄减少，从而只能提供较少的新资本去帮助生产中的劳动。为私人旅游发明的豪华汽

① 参照《经济学原理》，第 541 页。

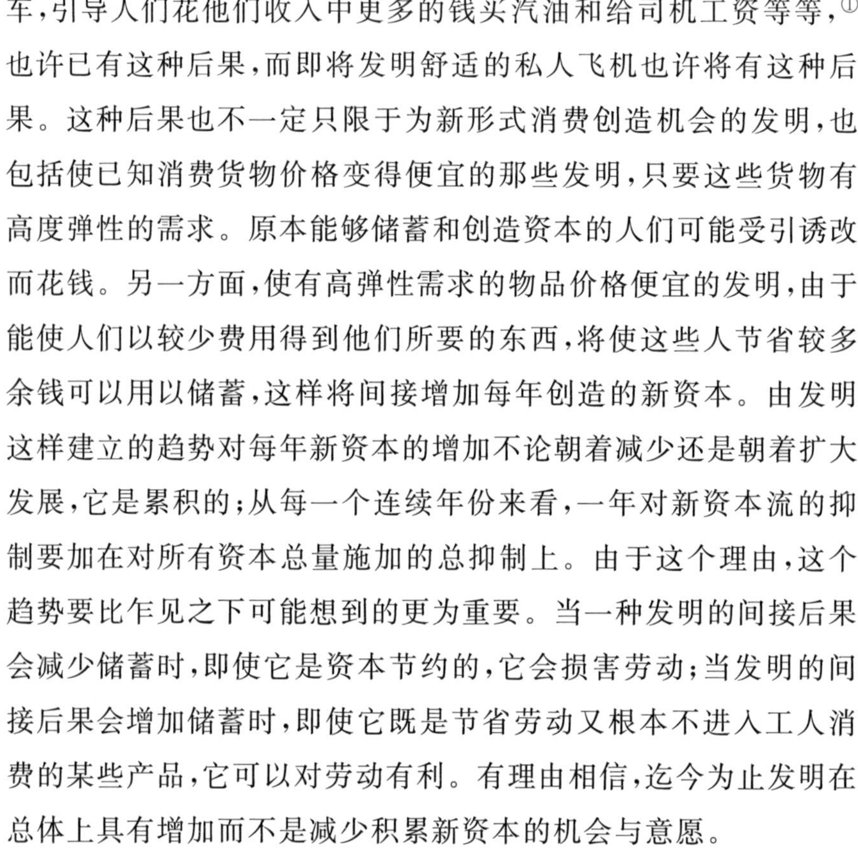

车，引导人们花他们收入中更多的钱买汽油和给司机工资等等，[①]也许已有这种后果，而即将发明舒适的私人飞机也许将有这种后果。这种后果也不一定只限于为新形式消费创造机会的发明，也包括使已知消费货物价格变得便宜的那些发明，只要这些货物有高度弹性的需求。原本能够储蓄和创造资本的人们可能受引诱改而花钱。另一方面，使有高弹性需求的物品价格便宜的发明，由于能使人们以较少费用得到他们所要的东西，将使这些人节省较多余钱可以用以储蓄，这样将间接增加每年创造的新资本。由发明这样建立的趋势对每年新资本的增加不论朝着减少还是朝着扩大发展，它是累积的；从每一个连续年份来看，一年对新资本流的抑制要加在对所有资本总量施加的总抑制上。由于这个理由，这个趋势要比乍见之下可能想到的更为重要。当一种发明的间接后果会减少储蓄时，即使它是资本节约的，它会损害劳动；当发明的间
702 接后果会增加储蓄时，即使它既是节省劳动又根本不进入工人消费的某些产品，它可以对劳动有利。有理由相信，迄今为止发明在总体上具有增加而不是减少积累新资本的机会与意愿。

第 7 节

根据这些不同的考虑，问题很明白，我们不能作出刚性和确切的结论。我们的研究形成的一般印象是：虽然可能发生发明与改进损害工人阶级实际收入的情况，但不会经常发生。极大部分发

---

① 这段话与下列事实相符合(1)用于造汽车本身的资源转变为“资本”使用。(2)存在特定价值私人汽车可以使工资提高(从其他职业吸收人进入与汽车有关工作)，其程度就等于企业中开始使用机器一般大。

明与改进将增加劳动的实际收入以及总的国民所得。作为发明的结果，不协调是可能的，但出现紧急情况是决计不可能的，没有人会认真建议干预或阻止发明，以便提供防止它的安全保障。

第 5 章　工资控制

第 1 节

在第 3 编的下半部，我细致地考察了在特定职业或地方强制增加支付的工资率将损害国民所得的状况。现在我们必须考虑它对工人因而对作为整体的穷人实际收入产生的后果。为简单起见，我们可以使用第 3 编第 17 章第 8 和第 9 节思考的事态作为检验对象——在论点的实质上看不出什么差异。假设在一个职业中原来的工资对其他企业来说是“公正”的，以工作的净边际产品的

704 价值衡量是均等的，要是强制提高那里的工资率会怎么样呢。假定这样做对雇主的技术设施或对给予提高工资的工人生产能力没有出现什么不同，根据这个假定国民所得必然减少。那么在什么情况下（如果有的话）作为整体的劳动实际收入才可以提高呢？

第 2 节

回答这个问题的第一步是决定在什么环境里强制实施不经济的高工资——这是对破坏国民所得工资的合适名词——将增加得到好处的特定那群工人的实际收入。应该注意，在任何职业里实行工资率的不经济提高可以采取两种形式，一是付给低效工人特别提高的每个劳动单位的工资率——例如给这些工人与高效工人

同样的计时工资，二是付给全体工人普遍提高的每产量单位的工资率。显然，前一种的不经济提高必定不是将全部低效工人一起赶出工作，就是减少雇用劳动的总数量，其作用与付给该职业中全体工人同等提高的每生产能力单位工资率正好一样的程度。因此它必然对整个有关一群工人的总收入产生比后一种的提高形式更不利的后果。其结果足以认为那种类型的不经济高工资率同样影响付给职业中全体工人每产量单位的工资。抽象地决定建立这种类型不经济高工资来增加这一群工人的实际收入的条件十分简单，如果对集体劳动的需求的弹性小于 1，实际收入将增加，如果弹性大于 1，实际收入将减少。假设有关工人本身不是他们生产商品可觉察程度的购买者，那么这个结果是明显的算术上的自明之理，根据的是弹性定义。要具体说明这个定义，也就是说要弄清对任何一群工人劳务的需要是高弹性还是低弹性，就是我们现在必须尝试的任务。

第 3 节

在第 2 编第 14 章第 5 节中，分析了关于各类商品需求弹性的决定因素。这个分析也适用于各类劳动需求。怎样应用略述如下。

第一，我们知道，对任何物品的需求越大，也就是能够得到那种物品的现成代替品越多。这个事实对劳动与机器间的关系有重要的意义；因为在某些企业中稍稍增加手工工序的工作成本就会引诱雇主采用机械装置。例如，阿夫斯引用一位已故女检查员的话，她说在维多利亚时代的成衣业中，那里最低工资的决定非故意地歧视家庭工作，使雇用转移到使用机器的工厂，“实际所有工厂外的工作全都停止”。[1] 以类似的方式维多利亚时代的制革工人评论他们行业中“工资委员会”的作用，他们说：“强制使用节约劳动的机器，以致自从工资委员会制度在这个行业实行以来，制革业实际上起了剧烈的变化”。[2] 在这种情况下劳动需求的高度弹性实际上是由于它的服务存在现成可得和密切竞争的代替品，或者较严格地说，其他劳动伴随着大量的等待。因为引进这种代替品要在一定时间间隔之后要比立即引进较为容易，由于这个原因需求的弹性从长期看来要比短期看来更大。

第二，我们一般都知道，任何物品使用在生产某种其他物品总成本中的成本发挥作用的重要性越小，那种物品的需求弹性可能越小。这个普遍性事实使我们能指出在某种职业中对特定种类的劳动可能特别无弹性。这种无弹性劳动需求之一是妇女缝制网拍式墙球和墙手球罩子的职业。[3] 另一个是制造裤子纽扣的职业。阿斯克威思勋爵曾写道：“富人裤子可以由代价昂贵的裁缝裁剪缝制。那些裤子上的纽扣可以由血汗行业制造。这些纽扣的支出只

① 《工资委员会报告》，第 197 页。这种“决定”确定钟点工资率和计件工资率两种，后者强制付给外包工。目的是这两种工资率应该相等，但是雇主实际上把钟点工资率定得很低。那位女检查员还说：“当钟点工资率和计件工资率接近相当时，如在衬衣业和内衣业那样，不会出现麻烦。在这个决定实行 10 年后，今天这两个行业有了大量外包工”。选择外包工还是厂内工受到这样事实的影响，那就是雇用外包工时雇主省却工余休息时间、照明、取暖等等的费用。“工厂的租金、维修保养和监督费用的节省在外包工中得到的便宜似乎比厂内工的低工资是更大的要素”（布莱克《我们衣服的制作者》，第 44 页）。也可参考马尔孔奇尼《家庭工工资》（第 432～433 页）。另一方面，当然，监督费用和有时电力费用的节省在工厂工作中也能做到。

② 《工资委员会报告》，第 179 页。参照上文第 3 编，第 14 章，第 8 节。

③ 参照利特尔顿，《当代评论》，1909 年 2 月号。

是整条裤子费用的极小部分”。[1] 建筑公司聘用工程师从事工程工作，由于聘用这些人只是偶然的，在整个生产力量中占极小部分，所以这些工作也属于同样地位。同样，最初劳动在商品中发挥的作用很小，由零售商的工作增加在批发价格上的量很大。“例如，我们发现付给妇女服装制作者 10 便士或 1 先令，而这件女服以 25 先令到 30 先令出售，很清楚所付的工资比起零售价来是这样的微小，甚至工资增加一倍，它对价格的影响即使有也极小。”[2] 这种情形即劳动在一个特定生产过程中所起的作用很小的情况也许是相当经常的，随着生产中工厂和机器设备的相对重要性增加，这种情况的出现将更加经常。一位作家甚至提到，“大多数企业生产中的劳动成本通常不足以重大地影响制成品的价格”。然而应该注意，在煤生产的重要工作中，采煤工人的劳动形成总成本中的极大部分，因而上边所讲情况在这件事情上不适用。

第三，我们懂得，生产中合作性要素的供应越有弹性，任何物品的需求可能弹性越大。这个事实说明，在使用无弹性原料供应的企业中劳动需求特别无弹性。除原料外，在任何企业中与劳动一起工作的主要合作要素是资本手段、经营能力和其他劳动。从长期观点看，对任何单一企业的这些供应无疑有极大的弹性。但从短期或中期观点看，它可能是无弹性的；因为专业用的机器、经营能力和其他劳动，不可能一眨眼之间创造出来或从其他地方搬来，也不可能一眨眼之间毁灭掉或搬往其他地方。因此同样造成

① 《双周评论》，1908 年 8 月，第 225 页。

② 凯德伯里和香恩，《血汗劳动行业》，第 124 页。

需求弹性的力量从长期看要比从短期看强大；还应该补充，在某些企业尤其是煤矿企业中，大自然本身就起十分重要的生产合作要素的作用。有些时候产品需求扩大，必须派新手去煤层工作，新手比那些寻常工作的人，工作更困难生产成果更少。[①] 从短期观点看这意味着劳动需求的高度无弹性。

第四，我们都知道，对任何另一些有助于生产的物品的需求越有弹性，对任何物品的需求的弹性可能越大，这个事实暗示从事制造高度无弹性需求商品的工人劳务的需求特别无弹性。当已知对任何商品的公众需求的弹性时，从短期观点看，对这种商品新产量的需求弹性的大小显然要根据它能不能容易地为库存而制造。除了这一点，不同种类商品需求的弹性所依据的条件已在第 2 编第 14 章讨论。就我们当前目的而言，这些条件中最重要的是有无外国竞争。对新西兰工资规定的某些后果有人曾提出批评性评论："在某些行业中，雇主由于进口货物的竞争，应付不了额外的生产成本。他们因而放弃他们业务的生产部分而增加进口。在制革和去毛业中，紧跟固定最低工资之后出现了严重的后果。我提一下两个事例，几年前达尼丁地区一家公司关闭它的生产，把工厂搬往澳大利亚，主要由于仲裁法庭施加的条件。一家克赖斯特彻奇公司的人员告诉我，自从约 6 年前坎特伯雷地区法院作出裁定后，极大部分羊皮不经当地去毛工匠的加工就运往伦敦，带毛出口的比例与以前相比大大增加。原来应在这里鞣制的羊皮，现在生皮运出。在仲裁法庭裁定之前，告诉我情况的那家公司支付工资在

① 参考胡克，《统计杂志》，1894 年，第 635 页注。

10,000 到 15,000 英镑之间，现在工资单上的总数只有约 5,000 英镑。那家公司自从裁定实施后每年冲洗羊毛包数不超过 2,000 包；而以前包数为 6,000 到 8,000 包”。[①] 可是关于这种外国竞争问题有必要说一句告诫的话。让我们设想一下，这个国家 12 家企业，规模全相差不多，在国内市场上全都受到同等程度的外国竞争；单独观察这些企业中的任何一家，我们也许得出它产品需求弹性的结论是这样的：在这个国家里制造产品的成本增加 10%，将刺激进口并减少对国内产品需求 50%。就此自然推断，所有 12 家企业全都增加成本 10%，将减少它们国内产品需求 50%，然而情况并非如此。外国的进口集体形成外国对英国出口的需求。因此，因任何理由使增加一种进口变得有利时，其他各种进口趋向于减少，这种调整是通过（不是运用）价格水平的变化而产生的。这样，当由增加的国内成本刺激的额外进口货物流帮助引起对一家企业国内产品的需求缩小时，这种缩小将部分由减少进口促成的另一家企业的扩展而抵消。换言之，对要承受外国竞争的全部英国产品的需求，其弹性小于对这些产品中某一单项代表性产品的需求。结果是其他条件相等，直接受影响的工人更可能受干预提高他们工资的好处，如果干预扩及遭受外国竞争几家企业，工人的好处要比干预只限于一家企业更大。

第 4 节

心中记着这些结果，我们可以继续进行我们调查的下一步，查

① 布罗德黑德，《新西兰国家劳动规章》，第 215 页。

问在什么条件下，在一个时候建立的提高那里工人实际收入的不经济的高工资，也将提高整个工人的实际收入。让我们假设，接受不经济高工资工人制造的商品全部由工人以外的人们消费。附带地可以注意到，当使得我们对之感兴趣的特定一群工人的劳务需求无弹性的一个要素是供应无弹性，因而也是某一群合作工人中的"可榨取性"无弹性的时候，第一群工人所得的一部分将被第二群工人的损失抵消。但为了一般分析的目的，我们可以不理会这个相当特殊的问题。

如果在工资率已经提高的职业中劳动需求的弹性小于1，只要雇用劳动的偶然方法或特许等级方法（如第3编第13章描述的）在那个职业里流行，作为整体的劳动总收入（不仅是那个职业的收入）将增加。在偶然方法下，工人将从外部被吸引进入该职业，直到每个人收入的前景在内部和外部达到均等为止；由于留在外部的工人人数因这样的吸收而减少，外部的工资率将上升。这个事实证明，内部和外部总收入必定一起提高。在特许等级雇用方法下，没有人被从外部吸入，也没有人被从内部赶出。因此外部的收入不会变化。由于内部工资按假设增加，结果再次是作为整体的收入增加。如果优先雇用法流行，条件是可以想象的，在那种条件下作为整体的收入不会上升，某些人必然被逐出工资上升的企业，虽然留下来的那些人的收入比他们先前得到得多；劳动流入其他企业，要是这些企业的需求弹性小于1，这种状况可能外部降低的收入大于内部增加的收入。然而如第3章所示，大体上企业中劳动需求有较高的弹性。因而在实际生活中，不论何时在特定职业中强制实行不经济的高工资，只要那里对劳动的需求小于1，整个劳动收入必定增加。

在工资率提高的职业中，如果需求弹性大于 1，类似的推理表明，假如那个职业中流行雇用的偶然方法或特许等级方法，整个收入不能增加。因为某些工人将被逐出该职业，会建立起一种新的平衡，期望每个人的收入相等于其他职业中的收入；而其他职业中由于流入新工人，工资比以前稍低。然而，如果流行优先雇用法，即使需求弹性大于 1，作为总体的收入可以增加。留在工资提高企业中的那些人将得到比以前较多的工资；虽然其他每个人的收入比以前较少，可是，如果在其他企业里的劳动需求有充分弹性，他们的损失不一定大于其他人所得的增加。

第 5 节

现在是放弃第 2 节中提出的假设的时候了。那里假设由工资受干预那群工人生产的商品，是完全由其他人群消费的。凭那个假设的力量，直到此时我们能够不理会货币收入效果与实际收入效果之间的区别。在这个假设无法证明为正当的地方，我们没有理由这样做。货币收入的增加可能伴随实际收入的减少，因而会令人发生错觉。如果受优待的工人生产的商品完全由工人阶级成员消费，这种情况必然令人发生错觉，因为它必然牵涉比工人作为消费者能力的损失更大，不论在流行特许等级雇用法的企业以内还是以外的工人都一样。如果这些产品的消费者一部分是工人一部分不是工人，很难绝对地说，作为生产者工人的所得或作为消费者工人的损失哪个更大。我们所能阐明的是，非工资收入者消费部越大,不经济高工资率的建立更可能成功地带来整个工人实际收入的增加。所以当任何一群工人产品的主要部分由其他工人消费时,虽然不经济高工资率的建立可以扩大受优待工人的总实际收入,但它不可能集体地扩大所有工人的实际收入。这点很重要,因为在实际生活中,由富人制造或者提供富人使用的大部分为奢侈品,而贫穷工资收入者为其他工资收入者制造一般物品。故而博赞克特夫人写道:“在研究最低收入工人地位中最令人震惊的是,他们几乎总是为他们自己阶级的消费从事货物的生产……收入低微的裁缝制作富人不屑一顾的廉价服装;收入低微的仆役提供的服务是任何有教养和有文化者不能忍受的;而真正有教养和有文化的必要条件,我们指的是艺术、音乐和文学这些东西,要由专业人员才能生产”。[①] 她还写道:“大量工资收入者从事为其他工资收入者的利益而生产,与非工资收入者阶级没有直接关系,大多数建筑工人为工资收入者建造住屋;服装业中极大多数人为工资收入者制作服装;大多数食物制作者为工资收入者制作食物。尤其是血汗行业更是这样,他们几乎没有例外地单独为工资收入者做工。他们产品价格的上升单独由工资收入者支付。有产阶级怎样有可能为现成服装、便宜裙子、劣质靴子和鞋子或者鱼酱的涨价而支付任何份额呢?这个负担必然落在这些物品的消费者身上,他们是工资收入者”。[②] 当然博赞克特夫人并不认为,富人的奢侈品中没有穷人劳动发挥的重大作用。但是在英国似乎没有很

① 博赞克特,《人民的力量》,第 71 页。

② 同上,第 294～295 页。

多穷人的劳动力从事于这种奢侈品的供应。[①] 结果是，在一群特定工人中建立不经济高工资率，很不可能比当不理会货币收入和实际收入间区别时从表面看来那样能引起整个工人收入的实际增加。[②] 然而，迄今为止，依旧留有可能引起此种实际增加的可能性。

第 6 节

但是阻止此种可能性实现的有一种集体趋势在起作用。如果在任何企业中用控制工资方法增加全体劳动者的实际收入，那么社会生产力的较小部分得留供资本支付劳务之用。要是国民所得的构成没有变更，这就意味着提供给新资本实际利率的下降。国民所得构成的改变，实际上是由于生产脱离它的自然渠道所致，这就不能阻止国民所得下降的发生。因之看来，控制工资率不能为总的劳动带来利益，否则必定引起提供给储蓄的回报的缩小。现在肯定可信的是，实际利率的下降不会引起每个人储蓄的减少。有些人储蓄的目的在于死时为孩子留下一笔确定的储蓄，那些人的储蓄实际上会增加；很富有者的储蓄，仅仅是满足他们习惯生活标准后把多余的钱存放起来，这种储蓄也根本不受影响。可是毫

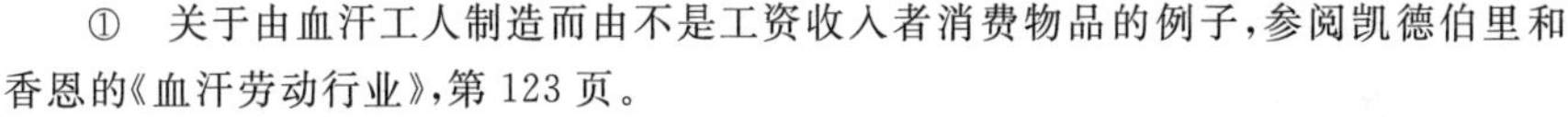

① 关于由血汗工人制造而由不是工资收入者消费物品的例子，参阅凯德伯里和香恩的《血汗劳动行业》，第 123 页。

② 为什么当特定一群工人努力设法强制提高工资率高于正常水平时，特定一群工资收入者的利益和整个工资收入者的利益会发生冲突的理由，不是普遍认为很有可能。如 H. D. 亨德森先生提出的，大多数工资上下运动与商业周期连在一起。根据这个论点，不同工人群体的工资率通常一起上升和下落，所以由外行观察者看来，似乎存在比实际存在的较大的利益一致（《供应与需求》，第 157 页）。

无疑问，从总体上说，利率的下降会在某种程度上缩减储蓄，当然储蓄的缩小会带来提供新资本设备率的减少。这样，一种间接的影响会起作用，往往使未来几年内的劳动报酬降低。直率地说，这里有一个不利于协调的趋势。此外，这个趋势有数量上的重要性。因为，假设准备采取一种政策，它虽然在当时增加劳动的实际收入，却引起新资本的供应每年减少1%，数字不一定比以前投资减少，而是比不实行这个政策本来可以达到的投资减少。在任何一年内这个国家资本设备总量的损失不会大，但每年的损失是累积的。譬如说10年以后，可以支持劳动进行生活活动的资本总量要比不受损失本来可以达到的数字少得很多。[①] 而且，这个资本总量的减少还因它本身必然引起国民所得的减少的事实而更加严重；因此劳动每年任何特定总数的转移必定给予利润不断增加的负担；所以国民所得的减少(或增加的限制)第二年必然大于第一年，第三年大于第二年，如此继续下去；所以资本总量的下降率必然累进地加快。随着资本数量下降到低于不这样本来不会达到的程度，劳动的年收入也就不断下降。到最后，看来由于这个政策，在最初时它将以损害国民收入为代价使劳动得到利益，这种积累的趋势必然会流行，因而从足够长的时期看，已经建立的任何协调必然消失。然而相对于资本总量而言，每年新资本的创造数量很小，结果是每年资本创造量的任何可能变化非常之小，协调的趋势将难以发挥作用。这些情况暗示，在特定职业中不经济高工资建立后，有一段时间不协调会盛行。

① 参考马歇尔，《工业经济学》，第372～373页。

第 7 节

直到此时，我们关心确立不经济高工资的后果，好像它是单一的独立的行动。可是在实际生活中，它不可避免地与保护困苦人们的国家政策混合在一起。如果在某个职业里实行不经济高工资使若干人长期失去工作，政府势必帮助这些人。因此，如果我们把政府提供受帮助者的救济看做穷人实际收入的一部分，他们的实际收入从这个较广泛意义上说，将被国家为降低他们实际收入而补救的政策所提高。这样，在某些职业中强行提高工资率，我们可以假定有损国民所得，那些留在企业里的工人收入的增加要比被辞退的工人的损失稍少。此时对国民所得的后果和对穷人较狭窄意义上的实际收入的后果之间存在协调一致。可是，如果由于增加失业，国家帮助穷人的开支要比如果没有这批人失业本来的支出要多 100 万英镑，此时在对国民所得后果与对穷人在较广意义上的实际收入的后果之间存在不协调。这样就为主张强制提高低等职业工资率有点特殊的论点打开道路。可以承认，国民所得和总的劳动实际收入均将减少。但是可以断言在所有情况下如果雇用的优先方法流行，没有它便赚得太少不能独立地维持体面生活的一部分人现在将得到适当的收入；当然另一部分人将比以前赚得少——也许根本没有收入——但由于国家的行动，他们的收入不一定比以前少。这样我们将看到的情况是：不是一大部分人他们全体偶尔或部分得到国家的支持，而是有一个中等规模的人群能完全自我支持，另一个中等规模的人群根本不能自我支持。从作为整体的经济福利的观点看，特别是如果条件能够使完全自我

支持的人群比其他人群大得多，那么以后的状况可以认为能向好的方向发展，尽管它只能带来较小的国民收入。无疑有人可能反对，他们说现在被认为完全自力支持的人们，实际上将得到一种特殊税收帮助的支持，这种税向购买碰巧由他们制造的商品的人征收；这样对相对无能力公民的照顾成为加在全社会头上的义务，而不仅仅加在购买墙球或不论什么此类商品的那些社会成员的头上。然而对这种反对可以回答，只要相对无能力公民负责任生产一般消费品，只要他们为城市或国家做与不打算出售的商品与劳务有关的工作，上边的反对意见便失去大部分力量；无论如何因为每一种间接税必然“不公正地”打击某些人，但打击没有很大的分量。此外，因为得到好处的工人想不到自己在任何意义上“受他们顾客的救济”，所以在他们身上不会产生类似“有污点穷人”那种任何有害的道德自卑感的危险。坦率地说，引起这种思考的问题不可能有任何普遍解决的办法。任何时候有人根据本节提出的理由提议在任何职业中实施不经济高工资，只有在全部有关条件作了细致的研究后，再仔细衡量相互冲突的趋势才能作出决定。

第 6 章　定量供应

第 1 节

在第 2 编第 13 章中曾进行定量供应政策作为国家控制在竞争条件下生产的商品价格的辅助办法的讨论。现在需要根据另一种观点对这种政策作简短的研究。对富裕阶级定量供应必不可少的商品(不管是否伴随价格控制)可以宣称为保证穷人以合理价格得到充分供应的手段。初看时这个政策似乎可以一方面影响国民所得的大小,另一方面影响归属于穷人的国民所得的绝对份额,从而引起不协调。事实上问题是否如此将在本章加以考察。

第 2 节

在世界大战的特殊紧急时期,某些物品供应因不能克服的原因而短绌,允许售货人漫天要价。如在第 2 编第 12 和 13 章所提出的理由,价格控制和定量供应并未大量减少国民所得的规模。与此同时,这两种办法共同救助穷人免除一场非此不能避免的灾难。工资外给予巨额奖金不能使穷人获得必不可少的物品,因为物资供应短缺而富人的需求无弹性。这些物品的价格确实被迫上涨，但富人以支付更多的钱为代价，从不充足的供应中依旧得到与以前一般多的东西，但相应地降低穷人可以得到的份额。这样穷人在实际收入上遭受巨大损害，即使他们的货币收入随着总物价上升成比例提高。可是实际上不能得到对他们至关重要的特定物品。此外，只限定最高价格没有定量分配是不够的；因为富人使用种种有利条件，仍旧能从市场上获得最好的东西供其消费。战时物价控制加上定量供应，这两个事实不会损害生产，确实有利于分配；于是人们有时推断，这个同样政策在正常和平条件下继续执行会产生同样协调的有利结果。那是我们需加判断的问题。

第3节

尝试着阐明这个问题，我们必须根据目前的观点，弄清楚定量供应和限制物价之间的关系。显然，在一个短暂的物资短绌时期，使用一种特定定量制度，有可能使大量受控制物价的任何一种不超过最大限价，因为在短时间内产量和提供出售的（在限度内）数量与价格无关。但是当我们为正常时间考虑一个政策时情况就不同了。首先假设特定数额的定量建立起来，而不同时规定价格限制，那么每个人购买他应得的全部，这暗示有一个确定的需求数量；一般说来只有一个价格才适合这个数量。如果国家固定的最高价比它高，销售者不能按照这个价格销售，最高价等于虚设。另一方面如果国家定价比它低，就没有足够产品使人人买到他的定额；因此，如果要使定量有效，也就是不论谁要买他分配的定量时就能够得到它，整个定量规模必须改变以适应新的价格。其次假设建立了特定定量规模，而其规模限制某些人的购买，其他人的购买量少于他们的定量规定。和上边一样，对于任何一个被购买的总数都有能引出那个数量的单一价格与之相称；和上边一样，如果国家限定的最高价比这个价格高，最高价等于虚设，如果国家限定的最高价比这个价格低，初看起来可以建立新的平衡，平衡中某些现在购买少于他们定量的人可以买到全数。但是事实上，较低的价格必然意味着较低的产量，以致没有人能买得更多，甚至没有人能买到和以前一般多的物品，除非别人买得较少。因此，必然发生的情况是，先前购买全部定量的那些人中有人现在不能（虽然他们依旧希望）这样做了。此时定量规模再次变为无效，必须建立新的和较低的定量以适应新的价格。因此一般地说，对于任何有效定量规模，只有一个价格水平能够相称；国家不可能建立任何其他价格水平而同时不建立另一种有效定量规模。这个结论对于我的眼前目的非常重要；因为它使人们既不必研究定量供应本身，也不必研究伴随价格控制的定量供应。当调整常数时这两件事能以确切的同样方式计算出来；当单独审核了定量供应的后果时，整个问题得到彻底的了解。

第 4 节

很明白，任何旨在造福穷人的定量供应制度必须以降低富人消费量为目标而设计。例如，以穷人能接受规模的统一面包定量并不符合这个目标，因为在正常情况下穷人每人比富人吃较多的面包，这样的事实并不真正切题。我们这里关心的不是技术细节而是原则；意在增加作为整体穷人可以得到供应的任何定量供应制度的设计必须是——当然其规模不需一律——它削减富人可以得到的那些东西。了解了这一切，我们对正常时期定量供应的分析可以继续进行。分析对在降低供应价格条件下生产的商品与在增加供应价格条件下生产的商品作不同的分析。

第 5 节

从企业观点看，渐渐减小的供应价格和从市场排挤相当富裕者一部分需求的最后结果必然收缩商品生产。因此，如本书第 2 编第 11 章所示，无论如何由于目前正在生产的东西太少——因为从企业观点看来渐减的供应价格通常意味着也是从社会观点看来渐减的供应价格，因而会减小国民所得。与此同时，价格的上扬——这是在渐减供应价格条件下生产物品的供应缩减必然引起的结果——迫使穷人或者购买比原来要买的较少的商品，或者为他们买下的东西付更多的钱。这样他们清楚明白地受到损害。国民所得和穷人在其中的份额同样受损，它们之间的不协调是不可能的。

第 6 节

从企业观点看，渐增供应价格也会排挤一部分需求，当然也收缩商品生产。如果情况是这样：从企业观点看渐增的供应价格意味着从社会观点看是不变的供应价格，在没有干预下生产的产量将是使国民所得最大化的恰当的产量，强制缩减它会减少国民所得。相反，如果情况是那样：从企业观点看渐增的供应价格意味着从社会观点看也是渐增的供应价格，在没有干预下生产的产量——如在本书第 2 编第 11 章所示——将会太大，不能再使国民所得最大化，得强制缩小它，如果不是超过某个明确的限度，将有益不是有损于国民所得。无论哪种情况，商品价格将下降，致使穷人可能得到较多商品，并肯定能以较低价格得到它。因而穷人必然得益。在上文区分的第二种情况下，如果削减富人的需求不是太大，存在一种与在渐减供应价格下发生的一种相反的协调；国民所得和归属于穷人部分都将增加。但是，如果遏制富人购买推动得超越某一点，就会出现不协调，穷人依旧获益，但作为整体的国民所得蒙受损失。在上文区分的第一种情况下，不管遏制富人购买的程度如何，都要出现这种不协调。

第 7 节

如上分析使事情变得清楚，存在正常时期实行定量供应制度的条件，如果管理得完善妥当，不发生任何摩擦，将产生净社会福利。然而这样说并不证明实际上在正常时期对任何商品实行定量供应是合乎想望的。不但政府官员的管理本领有限，而且大量麻烦与恼怒的不利平衡，在任何正面有利条件能开始起作用之前被抵消殆尽。此外，必须记住，因为富人人数相对的少，他们对普通物品的消费——煤除外，煤的消费由房屋的大小决定不是由人的身体能量决定——只占总数中的一小部分，对他们每人购买量削减很大的百分比，只引起整个国家消费量削减的极小百分比，对大部分物品的全世界消费几乎是可以忽视的削减。因此一般说来，它给穷人渐增供应价格物品减价供应的效果几乎是难以察觉的。于是实际结论似乎应是，虽然富裕人们自愿限制对这些物品的购买量可以轻微地对普遍利益发生影响，但在目前经济知识和行政效率状况下，在正常时期国家实行任何强制性定量供应制度强制富人削减购买，将是弊多利少。[①]

① 无论如何必须记住，如果只有500个富人以特定比例削减他们对这种类型物品的消费，对穷人的利益将不到1,000个富人这样做的一半；因为一个富人自愿限制消费，另一个富人受因此降低价格的诱惑，抑制不住出价竞买。这就是现在主张强制地（因此普遍地）实施定量供应，反对自愿地实施定量供应的论据。

第 7 章　对工资的补贴

第 1 节

在到处工资率均受劳动供需条件调节的社会里，不存在不经济的高的工资率，不存在除调节以适应工业波动所必要以外的失业，因此国家补贴特定行业的工资，一般说来必定破坏生产资源的分配，[①]并破坏国民所得。一项应用于所有行业的工资补贴政策不一定破坏生产资源分配，但是它不能改善这种分配；虽然在某些条件下它可能增加国民所得，但要做到这一点也许要以引起有太多工作有待完成的代价，因此这种做法有害而不是有利于经济福利。因此在读者能得到现成提供的限定条件下，我们可以作出结论说，在一个没有补贴到处工资率由供需条件调节的社会里，工资补贴政策可能证明是违反社会正常秩序的。

第 2 节

然而在实际生活中，可能发生在特定行业中或在整个工业里，工资率建立在不经济的高水平上，也就是说建立在太高以致

① 参照本书第 1 编第 9 和第 11 章。

不允许劳动需求吸引劳动供应的水平上，在这种情况下失业的人要比因产业波动他们必须进行暂时变动得更多。因而有理由相信，在英国战后萧条时期，部分通过国家的直接行动，部分通过失业保险发展给予工人组织额外的谈判力量，在一个广大区域把工资率定在上述意义上不经济的高水平上。那里这种性质的状况盛行，那里舆论坚持认为失业者无论如何应该得到赡养，工资补贴政策不再像初看时那样违反社会正常秩序，而是需要给予更多考虑。

第 3 节

以高度简化地想象事情的方法最容易弄懂社会收益的可能性。设想有一个农业社会，那里农场主拥有土地和雇用劳动者，所有劳工都有同样技能；假设除小麦外不生产其他作物，并设想他以实物支付工资。再设想劳动条件就是这样，即每天以 1 蒲式耳小麦作工资，所有劳动者都能找到工作。但当工资率提高到每天 1.25 蒲式耳时，有 10%劳动者失去工作，而小麦总产量不再是 A 蒲式耳而是降低到$(A-a)$蒲式耳。设想国家为人道原因坚持，一个失去工作的人每天应得$\frac{1}{3}$蒲式耳作为维持生活之资，让他们从农场主那里取得使这个办法成为可能所需的不管多少小麦。在这种情况下容易看出，在一般情况下如果对农场主的收入征税，或者对他们土地的租赁价值征税，国家使用这个收入发放工资若干百分率的补贴，劳动者必然获益，农场主通过征税产生的损失，由小麦额外产量和他们为失业劳动者的储蓄得到补偿时可以获益。可是为全面理解这个情况，使用几个符号是有帮助的。[①]

第 4 节

设有$(x+h)$个工人属于一个特定企业，它的产品不出口。设w_2是所有工人能得到雇用的工资；w_1是实际确定的工资；x是实际受雇用的人数。如果当时允许事态“自然”发展，h工人将被该企业解雇，为了人道的缘故，这些人无论如何应予赡养；所以我们假定付给他们每人r，为把道理说得尽可能妥当，付给他们的总数hr从非工资收入者那里取得。这是没有任何补助时的安置方式。现在假设付给每个受雇工人补助，补助率为$s=(w_1-w_2)$；并假定为此向非工资收入者征税（如所得税）筹集基金。付给每个工人的工资（包括补贴）此后仍为w_1——已经在工作的工人得到的不比以前多——但现在基金给予这个行业雇主的可使他雇用$(x+h)$个工人而不是x个工人。招来的h个新工人的产量将有相等于hw_1和hw_2中间某个数额的价值（取决于劳动需求曲线的斜率）。假设这个数额为$\{hw_2+hc\}$；在劳动需求曲线成直线的特殊情况下，它等于$\left\{hw_2+\frac{1}{2}h(w_1-w_2)\right\}=\left\{hw_2+\frac{1}{2}hs\right\}$. 根据这些数据，容易计算出损失或获益。作为整体的工人显然获益，因为他们中新增的h个工人以足额工资w_1雇用，这是讲定的。非工资收入者关于不管怎样都要雇用的x个工人而言既不获益也不损失。

725

① 下面的分析是由剑桥大学国王学院拉姆齐先生向我提出的。

关于其余新雇的人，他们得到工资加补助相当于 hw_1；他们得到额外产品其价值等于(hw_2+hc)，此数少于 hw_1；他们节省下来付给失业工人相等于 hr 的费用。因而他们的净收益等于$\{hw_2+hc+hr-hw_1\}=h(r+c-s)$. 只要要求的补贴率小于本来要付给失业工人的捐助率，此数必然为正数。当这个条件得到满足时，显然，劳动的绝对收入还有作为整体的国民所得，必然都大于其他情况相同但不支付补贴时它们原来的数额。①

第 5 节

上边的分析明确地限于产品不出口的企业。如果补贴政策应用于出口产业，收益与损失的平衡不易满意地算出，因为外国而不是本国使用者将得到由于补贴使价格降低的利益；实际上英国非工资收入者将支付为外国人所做工作费用的一部分，要是没有补贴，这一部分费用本来要由外国人自己支付。因此，如果外国的需求有如此之大的弹性，以致使用补助 s，就业就将从 x 增加到$(x+h)$，这样$(x+h)s$ 小于 hr. 英国非工资收入者会得到净收益。因此，以补贴作为减轻不经济高工资率坏效果手段的理由，对于出口企业比对其他企业更是确确实实不能成立的。然而，即使这样，补贴这个办法显然还是有相当大的范围可以应用。它能减少(使用不经济高工资)任何企业中的失业量；只要它使用的规模适当，并限于产品不出口的企业，这个办法将相应

① 在特殊情况即那里劳动的需求曲线成直线时，净收益等于 $h(r-\frac{1}{2}s)$；假如补贴率小于对失业工人捐助率的两倍，净收益数必然是正数。

地增加国家的实际收入。

第 6 节

上面分析无论怎样在原则上赞成在非出口企业中使用工资补贴政策，假如认为维持不经济高工资率是理所当然的。然而当我们从一般性思考进入更细致思考时，隐藏的危险就暴露出来。最明显的困难与不同职业中工人的比较待遇有关。如果所有职业彼此严格分开，以至于不但没有人能直接从一个职业转移到另一个职业，而且他们中新的一代达到就业年龄时选择就业也严格固定，那么什么事情都十分简单。每一个职业可以作为单一问题来对待。可是在实际生活中，不同职业不是严格分开的，因此必须考虑补贴政策在修改隶属于不同职业的工人比例中可能产生的后果。如果给予所有职业的财政鼓励完全一样，就不会产生这种性质的后果。然而实际上不能怀疑，较大的补贴应付给比其他企业较低工资率和较大失业的企业。例如在目前状况下，相对困难的工程业和造船业肯定要求比(譬如说)铁路业更有利的待遇。随着任何企业产品需求的下降和困难变得更加明显时，它们总是要求比其他企业实行较高(包括绝对的与相对的)的补助。这样的请求常常得到同意。结果是将派太多的人去往某些企业并在那里工作，太少的人派往别的企业。需要政府方面以不寻常的力量和能力去阻止工资补贴政策以这种方式发挥作用。如果没有政府干预，由此产生的社会损失可能相当巨大。还有第二个严重危险。如果可以控制工人的工资要求和补贴总额，如果工人要求绝对不受政治压力的影响，采取上述政策不会引起工人要求工资率的任何改变。

可是实际上，一旦采用了这个政策，作为其结果，失业降到低水平，工人会有强烈诱惑要求较高的工资率，而希望从增加补贴得到弥补的雇主不可能十分顽固地拒绝这些要求。在这种情况下，工资率与补贴率将受到不断向上的压力。甚至在静止社会里会存在的这个趋势会在实际世界上更加突出；因为在经济兴旺时期，工资像现在一样趋向上升；随后当不景气来到时，很可能使雇主和工人一起行动强烈要求增加补贴以阻止工资再次下降。国家年收入用于提供补贴的数额因而趋向于不断增大。加在非工资收入者身上的负担将提高到超出给予他们的利益，两者之间的差额一直加大，以致他们在工作和储蓄中所作的服务积极性将受挫伤；到最后国民所得和工人从中享受的实际绝对份额将减少。

第 7 节

大致上的结果就是这样。如果工资收入者坚持保持实际工资率高于上文解释意义上的经济水平：如果国家不采取缓解行动，不正常数量的失业以及由此产生的物质上与精神上的浪费是不可避免的伴随物。从原则上看来，这个危害不会给整个社会带来损害，能由工资补贴制度使之大大减轻。但实际上，很可能应用这样的制度会把事情搞糟，而依靠它的社会，损失的要比收益的多。

第 8 章　由相对富人向相对穷人的直接转移

第 1 节

现在我们转而讨论实际上最重要的可能产生的不协调领域。
给予文明国家穷人的帮助是主要通过某种国家机构，以大量不同

理由由他们富裕的同胞负担费用给予的。1925 年英国，由中央政
府基金对社会公益服务，主要对老年年金、教育失业保险、健康保
险和住房的拨款总数达 11,300 万英镑，而地方当局基金主要为教 729
育和济贫法救济拨款达 7,900 万英镑。[①] 显然在这 19,200 万英
镑中，极大部分实际上代表相对富人为相对穷人的利益而作的收
入转移行为。初看时，这种转移(这种帮助意味着)必然增加(它肯
定如此安排，以致它将增加)穷人能够得到的实际收入。因此，任
何帮助穷人的特定形式是否会引起不协调问题，常常相等于它的
间接影响是增加还是减少国民所得的问题。这个问题——在它的
这个或那个不同方面——将是本书以下 4 章的讨论主题。但是，
在正式开始讨论之前，对两个流行论点须作简短的论述。一个论

---

① 参照卡尔·桑德斯与琼斯，《英格兰和威尔士的社会结构》，第 158 页。

点断言，不可能对穷人有资源转移，因为，所有从富人处拿来的钱实际上是从穷人处取得的；另一个论点断言，转移是不可能的，因为受益人将所得到的都以同意接受较低工资形式全部归还给富人。

第 2 节

采取第一个论点者的立场是，任何为某些穷人利益从富人那里征收金钱，不管是自愿的还是强制的，必然意味着在别的穷人身上施加基本上相同的负担，方法是降低富人不得不购买穷人劳务的价格。这个观点的基础概括如下：很明显，富人的大部分支出直接或间接使用在雇用劳动上；同样明显的是，如果富人的收入减少，譬如说对他们课税 2,000 万英镑，他们为消费和资本投入的支出必定缩减相应的程度。某些人集中注意于这些事实，立即得出结论：如果没有这笔税收，这笔开支本来会用于雇用工人的劳务——完全相同论证也适用于自愿捐献——因此工人必然遭受接近于 2,000 万英镑征税数字的收入损失。然而这样的议论忽视如下事实，从富人处收集的 2,000 万英镑按假设转移给穷人，由政府支出这笔钱对就业的贡献而言可能不比由富人支出这笔钱能得到的效果少。无疑，如果我们仔细考虑为穷人利益增加富人 2,000 万英镑税收的直接后果，这等于看到在一个地方失去职业的一批人不是在另一个地方找到工作的同一批人；因此受特殊才能训练的一群人可能发现，他们获得技能形成的无形资本成为永久无价值的东西。但是这个损失不是征税的结果，而是税收变化的结果，同样会出现在为穷人利益向富人征税减少 2,000 万英镑的后果中。我们的问题与这种性质的事情无关。我们必须做的是在一种在其中从富人那里收集不到任何东西交给穷人的永久性制度，与另一种在其中可以征集 2,000 万英镑交给穷人的永久性制度之间进行比较。这种比较与我们刚才讨论的事情无关。大略地和不顾特殊状况地说，我们可以说，无论 2,000 万英镑是否每年从任何一个阶级转移给任何另一个阶级，对雇用劳动和付工资给劳动的关系极小。因而认为这个领域的反应将使转移的尝试归于无效的想法是不实际的。

第 3 节

上文区分的两个论点的后一个断言，如果任何一群穷人接受任何形式的补贴，他们因之愿意以少于他们劳务价值的工资为他们雇主工作，实际就这样把他们收到的补贴返回给富人阶级的成员。这个观点部分以先验的推理为基础，部分以称为经验的东西为基础。因而它需要进行双重讨论。先验的推理从如下事实出发，即济贫法补贴使一个人能接受比他若不是饥饿与严重困难不可能接受的更低的工资；这个推理继续断言，如果现在能使一个人为较低工资工作，今后他将愿意为较低工资工作。无疑在某种特殊环境中，当一个工人接受的补贴不足以使他过习惯的生活标准的生活时，他遇到对他占有垄断地位的雇主，这个结论是有根据的。可是一般说来，在雇主之间存在竞争的地方，这个结论就站不住脚了。一个过去积蓄有一定财产的人，他能够比没有积蓄的人为较少的工资工作。一个百万富翁甚至比一个靠救济的穷人更能为较少工资工作。然而这种忍受能力非但不可能使他会在市场的讨价还价中达成亏本的买卖，一般说来这种能力很可能具有相反的效果。一个有很好工作的男人的妻子不可能接受异常低的工资，相反，为这个和那个理由能够经得起“拒绝服从”的女人，一般地她属于那些最顽强抗拒这种低工资的人。[①] 然后让我们转而谈谈根据所谓经验的推理。我们从得到公认的两件事实开始：第一个事实是，接受济贫法补贴的年老体弱的人常常在私人雇主那里从事的那类工作中赚取比寻常工资低得相当多的每小时工资。第二个事实——据在 1832 年济贫法委员会前所作证词——是拒绝济贫委员给予支助工资的救济，“很快起到使农场主付给其劳动者公正工资的效果”。从这些事实可以推断，在济贫法补贴存在的地方工人得到的工资低于他们为雇主所做工作的价值。可是这个推断不合逻辑。有一种供选择和较可能的解释：给年老体弱者，每小时低工资是不是因为这样的情况，即这些人在一个钟头里能做的工作质量差或数量少呢？关于旧济贫法，是不是未改革的救济制度实行时会引起人们懒散地不好好工作，当旧济贫法取消时，他们工作卖力，这就是他们工资增加的原因。一种认为对经验的真正分析要沿着这个思路进行，而不是根据那种意见，即受救济的人工作的报酬少于他们替雇主工作的价值的观点，可能是由一般的考虑形成的。新近的调研进一步证实这一点，调研结果往往表明，两个人惟一的不同在于一个接受另一个未接受济贫法的救济，他们的其他情况完全相同，他们的工资事实上也一样。1909 年济贫法委员会指派的调查员调查院外受救济者的工资状况，作为调查结

① 以外包女裁缝中的情况说明这种道理，参考维西利茨基，《外包工》，第 17 页。

果写道:“我们未发现任何证据,表明妇女工资收入者因为她们家庭接受院外救济,工资被削减,发现这样的工资收入者全部以相同的工资率工作,而周围数量大得多的未接受救济的女工完全淹没了她们……我们未能找到证据表明赤贫受救济者的女儿由于她们与赤贫者的间接关系接受比别人低的工资率或挣得比别人少”。[①] 因此,这个论点与第 2 节提出的那个论点一样是站不住脚的。通过慈善机构或国家行动,资源从相对富人直接转移给相对穷人,不管其最后结果证明是什么,至少不是不可能的。当然,这个结论并不否认由助手工或任何别的工人做的“附加工作”稍稍降低其一般工资率。[②]

第 4 节

鉴于这个结果,我们可以不受干扰地继续讨论我们的主要问题——决定不同种类的资源转移对国民所得大小的影响。看来似乎某些种类的转移可能增加国民所得,而另一些种类可能减少国民所得。因此我们必须研究这种或那种相反结果的发生所依据的条件,以分析的方法最有效地考查这些条件,分析中最基本的是区分转移的事实后果和转移预期后果之间的不同。当然当我们必须征税时,征税是一次性了结的,以满足某种特殊的需要,并不预期它正常地继续下去,不必考虑通过预期产生的后果。但是在寻常

① 《皇家济贫法委员会报告》,附录,第 36 卷,第 6～7 页。

② 参照上文第 3 章第 10 节。霍里奇博士在他所著《移民与劳动》中似乎忽略了这一点。因为他认为进入美国的移民以相等效率的工作,其工资不比当地美国人较低,他以这个结论意指移民并不影响当地美国人的工资。

时候，征收一年税收的事实会随之带来在以后年份继续征税的预期，所以事实后果与预期后果是相关联的。我将首先考虑从富人那里转移的预期，其次考虑向穷人那里转移的预期，以后再考虑转移的事实。

第9章　从相对富人那里转移的预期对国民所得的影响

第1节

从相对富人那里征税的预期，像从任何其他阶级征税一样，对国民所得所起的作用要根据征税是自愿还是强制而不同。自愿税款的捐献意味着发现了新的用途，人民希望把一些资源投入这个用途比他们希望投入其他用途更加热衷。这还意味着他们拥有资源的愿望增强，为了得到资源他们作好等待与努力准备的意愿也增强了。因此富人自愿从他们那里转移的期望很可能增加国民所得的规模。“如果国家试图强制实施普遍的捐助，它将有灾难性的后果，只有所有人都能聪明地行善，才能有有益的结果。”[①]因此，简短考虑一下，现代世界上存在多大范围这种类型的转移是重要的。

第2节

能够并确实在采用的最明显形式是富裕的劳动雇主对他们工人的慷慨行为。因为这些工人一生中的大部分时间生活在他们雇

① 卡弗，《社会正义》，第142页。

主供给的住房里，生活在主要由雇主控制的条件下，雇主有力量以特殊的效果为他们的利益花钱。与挑选出来的工人代表小心合力行动，雇主能给予方便的设施、娱乐的机会和受教育的机会，并把使用和享受这些作为雇用年轻工人的条件。这样，伯恩维尔的凯德伯里先生要求他 18 岁以下的雇员参加正规的体操班和正规及精心策划的教育课程，这些教育由公司部分提供和部分付费。[①]工人为提高工作效率享受的特殊机会已牢固地成为富裕雇主的特殊责任感。著名的荷兰雇主范・马肯对这种责任感有令人钦佩的表白，当时他宣称："在我看来雇主的责任在于以他拥有的每一种手段——良心、知识和金钱——帮助他的下属得到生命富有价值的最高境界。我自己的信念是，在做这些事情时雇主不会有牺牲。但是如果他认为需要他必须作出牺牲，不管从物质或者道德观点看，让他作出牺牲直到他能力的极限，这是他神圣的职责"。[②] 随着富裕雇主中间舆论教育的普及，我们可能找到越来越多此种保护者责任感的增长。此外，这种责任感又得到利己主义考虑的加强和扩展，那就是仁慈地对待工人常常是极佳的广告宣传，间接带来巨大利润。关于这一点我最好还是引用阿什利极有道理的话："不要为那个理由讽刺地藐视它(雇主的福利工作)，我认为这是特别令人鼓舞的事实，并且为人的本性带来崇高荣誉。它表明世间存在消费者良心这个东西。美国消费者联合会工作和英国基督教社会联盟的整个基本精神，就是使人人知道在令人满意工作条件

① 参考凯德伯里，《工业组织中的实验》，第 17 页。

② 米金，《模范工厂和村庄》，第 27 页。

下生产的厂商是'好企业'；随着这种做法越来越引起公众注意和在所有阶层中有越来越多的同感，我期望这种做法会越来越普及”。①

第 3 节

资源的自愿转移也可以采取通过同一城市的共同公民身份被此联合的富人方面给予穷人仁慈行为的形式。这里有一种特殊的关系形成对仁慈行为的特殊刺激。因为公园和儿童游乐场的富裕捐助者可以选择他捐赠物的形式，以某种方法指导其使用和目睹这个成果在他眼前发展，能使他有满足感。这个当地化的仁慈行为很容易扩展为范围更大的爱国主义，它不仅使一个共同城市里的老乡感兴趣，而且使共同国家里的同胞感兴趣。纯粹的公益精神常常导致富人自愿提供去世后的大笔财产的一部分为穷人服务。公益精神也常常得到渴望由捐献事实内涵的权力意识的加强。这种意识在某些人身上是强烈的。

第 4 节

促使人们为公益目的进行这种或那种形式资源自愿转移的道德动机已形成相当强大的力量，我们应该激励其继续向前发展。马歇尔在书中写道，“无疑人们有能力做到比他们通常给予的多得多的无私服务；经济学家的最高目标就是发现这个潜在的社会资

① 凯德伯里，《工业组织中的实验》序言，第 13 页。

产怎样能更快地发展和更明智地利用”。[①] 这个目标还远未完成。然而人们完全了解，政府，如果它愿意做，就有力量引导这崇高的动机用于对社会底层其他人的慷慨行为。为了声名与赞誉可以做许多事情，声名可以作为对富人慷慨提供的报答。这样，从富人那里的资源转移可以以微妙隐蔽的方式不使任何人花费任何代价地用荣誉和奖章购得。这些东西既是声誉的标记又是声誉的载体；因为，当一个无价值的人得到声誉的装饰时，对装饰者表示或假装表示尊敬的那些人，也对受装饰者表示间接的尊敬。无疑，发出新的奖章在一定程度上可能减少那些已发奖章拥有者的价值。在高明砌砖匠中间授予功绩勋章的广泛散布，消失了它对那个阶级的吸引力，那个勋章原是为它的利益最早设计的。可是这个困难可以设法在很大程度上加以克服，那就是建立新的勋章以取代延续使用旧的勋章。因此，完全有可能沿着这个做法，它们可能提供的诱导力足以保证从富人那里获得大量收入的转移，而不使转移的预期有任何减少，它们为建立国民所得提供的等待与努力，反而有可知觉程度的增加。

第 5 节

不幸的是，可以十分肯定，在目前状况下自愿转移降落到大大低于社会一般意识要求的从相对富人那里转移的总数。因此，需要相当数量的强制性转移。这意味着逐渐发展对巨额收入与财产的所有人以这种或那种形式征税，也许主要是直接税。税收实际

① 《经济学原理》，第 9 页。

上最可能采用的是对收入征收的税和对死亡时征收的财产税。以后我们的注意力将局限于这两种税。我们将查究征收这一种或那一种的税将对国民所得可能导致哪种反应。

第 6 节

首先让我们考虑对储蓄没有分化作用的所得税。正如我在别处表示过，我这样做意指在征收所得税时，不论是储蓄本身还是由这些储蓄随后产生的收入均免除征税。[①] 当这种所得税是累进的以便从相对富人那里取得可观的捐献时，在何种方式下将形成征税的预期，并在预期下影响国民所得的规模？关于这点，可以区分为 3 种可能情况。第一种，知道要征收这种税可能把有能力以他们工作赚取巨额收入的人赶往国外生活和工作，不再留在征税的国家。第二，这种税可能把有巨大储蓄能力的人赶往国外投资，而不在征税国投资。第三，这种税可能引起有能力以工作赚取巨大收入的人虽然继续居住在英国，但要做比没有这种税本来会做的较少的工作（或者如即将在下文争辩的，可以想象地做较多的工作）。这 3 种反应情况现在依次加以考虑。

第 7 节

如果一个国家对巨额收入比别的国家征收高得多的所得税，这个事实肯定会形成对有能力赚取巨大收入的人的诱导力，使他去往国外生活；但是有理由相信，居住在他们出生的土地上对许多

① 参考《公共财政研究》，第 2 部分，第 10 章。

富人意味着极大价值——特别是由于财富的优势主要是社会优势——以致需要非常大的过度征税才能影响他们中许多人出此下策。此外，向巨大收入征高所得税的趋向是普遍的现象，因而考虑离开家乡去那里逃避所得税的人必须深思，同样的税收可能在他要去的国家早已开征了。因此，根据这个思路，对国民所得的反应不可能十分重大。

第 8 节

另一方面，初看时第二个反应几乎可以肯定十分重大。因为，尽管富人不喜欢移居国外，看来作为客观规律他不会反对把他的资本投向国外。因而出现这种认为高所得税将以这种方式大量驱逐资本出国的担心；但无论如何就联合王国而言，这是出于对英国所得税法确切范围的不完整了解。确切无疑，一种确实打击资本成果的税，只要它侵害外国人在英国的投资，减少外国人在这里投资的利益，就会促使外国个人撤走他们的资本，促使在英国以外有工厂的外国公司撤走它们的总部。可是这是小事一桩，因为外国在这里的投资在数量上无可否认地少。真正担心的是高所得税把英国所有的资本赶往他国。这个担心并无可靠根据。因为英国所得税与她殖民地的所得税不同，它向在英国获得的收入征收，不仅向在那里赚得的和积累的那些资本征税，一般说来高所得税不会形成诱惑力使居住在英国的英国人将资本向国外投资，因为当他把国外投资的收入从国外带入国内时，他也必须付所得税。根据1914 年通过的所得税法修正案规定，如果他把国外收入留在国外在那里投资，他也必须付所得税。这还不是全部。目前的情况是，

740

投资在国外的英国资本的收入常常必须支付外国所得税或其他税，同时还要支付英国所得税；因此，把资本往外国投资的人非但不能逃税，而且实际上要付更多的税。故而，除了故意的有目的的欺诈行为外，如果英国资本打算逃往国外，英国资本家也必须逃往那里。同样不正确的是为高所得税假设的间接作用，也就是害怕“社会主义”合理地驱赶资本出国而不驱赶资本主人出国；因为据一般推测，“社会主义”不会抓住英国工厂主和让持有外国有价证券的英国人受到伤害。因此阻止高所得税驱逐有能力者去国外工作趋势的同一事实——即他们愿意生活在出生地——同样阻止驱逐他们资本去国外的趋势。

第 9 节

还有反应的第三种情况——即对要缴纳高额所得税那些人愿做工作量的影响。这是一个较复杂的问题。初看时似乎是，对必须交付工作成果税的预期必然在某种程度上妨碍工作的成绩。然而事实并非如此，因为，如果一个人的收入因征税而减少，那么他增加 1 镑收入将满足其紧急需要的重要性，其程度要比收入没有减少前大得多，因而，在某种类型税收下，尽管额外工作只获得减少的净金钱回报，却会产生更大的满足功能。从这条思路继续深入，我们看到如果所得税率表是这样排列的，即对全部同样性质的纳税人不管其收入多少征收同等税率，他们选择做的工作量，根本不会因交税的预期而改变。如卡弗教授作品中所写：“如此分配税额，即要求所有人作出同等牺牲，才能保证（对行业或企业的）压抑最小。如果在任何情况实行同等牺牲，就没有人在获得财富或巨大收入或者进入这个或那个职业时感到压抑”。[①] 现在我们还不完全知道有关收入大小的差异与由收入产生的满足程度的差异之间的关系，还不能说分级所得税的什么等级符合同等牺牲的标准。可是人们普遍同意，成比例的所得税会引起穷人比富人受更重的牺牲，税率中采取某种程度的递增，不会使加在富人身上的牺牲超过加在穷人身上的牺牲。这不是一种站不住脚的观点，因此对富裕阶级所征的税，足以产生我们要求的，转移给穷人的收入能在同等牺牲的原则上以无害于国民所得的方法设计出来。鉴于这样的事实，即当一个有能力的人实实在在投入工作时，他目标的大部分已告“成功”，不会受同样打击他对手和他本人的任何税收的干扰；情况很可能是，在税率表的上部可能采取相当陡峭的累进税率，但不逾越同等牺牲原则规定的限度。然而大家容易理解，符合同等牺牲原则的累进等级其陡度要比要求带来最低总牺牲的陡度要小得多。因此大多数人会同意，比产生同等牺牲稍陡峭一点的等级是合乎想望的。如果采用这样的等级，必然会对有能力者已做工作量和因此对国民所得的规模施加一些抑制性的影响。可是了解这点是重要的，即与通常的意见相反，这种对任何特定纳税人抑制性影响的程度，不是取决于要求他纳税占他收入的绝对数量或绝对百分比，而是取决于这个数量或百分比和如果他的收入略多或略少时要求他支付的数量或百分比之间的关系。

① 《美国研究院年鉴》，1895 年，第 95 页。

第 10 节

当一种不因储蓄而有差别类型的所得税，由于它遏止工作量而减少当时国民所得时，这种所得税也将间接减少未来几年中的国民所得。因为当时较少的国民所得将使投资和消费减少。一种建立在同样总的计划基础上并能产生同等收入但因储蓄而有差别的所得税，可以期望它有较大的效果。我们不必假定，它将与无差别税收产生的影响不同地影响已完成的工作量因而影响当时国民所得的规模。无差别税在一定程度上减小工作产生的利益——以工作成果所产生的不论什么利益；有差别税在较小程度上减小用于消费那部分工作产生的利益，在较大程度上减小用于储蓄那部分工作产生的利益。对已完成工作量的净效果可能在两种情况下完全一样。[①] 然而可以期望，有差别税会比无差别税更严重地阻碍储蓄——尽管它会促使某些人增加储蓄[②]——从而更严重地缩小今后几年的国民所得。有差别税在多大程度上起这个作用，就我们目前知识而言不可能断言。我们所能说的全部就是，如果我们从相当长时期观点看来，差别对待储蓄的所得税的预期，可能比产生同样收

① 如果收入用于储蓄的愿望确定地比收入用于消费的愿望弹性更大，有差别税表明要比别的税对工作量有更大的限制性；在相反的情况下限制性较小。但我们没有理由假定对这两种用途中的一种的愿望，从长期观点看，其弹性比另一种用度的弹性大得很多或小得很多。

② 参照上文第 3 章第 8 节。对于某些人，对储蓄征税可能引起更多储蓄的可能性，等于对于某些人，对工作征税可能引起做更多工作的可能性。在任何条件下能增加储蓄或工作的最小量是足以付清全部税额的数量，这样，纳税人将保有与如果不存在税收他们本来会有的相同数量的可得收入。

入的无差异所得税，对连续分布在一连串年份中的国民所得有较大的破坏作用。

第 11 节

第 5 节中区分的通过它可以对相对富裕者可观地征税的第二种财政手段是对死亡时的财产征收的累计税。这些税精确地相等于对来自财产的收入征收的推迟的所得税，显然对储蓄区别对待。对这种税的预期将阻碍储蓄，从而缩小此后几年的国民所得。然而，因为这种税一般说来到储蓄后几年不再打击储蓄，这种压制作用不一定很大。让我们假设一年征收 2,000 万英镑，这个税额的完成可以使用向 20 万人群每人每年征收 100 英镑（所得税），或者向这个人群死亡时每个人（譬如说平均 20 年一次）征收 2,000 英镑（遗产税）。这两种方法的选择对国家没有什么不同。但它对有关人们是有不同的。因为这些人怀疑地看待未来的税收，如同他怀疑地看待所有未来的事情一般，又因为他们对任何事情的关心，如果知道事情要在他们不再活着时发生，这种关心就大大缩小了。根据第二种方法的征税预期对他们创建的资本量将只有较小的限制影响。此外，还有另外的理由说明为什么遗产税对资本的创建施加相对小的抑制。对资本积累刺激的一部分由富人具有的权力与特权组成。在只有中等财富的人们中，他们有或者希望有孩子，这个动机实际上不可能发挥占支配地位的作用。抚育他们孩子的愿望是他们的主要动机，如果失去这个动机，他们中许多人会选择比他们现在做的更早地从工作中“退休”。但是，如卡弗教授说：“在一个人的

积聚已增到超过保护他下代和为他的家族提供真正繁荣的需要后，进一步积聚的动机改变了。他以后从事企业的动机是因为他爱活动和爱权力。积聚的资本此时变成一种游戏的工具，只要让游戏者掌握这个工具，而他是游戏者之一，仅仅由于他撒手离去后由国家而不是他的继承人得到它的事实，不可能使他对积聚财富感到索然无味”。① 已故卡内基先生以相同的想法写道：“对于这个阶级来说，它的抱负是留下大量财富和在他死后有人谈论他；有巨额金钱从他们的财富中交付给国家，这甚至是更有吸引力和确实是有点崇高的抱负”。我们可以再加上沃尔特·拉塞瑙所说的同样的话：“实业家工作、忧虑、骄傲和抱负的目的就是他的事业，不管它是商业公司、工厂、银行、航运公司、戏院或铁路。他的事业似乎具有形式和实质，并永远与他在一起。看来借助于他的登录账目、他的组织和他的分支机构，他的事业成为一个独立的经济实体。实业家全身心投入于使他的事业成为繁荣的、健全的、有生气的组织”。② 因此很沉重的遗产税能够向巨额财富征收——特别是向出自直系亲属留下的那部分财产征收——不知道这种税的存在和最后必须支付，会施展阻止富人储蓄的影响有多大。

第 12 节

不幸的是，本章的这种分析总的结果十分模糊。也许总的说来，

① 《社会正义论文集》，第 323 页。费雪教授甚至写道：“普通正常的自我造就的美国百万富翁，我相信他倾向于以某种热爱的心情看到他的百万遗产由他的孩子继承”（《政治经济学杂志》，第 24 卷，第 711 页）。

② A. G. 松巴特，《资本主义的精华》，第 173 页。

不像从富人那里自愿转移的预期那样，以征税从富人那里强制性转移的预期将有害于国民所得，特别是如果征收的税率沉重或者陡峭递增。但是我们不能决定这种反面影响的大小，甚至在将要征集税收的数量和将要实施的课税制度已切实地规划妥当时也是如此。[①]

① 对各种形式所得税的比较后果的较全面论述，参照《公共财政研究》，第 2 部分。

第10章　向穷人转移的预期对国民所得的影响

第1节

在转而考查对穷人转移的预期对国民所得的影响时，我们立刻接触一种广泛持有的意见。旧济贫法的经验使人们十分害怕，任何从公共基金支助的预期将引诱穷人懒散和浪费。经常——无论如何在大战之间经常——听到人们对国家提供住所、保险费或甚至教育支助建议的谴责，理由是这些支助形成帮助工资的救济，因此是退回到不可置信的斯皮汉姆兰政策。这个推理以有缺陷的分析为依据。在这个分析底下是不明言的假设，那就是对穷人任何一种转移的预期，就像对任何其他种类转移的预期一般，以同样方式发生作用。在现实中，不同类型的转移以不同方式发生作用，可以说任何重要的研究都曾考虑到这个事实。主要划分线放在区分反对懒散与浪费的转移、中性的转移和支持懒散与浪费的转移之间。

747

第2节

这3种转移中的第一种由这些转移组成：即接受者的条件是他们能在公正地代表他们各自能力的范围内赡养自己。这些转移能以如下方式安排：第一，较贫穷的社会成员根据能合理地期望他们在没有任何资源转移给他们情况下，为他们自己提供生活费用的数量分类。规定的能力标准对不同种类和有不同机会的人有所不同。例如，能合理地期望一个人在一定年龄时得到的储蓄收入因个人生活情况而不同。在大战之前，如果一个人每周所得 12 先令，他为自己投年金保险每周 1 先令，他与每周所得 50 先令投年金保险每周 3 先令的人相比，他的节俭要实在得多。把不同的人分类为有不同标准的不同人群，可以根据不同分类机关的意愿与技能以任何程度的粗略或精细方法进行。在理想的状况下第一要为每一个人估计单独的标准能力。第二，确定标准后，资源转移给穷人，条件是他们的生产活动能达到指定给他们的标准，也许要转移一个额外量以鼓励他们达到标准以上的任何多余部分。当然，没有必要对靠他们能力生活的所有人们给予同样的资源转移；一般地说我们可以假定，满足这个条件的较穷的人将比同样满足这个条件的不怎么穷的人得到较多，体现这个政策的这种安排得到马歇尔为某些目的而提倡。他问道："院内和院外救济不应该作如此安排以鼓励节俭并为那些收入微薄但仍希望尽其所能做好事情的人提供希望吗?"[①]实际上，这个理想办法的采用意味着达到或超过断定对他们合理的标准的人应该受到比不能达到标准的人更有利的对待。丹麦决定给予老年人养老金发放的规则大致上应用这种安排。为了有资格领取养老金，一个人必须工作和储蓄足以使他们在 50 岁和 60 岁之间不需要这笔钱生活。在这个制度下，由于他们在 60 岁以后接触到赡养费用的供应，他们可能不再需要节省、艰苦劳动和私人施舍，"另一

① 《经济学杂志》，1891 年，第 189 页。

方面，他们在 55 岁到 60 岁之间，由于关心今后生活费用的供应，使他们更需要节省和私人施舍。在这些年份中维持独立的动机加强，它的功效由于考虑到下面这点而大大增加：那就是一项有限的任务，完成它显得遥远和无把握，以至于会阻碍人们去尝试，这个任务现在全部落在诚实、勤劳虽然贫穷人的身上，或者落在也许乐于帮助他的朋友们（以前雇主或其他人）的身上。许多人在看来似乎不可能完成的任务前退缩不敢尝试，把这个任务摆到更多人能够达到的距离以内，唤起许多否则一直隐蔽着的努力”。[①] 毫无疑问，存在进一步应用这种方法的有利机会。显然由这些机会推动的向穷人转移的预期将促进而不会缩小潜在接受者所作的建立国民所得的贡献。

第 3 节

第二种是中性的转移，由这些转移组成，获得它们依据的某种条件不能受可能受益人方面在经济领域中的自愿行为而改变。因而它包括普遍的老年养老金（只依据到达一定年龄），普遍的对母亲的资助（只依据做母亲的事实）或者普遍地赠送给认为足以用它提供基本维持生活手段的每个人的一笔金钱。到目前为止这些意义广泛的安排到处还是纸上的计划。但是抱负较小的中性转移的例子在实际法律上已有体现。根据安排给予的帮助不是依据受益人

---

① “丹麦和她的老年穷人”，见《耶鲁评论》，1899 年，第 15 页。从关于英国失业保险计划工作第一份报告摘录的下面一段话在这方面很有意思：“我们的 20 个工会，估计有超过 86,000 个会员参加（强制性）保险。自从法案通过，我们开始为失业作好准备；同时，作这种准备的其他协会的会员有大量增加”（（敕令书，6965），第 4 页）。给予保险的帮助看来就这样促进了私人努力。

的表现或其表现与估计能力的关系，而是依据估计能力本身。这种制度的根本思想与沃德豪斯先生于1872年给济贫法当局的报告中提出的十分接近；报告中，他努力试图区分支助工资的救济与支助收入的救济之间的不同。他写道，“支助收入的救济显然不能与任何院外救济分开。这样，在所有工会中，这种救济给予体格健全的有孩子的寡妇，很清楚所有这种救济是支助寡妇在洗涤、干家庭杂务或其他类似工作中所得的收入。所以几乎在我访问过的每一个工会中，救济给予年老体弱的人，他们虽不能做正规工作，但仍不时偶尔受雇做各种不同的零碎活。给这两种穷人的救济，我想可以与支助工资的救济制度区分开，后者在实施目前的济贫法以前已普遍流行”。[①] 与上述思想接近的方法在大战前许多济贫委员会给予年老体弱妇女和有几个孩子寡妇的待遇中使用。他们似乎认为，虽则大部分正规男人工作的行业，给予有一般能力受完全雇用又没有很大累赘的男人以相当充分的收入，而大部分妇女工作的行业做不到这点。根本不明显，具有普通能力甚至没有孩子而有合理工作时间等等的寡妇赚得的钱能足以“维持她本人和应付普通生活的变化无常”。[②] 因此我们读道：“妇女一旦被放入（接受院外救济）的名单中，只要她不犯不道德罪或经常过度放纵，她就不会受干扰。她的收入可能升降，但对她的救济不会改变。对她收入的调查是在她第一次

① 引自《皇家委员会关于济贫法的报告》附录，第17卷（敕令书，4690），第355页。

② 参照《向济贫法委员会的报告》附录第16卷第5页，作者斯蒂尔·梅特兰先生和斯夸尔小姐。当然，寡妇的地位在没有建立妇女行业的地区可能尤其困难。在这些地区“寡妇陷于赤贫而受贫困救济，在她整个寡妇生活中一直靠救济为生”。在有外交工作机会的地方，赤贫可能减轻——往往要以工作比最低标准允许的长得多的时间为代价，适当解释见第12章（参考上引出处，第182页）。

申请救济时进行的，以后就很少再过问……有一位官员用几句话说明寻常的做法：'我们绝不为妇女们的收入自找麻烦。我们知道她们绝不会赚到 10 先令。她们总是能以半个克朗找到住房。'结果是，在工会中详细的调查是例外——也就是说，在大多数工会中，不会阻止贫穷工人获得救济耗尽全部力量工作"。[①] 1893 年关于疾病救济的法国法律有一种亲属特性。这个法律规定在每一个社区应按期编制一些人的名单，这些人如果患病，有权利得到支助，之所以把他们的姓名列入名单，理由是他们没有能力为自己作好对付疾病的准备。英国强制支付的办法体现了同样原则(或者通过需归还的贷款或者通过别的)，由判断有能力做好事的人给予他们医药支助，或者由公共机构抚养他们的孩子。由有能力做好事者支付一笔费用，费用多少不是以给予那个穷人实际服务的费用为准，而是以除了希望外界帮助金额以外期望他提供的估计数为准。因此教育委员会第 552 号通知强烈主张，当父母不能支付提供给他们孩子全部膳食费用时，"最好由他们支付力所能及部分，这要比免费提供膳食为好"。[②] 换言之，应尝

① 《向济贫法委员会的报告》附录，第 17 卷，第 334 页，作者威廉小姐和琼斯先生。

② 上引同书(第 4 部分)，教育委员会 1910 年对济贫法工作的报告表明，实际上从父母处收回的金额微不足道((敕令书，5131)第 9 页)。这样情形主要由于以下事实：(1)许多教育委员会故意限制对有必要孩子的膳食供应。(2)当委员会不这样做时，有能力付钱的父母不喜欢让他们孩子去那里付费者与不付费者混杂一起就膳的地方用餐(参考巴尔克利，《学校儿童的供餐》，第 107～109 页)。在这种状况下，父母有支付能力的孩子可能受影响的不多。关于精神病患者的条件不同，他们有从亲友那里收集的相当捐赠(参照弗里曼，《经济学杂志》，1911 年，第 294 页及以下诸页)。然而必须承认，一种为人们了解的情况是，不管是否付钱都将供应的服务性事业实行强制性支付的方式有相当大的实际困难。对"能收回贷款"人们常常有进一步的反对意见，理由是款项接受者把他们精力从生产努力转向企图逃避还款。如博赞克特夫人评论说："有人把许多先令毫无顾虑地浪费掉，因为如果不花掉，这些钱就要进入收债人的口袋"(《经济学杂志》，1896 年，第 223 页)。

试使国家对不同家庭的捐赠作如此安排，即它们的困难应依靠它们为自己预先作好准备的估计能力，根据它们能力不足的程度作相应的帮助。

第 4 节

中性转移预期对国民所得起作用的方式取决于转移物品的种类。当然作为一般规律转移的是金钱。在这种状况下，人们在初见之下可能认为，潜在接受人所作的努力与等待的贡献和因之国民所得的大小将完全不受影响。然而事实并非如此。因为，如果具有一定假定能力的人知道，他将收到譬如说一星期 1 镑的赠予，这与他为自己赚取的任何收入无关，这样由他自己赚取 n 单位金钱的愿望就降低了。但是他对于他可以做的任何第 r 单位的工作的厌恶依旧未变；或者说，因为额外金钱为快乐地利用休闲时间创造新的机会，他的厌恶甚至增加。因此，如果他做和以前同样的工作量，他对所做工作的最后单位的厌恶将超过他做最后单位以取得金钱的愿望。结果是，每星期补助金的期望将引起受补助者缩小他做的工作量，从而减少他对国民所得的贡献。这种后果随补助的大小而变化，也根据以下形式而变化，即(1)代表他对不同金钱数量愿望的程度；(2)代表他对不同工作量厌恶的程度；但是无论如何，他对国民所得贡献的减少，如其他情况不变下可能发生。

第 5 节

可是转移可以不是金钱形式而是其他物品形式。如果这些物品除了转移，收受者可以用自己的收入购买。或者，如果不是这类物品，但它们是可以出卖或抵押从而变成金钱，其后果与转移金钱相同。但是转移的物品不能出卖或抵押，而是设计成满足需要的物品，没有这种转移收受者就得不到满足，这种转移有不同的后果。一个人为自己在工厂中赚得的最后一单位的金钱，需要它来满足同一需要，因而对这部分金钱的愿望就有假如没有这种转移本来会有的那样强烈。因此，他以工作与等待为国民收入所作的贡献不会发生减小。这样，为穷人集体使用的公园，或为穷人私下使用的花朵，可以转移给他们，不会产生有害地影响国民所得的转移预期。这些话对一般卫生设施来说也是正确的。有关这些服务事业由国家基金给予的支出，其立足点与为寻常医疗费用的基金给予不同。如济贫法委员们所写："因为大部分卫生设施超出个人能力达到的范围以外，是一种公共需要，必须供应公用；而医药治疗基本上属于个人需要，其大部分个人容易获得"。[①] 免费学校教育赠予穷人的孩子，或者免除学费的一部分——包括的教育费数量是由当局决定的——也属于相同性质。因为某些人是如此贫困，以至于如听任他们自己做主，他们不会用他们收入的一部分去购买学校教育，因而由国家免费供给教育不会降低他们要得到这些收入任何单位的愿望。因此，当孩子去接受教育时，他们的父母被剥夺孩子不上学可能获得的工资；情况可能是这样，即甚至当给予免费教育和免费膳食时，并不减少父母的生活费用，因此没有减少父母想做有利可图的工作与等待的贡献。在这种状况下，这些种种中性转移将使国民所得的规模保持不变。

① 《皇家济贫法委员会报告》，第 231 页。

第 6 节

还留下第三种可能性。有某些商品与劳务对它们的需求与对某些其他商品与劳务的需求相互关系如此密切，以致赠予前者增加接受者对后者的欲望，从而增加他对他能够获得的购买力第 r 单位的想望，这样最后增加他愿意提供工作与等待以交换购买力。例如，有人声称，给幼稚园里孩子的医药治疗，有利地影响他们父母的精力，使他们热心合作和反省自己。从佩特森先生《过桥》中摘录的下边一段话说明了怎样开展这个可能性：

> 眼前学校供膳的困难以母亲的态度为中心。她对孩子教育的漠不关心，她完全没有与学校形成伙伴关系的想法，使她有时准备夺走好处，但迟迟地不肯负起她应有的责任。她缺乏责任心的缘故不是由于为她做了这么多，而是由于尽管没有她事儿也做了这么多这一事实。既然孩子的教育她完全不管，她能够长期地远远地站在一边，把每个委员会视做天然的敌人，用她所能做的一切，要任何阴谋诡计，希望能得到更多。没有家庭作业、访问、报告和所有学校与家庭的自然联系是父母责任的真正敌人。对她的孩子的慈爱不会对母亲有害，只要每一次这样的慈爱要求她有较高的认识，并保证她与学校积极合作。[①]

相同的意见包含在从《奥克塔维亚·希尔书信集》的如下摘录

① 《皇家济贫法委员会报告》，第 110 页。

中：

> 我有时梦想这样的时候将来到，“那时我们将努力坚持我们穷人的良好精神，”不是把他们的心紧闭在冷漠孤独中，而是给他们全心全意的帮助，从而唤醒所有动机中最深刻的自助自立的动机。它是建立我们为他人服务的惟一基础。①

对这种精神含义的说明，由已故卡农·巴尼特的著作提供：

> 例如，儿童乡村假日基金会让予城市儿童去乡村度假，并使他们的父母捐助费用，同时培养孩子喜欢乡村宁静和美丽的愿望，以及发展满足这个愿望的新的能力。当父母理解这种假日活动的必要并知道怎样得到它的时候，这个基金会将不再有存在的理由。②

在这种任务中，中性资源转移有用武之地，对这种转移的预期，不仅仅使国民所得不减少，而由于建立对工作和储蓄的新诱导力量，实际上将增加国民所得。

第 7 节

现在我们转而讨论第三种主要转移——那就是那些有区别地

① 《皇家济贫法委员会报告》，第 207 页。

② 《能实行的社会主义》，第 237 页。

支持懒散与浪费的转移，给予的帮助越大，接受者为自己挣得的供应品越少。关于这个类型的转移常用的手段包含在所有济贫法系统之中，它确定一个最低收入，不允许任何公民的收入降低到这个收入之下。他们要把所有公民的实际收入水平提高到这个程度以上，凡他们所得的供应品降低到这个水平以下，他们明白允诺，私人供应的任何降低，由国家供应给予相同的增加予以补足。很明显，那些差额转移的预期将大大地削弱许多穷人为自己挣得供应品的动机。因为不管标准低于国家确定任何人不得更低的界限是多少，不能为自己得到这么多的供应，只能供应一部分，甚至得不到一点供应的任何人也将有同样好的生活。因此，只有在一个人为自己提供的物品等于他对国民所得所作的贡献而言，这种有利于小供应的差异性转移对国民所得有严重损害的威胁。

第 8 节

承认这个事实，引导许多人考虑限制此类差别转移规模的计划。因为人人同意，在文明国家中不允许有一个人挨饿，所以计划只能使中性转移的规模大大扩展，以致实际上所有人（不管收入多少）的基本需要能通过它得到解决。这方面人们所做的行动，如对使老年年金制度普遍化的拥护与反对，在双方的争论中有极好的说明。[①] 这个制度的拥护者说，如果所有超过一定年龄的人，不管其收入如何，给予一定数量的年金，就不会出现收入分化诱导老年

① 《老年年金部门委员会报告》（政府向议会提出文件 410 号，1919 年），对这种争论有清晰的说明。该委员会大多数人推荐取消限制年金的办法，但少数人不同意这个推荐。

人去挣比他们有能力挣的较少的收入；但是如果年金只给收入低于某一特定最高额和超过一定年纪的那些人的话，将会诱使那些能挣的收入在这个最高额与最高额加年金之间的所有人只挣少于这个最高额的收入。等级年金制度将产生与上述性质相同虽然程度较轻的后果。然而，在另一方面，有人指出，根据上一章的推理，一般地说通过税收征集金钱对正在产生的国民所得有一定的损害反应。税收征集的金钱数量越多，这个反应可能越大。因此，由于普遍老年年金必然比有限的老年年金花费更大，赞成普遍形式的论点遇到反对它的相同规律的论点。完全相同的争论出现在以下两个例子中（在这些例子上由于考虑到优生学而稍为复杂）：[①]一个例子是有些人希望国家资助限于有年幼孩子而父母没有能力用自己收入适当抚养那种家庭的母亲；另有一些人支持普遍“母亲养老金”。另一个例子是小学全体儿童免费供膳的倡导者与只对其父母无力付钱的儿童免费供膳的倡导者之间的争论。在后一个争论中还必须考虑学校本身区分两类儿童的不好的社会影响，以及决定哪些父母付得起哪些父母付不起费用的实际困难。[②] 要在这类争论的双方冲突考虑之间取得平衡是十分微妙的工作，也是不需在这里尝试解决的问题。然而，如果普遍年金主张者和普遍母亲养老金主张者考虑的取消有差别转移的方法本身以这样的方式来个普遍化，使得为维持生活需要的最低费用，统统由国家付给每个人，不管他收入多少，这样，平衡收益对损失的任务就不再棘手。

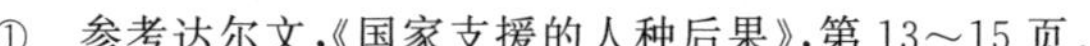

① 参考达尔文，《国家支援的人种后果》，第13～15页。

② 参照布鲁克斯，《劳动对社会等级的挑战》，第228页及以下几页。

在这种情况下，第 7 节中描述的反应类型无疑将发挥强烈作用，以致将严重损害国民所得。无论如何，对各种各样人，不管他们的各别需要，普遍化实行补助的方案，在讲究实际的政治家中是很不受喜欢的。不存在迫切需要取消直接以接受者贫困程度为基础的有差别转移的实际问题。

第 9 节

这种普遍化转移的预期，如我们已经见到，必然破坏国民所得。然而，如果接受帮助附有遏止条件，那么破坏就能减轻。但随之出现如下问题：在什么情况下，为了国民所得的利益，对国家资助附加遏止条件是合乎想望的，并在决定加上条件之后能使接受者最好地承担。正确地回答这个问题我们需要翻回第 7 节中的结论性语句，这句话指出：支持为自己挣小量必需品的人们的差异性转移**只有在一个人为自己提供的物品等于他对国民所得所作的贡献的情况下**才损害国民所得。人们通常假设，一个人为自己所挣的供应品必然确切相等于他对国民所得的贡献，因此造成供应是总数的减缩——建立对穷人有差别转移的结果——意味着国民所得的同等减缩。这对于通过工作和通过投资于工业随后不抽出的储蓄而取得的供应品完全正确。但这对于从相互保险社领取利润形式（因为过去向该公司缴纳保险费所得）而得到的供应品是不正确的。因为有病或失业社员从那里支取的数额只是逐步建立为生产性资本投资的储蓄成果的一小部分。基本上，它属于从其他社员暂时收入中取出的支付款——他们愿意支付以换取他们本人需要时得到同样支助的承诺：这种支付不过代表实际收入的转移，正

758

像是朋友的赠送物所起的作用,不是创造真正的收入。实际上,穷人为自己取得的供应品的主要部分,除当时工作得到的外,是通过某种形式的保险获得的,虽然它是缓慢地民众乐意节省下来的。因此,我们可以概括地作出结论:虽然由于差别转移引起部分穷人抑制对当时劳动制造的供应品的消费,引起国民所得的相应缩小,但当对穷人不是抑制消费当时劳动制造的供应品时,引起国民所得的缩减要小得多。由此可见,对那些不能获得这种供应品的国家支助接受者强制施加遏止条件没有什么好处。

第 10 节

但是支持通过当时工作获得小额供应量的有差别转移是一个严重的问题。例如,大家了解每个人的收入如果将由国家资助提高到譬如说每周 3 镑,一般地和大致上,这将对工作只能挣少于每周 3 镑的每个人有利,使他们懒散成习不思多挣。这种情况必然破坏国民所得。当然它将破坏到什么程度,要取决于确定最少收入的数目多大和这个国家有多少人正常工作收入少于那个确定数。如果这个数字超过这个社会大部分人的正常赚钱能力,那么其破坏程度必然十分巨大。也许这样的想法在 1832 年济贫法委员会的建议中已经考虑到,“不应使所有体格健全穷人的条件变得真实或显然像最底层的独立劳动者的条件那样有资格领取救济”——指的就是成年健康的普通非熟练劳动者。那时候非熟练劳动者形成人口中的极大部分。要保证每个人的条件优于那些劳动者通常能获得的条件,将会引起大批人离开工作,从而威胁整个国家,因为那些人努力的总成就占国民所得的一个重要部分。然

而可以看出，现在要保证获得优于由1832年非熟练劳动者的收益为代表的条件，引起对国民所得的损害要少得多，因为人口中没有能力获得优于这个条件的比例目前已变得很小了。甚至保证获得现在由今天非熟练劳动者条件为代表的条件对国民所得将有比例上较小的后果，因为由非熟练劳动者提供的国民所得的比例，如今要比1832年较小。然而坦率地说，对国家而言，不明言地或公开地保证高得足以影响大多数人的任何标准，必然会对国民所得产生相当大的损害。所以这里有真正余地使遏止条件与国家资助相结合。当然，对一个真正找不到工作的人附加国家给予懒人帮助的条件是没有道理的。知道他不能得到不附这些条件的帮助不会去除这种无奈的状态。但是在给予那些不愿找(或保持)工作懒人的帮助附有遏止条件是有道理的。遏止条件能使他们不再讨厌工作。直到新近，区分这两种人的实际困难，加上普遍有道理不愿意严格地对付这两种人中前一种人，因而不可能令人满意地处理好这些条件。于是出现一种折中办法，按照这种办法，不是对真正困难一类人不用遏止条件和对懒汉使用严格遏止条件，而是对这两种人一律使用温和的遏止条件。这个办法的确能免使无辜者受粗暴的苛刻对待，但是其缺点是让坏人相对容易过关，免受足够的遏止。然而近几年劳工介绍所的建立，提供了测试人们的就业请求真实性的机构，知道申请人的失业是否不是由他本人的过错。在一旦得到工作"大概是永久性"的职业中，如果劳工介绍所能为申请者找到职业，尤其是如果此人有固定住所，并证明他是坏运气的牺牲者而不是懒汉，他的申请就可以暂时接受。这种测试实际上不易运用于临时性行业，那里工人们一会儿工作一会儿赋闲；因为在这些行业中，一个人可能在任何时候通过劳工介绍所接受一天或几天的工作，也有可能在有工作需要他干之前，在没有工作情况下悠闲地度过相当长的日子。这种困难必须予以承认；而且还必须承认，在 1918 年 11 月第一次大战停战后英国政府授予免费保险的特殊时期，许多人获得失业捐赠，要是他希望，他就能得到工作。但是尽管这样，劳工介绍所的发展无疑有可能在广泛领域直接区分出找不到工作者和不愿找工作者。因此，由于前一类人可以完全不列入遏止条件之内，现在只要加强对后一类人的遏止条件使他们有真正的效率，就行得通了。这些人是需要的，只是他们不愿在私人企业里继续干到合理长的时间。

第 11 节

关于遏止条件应采取的形式可以从英国济贫法的经验中获取一些指导。例如，它清楚提到，某种程度的强制劳动是基本的组成部分。这个要素的重要性在 1832 年有人在皇家济贫法委员会前所作的某些证词中有很好的说明。其中一个证人在有关利物浦情况的备忘录中说："实施劳动，使救济院的人数减少很多；要得到足够的废旧杂物有时很困难，这些东西一般从普利茅斯运来；当人们知道供应不足时，穷人们蜂拥而来；但看得到门前有大量废旧杂物堆积时，会吓得他们一刻也不敢在那里逗留"。[①] 索尔福德镇财务审计官说了些同样性质的话："为那些由于没有工作或失去工作要求救济的人找工作使我有很深的感受，尤其是当工作与他们习惯

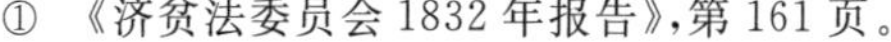

① 《济贫法委员会 1832 年报告》，第 161 页。

做的工作不同的时候更是如此。在索尔福德镇，公路上敲石子的工作过去两年为镇上省下几百英镑；但实际上很少有人愿意留在这个工作上多做几天的，而且只要提一下这个工作就足以使许多人止步。他们全都设法为自己找工作，有一段时间停止来麻烦你；惟一的事实是，当手头存贮的石子完全敲完而另一批石子尚未到达前，几乎每一个人又来申请救济，管事人不得不给他们救济；但是一当宣布石子来到时，他们又为自己去寻找工作了”。[①] 波普勒镇工会后来发布报告的信息，内容也大致相同。虽然强制劳动似乎是遏止条件的一个基本组成部分，但光是这一点还是不够的，不够的主要理由是要使一个人使用他为私人雇主工作时需要拿出的精力去为济贫法当局工作极为困难。派受救济的人去他自己的行业中去工作实际上不可能。因此不得不要求有某种一般性的劳动形式。要为各种各样的人们确定任何单一的执行标准是不可能的。因此需要的标准必须适合每一个人，“适当考虑他寻常所做的行业与职业，以及他的年龄和体力”。由于这些条件难以客观地测验，“所以不能强制执行特定的任务。雇用的人其能力不同，只能要求每一个人应完成看来他有能力完成的工作量……完成的标准实际上根据不愿意工作工人的完成量来确定”。[②] 由于没有普通的开除处罚作为依靠，使得济贫法当局对这种倾向没有任何真正的有力措施。但是潜在的受益者知道将强加在他们身上的劳动，如果他们通过不愿意在私营企业工作，他们将成为国家资助的候

---

① 《济贫法委员会1832年报告》，第162页注。

② 《调查就业不足痛苦委员会报告》，贝弗里奇摘录，《失业委员会报告》，第153页。

选人，就不得不从事严厉的劳动。此外，即使能克服这个困难，为济贫法当局工作，因为这种工作的可靠性与连贯性，使得在那里工作的那些人免除因偶尔失去工作和需要寻找新工作引起的风险、麻烦和费用，可能证明比独立劳动有更大的吸引力。因此，为了有效的遏止，还需要强制劳动以外的其他办法。剥夺公民权（英国于 1918 年废止）和穷人登记在实际执行官员看来是很不合适的。因此，对于那些需要资助但不愿用工作得到资助的人来说，依靠的办法必须是纪律措施。这就意指在管制下禁闭，不准过多请假外出。在欧洲大陆，因为不愿工作不能养活自己的健康男子要被长期拘留在劳动营中。在比利时，这种人被送往梅克斯普拉斯劳动营服刑 2 年到 7 年。[①] 伯尼尔州法规定送他们去劳动机构，拘留 6 个月到 2 年。[②] 德意志帝国刑法也有相同的规定。[③] 现在有人严正建议在英国实施欧洲大陆的做法。因此流浪委员会推荐"习惯流浪汉阶层应用法令限定其范围，这个阶层应包括在 12 个月内有 3 次或 3 次以上犯有现在列入流浪法罪错的任何人，如街头露宿、乞讨、在临时牢房拒绝完成工作任务，或者拒绝或不重视养活自己，以至于可用触犯济贫法控告他"。[④] 没有理由——正好相反——为什么遏止条件不用（如有可能）"改正"被遏止者的观点来安排：因为对于一个希望闲逸的人来说，改正的前景，不管是通过训练或教育还是通过任何其他办法和其他任何手段，一样都是一种遏止

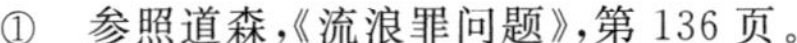

① 参照道森，《流浪罪问题》，第 136 页。

② 同上，第 179 页。

③ 同上，第 193 页。

④ 《流浪罪部门委员会报告》，第 1 卷，第 59 页。

力量。无论如何扣留是最重要的。采用这个手段——随着劳工介绍所的发展,使区别绵羊与山羊成为切实可行——使得比这个国家眼前所知的远为有效的遏止制度与国家资助相结合来对付故意的懒散。然而,我们不能认真期望,这个制度将变得完善,足以阻止对有差别转移的预期在一定程度上缩减国民所得的规模。

第 11 章　对穷人购买物品的补贴

第 1 节

迄今我们已讨论了直接性质的转移。留下来要谈谈通过补贴或基本上相等于补贴的转移。这类补贴有 3 种主要形式:第一种由税收提供,对绝大部分由穷人购买的特定商品给予补贴;第二种也由税收提供,对限定范围的穷人实际享用的整个消费的一部分给予补贴;第三种由当局干预价格,使得特殊商品的富人购买者必须负担卖给穷人购买者商品价格的一部分。这些方法中的第一种可以用大战中在面包和土豆上政府支付的特殊补贴来说明,有了补贴能使这些食品价格保持在认为合理的水平上。第二种和第三种方法只有在与不得转让的商品与劳务有关时才实际可行,所谓不得转让的意思在本书第 2 编第 17 章中有详细解释。第二种办法可用爱尔兰劳动者法来说明,根据这项法律,不是此法施行地区的全部房屋建造而是只有为劳动者建造房屋可以得到津贴,但为了满足战后时期房屋短缺的需要,较普遍地采取这个办法。第三种办法可以用与垄断性"公用事业"提供服务有关的常常实施的特殊安排来说明。这些服务不论由私营企业生产还是由公营企业本身生产,政府如果选择这么做,它能够强迫企业对经过选择的穷人

以赔本价格出售服务，企业由此的亏损，通过对其他人收取超过否则不允许的较高价格来弥补。这个办法通过若干电车轨道法实行，此法规定以特别低的费用为工人的乘车提供方便服务。据“伦敦郡议会交通干线委员会近期报告，估计由于经办工人乘车服务的损失为每年 65,932 英镑”。[①] 战前威斯巴登市的做法在另一方面说明这个相同的政策，在那里煤气以预付费计量表的方式供应——一种较昂贵的供应方法——但对每年房租低于 400 马克的所有人则以与普通计量表供应煤气同样的费率收费。[②] 应该注意，这种方法的使用不一定限于垄断条件下生产的商品或服务。假如这种商品是(或者能使其是)不得转让的，政府可以确定一个价格，经营这种服务的任何人就得以这个价格向一定范围内的人们出售其需要的不论多少服务。这样做的结果将限制经营这个行业的人数，直到从该行业得到的收益预期——卖给穷人和卖给其他人的综合所得，其他人的购买价格由正常供求作用确定——大致上相等于有相同困难和不合意并承担同等高昂培训费用的事业或职业的收益预期。当然，这意味着对获优惠人群的低收费要结合对其他人群的收费要比不强制实行低收费时的收费较高。

第 2 节

有人反对所有这些方法，指出它们必然给予环境基本相同的不同穷人的利益不平等。例如努普教授写道：“很难理解，为什么

---

① 努普，《市政行业的原则》，第 266 页。

② 同上书，第 213 页。

工匠、技工和散工他们清晨去上工途中应享受的特权，在经济条件并不更佳的店员、办事员和其他工人享受不到”。[①] 有人可能这样回答：如果一件事物的本身是好的，它的部分实现也是好的，不能因它不能全面实现而谴责它。然而，我们不关心这种反对的正确性，也不关心不同的更强烈反对的正确性；从公正的角度来说，特别应反对的是第三种方法，即把帮助穷人的代价放在特定一些人的身上，而不是普遍落在纳税人的身上。[②] 就眼前的目的而论，知道上文区分的所有 3 种方法，事实上已在相当广泛范围内实施就够了。

第 3 节

3 种方法中的第一种，如果人的类别是这样选定，以致实际上不能用补贴把人划入受益的类别，那么其他两种方法根据上一章第 3 节解释，也必然应列入“中性转移”的范围，而不是有差别的转移。因此它们的预期只有通过金钱对穷人边际欲望的影响，对他们的生产活动起作用。但迄今为止从一个方面的考察表明，它们与中性转移的性质不同。如果穷人对给予他们补贴物品的需求弹性小于 1，它们将在较小程度上抑制穷人工作的贡献；如果穷人对给予他们物品的需求弹性大于 1，它们将在较小程度上增加这种贡献。因为在前一个情况下，穷人对金钱的边际欲望将降低，因而有较大的边际欲望想得到其他物品；在后一种情况下穷人对金钱

① 努普，《市政行业的原则》，第 266 页。

② 参考上文第 4 编，第 5 章，第 7 节。

的边际欲望上升。事实上，补贴最可能在紧急需要的物品上给予。潜在的补贴接受者由于随后工作努力的松懈引起的对产量的抑制，意味着国民所得的某些(虽然也许很小)缩小。

第 4 节

迄今看来，以补贴帮助穷人和以直接中性转移帮助穷人中间，很少有选择余地。每一个接受者消费的含补贴的商品数量由当局确定，就像英国免费强迫初级教育制度规定的那样，事实上这个方法就是这样。如果这个数量不由当局确定，但是为其他理由，补贴同样不易改变。穷人习惯于通过共同购买基金来购买物品，基金是如此组织的，它使得一个基金会员必须的支付与他个人购买的数量完全相同。病人俱乐部就是按这个办法安排的。一个病人俱乐部会员不会仅仅因为他习惯支付的会员费内的固定数是由政府支付的，因而受引诱增加他一年内需要的医生服务量。可是这些条件是特殊的。一般说来，当补贴或相等于补贴的东西是给予一种商品时，购买者心中想到补贴，他们将购买比他们接受直接以金钱赠予形式的相等津贴时购买的更多商品。补贴给予商品时，资源由生产的自然渠道转移；有一种假设——当然，如本书第 2 编第 11 章所解释的，这个假设可以用特殊知识予以反驳——这种转移将引起对国民所得的额外损害，其程度超过上一节所提出的。如果补贴足够大，可能出现作为补贴商品的产量将有很大扩充，以致对穷人本身而言，供应价格(不但以金钱衡量，而且以满足程度衡量)超过需求价格，或者换句话说，穷人从消费的最后增加获得的经济满足要少于生产它引起的经济不满足。一般说来，通过对特

殊商品的补贴给予穷人的转移期望,可能破坏国民所得要大于同等数量直接中性转移的期望。然而尽管如此,补贴的方法有时仍比中性转移好,这不但因为有一些特殊经济原因或非经济原因刺激作为补贴的特定物品比其他物品有更多的消费,而且还因为补贴方法的"慈善"因素较不明显,因此较小损害受益人的精神状态。当转移隐匿在补贴下面要比它以直接救济方式展现,对受益人要好受得多。

第 12 章　从富人向穷人转移的事实对国民所得的影响

第 1 节

以上 3 章我们论述了从富人转移的预期和向穷人转移的预期对国民所得的影响。如我们已经见到，这些影响容易修改任何一年的国民所得，其方式是这些影响不但对当年所做工作的贡献发生作用，而且对供当年需要的前几年准备的资本设备的数量发生作用。但是问题还不止于此。在我们考虑的任何一年中，由这些预期决定的国民所得是如此这般的大小。随后发生了由富人向穷人转移的事实。对今后几年而言，这个转移在我们迄今一直在考虑的影响上加上一组新的影响。因为它在使用中引起一种转嫁，加在由预期带来的转嫁之上，使用中还要加上我们在考虑的这一年的国民所得。为了眼前的目的，转移可以有如下可使用的用途：提供富人可消费的物品，提供支持今后生产的机器和提供穷人可消费的物品。当发生从富人向穷人作资源转移时，上述 3 种区分中的第三种增加，同时其他二种减少。我们的问题是决定一年中国民所得在不同用途中分配的这种变化，对以后几年国民所得数量的影响。

第 2 节

如果不发生转移,国民所得部分采取机器形式就会扩大今后几年的国民所得。把这部分给富人消费,只要这些所得有助于使富人更有效增加生产的动力,也会在一定程度上起到相同作用。然而在富人中间消费的任何实际减少不可能使其效率有可以察觉的降低,当然如果对富人所征税收大得把他们收入从 5,000 镑降到 100 镑,那就会使效率明显下降。因此,我们大致上可以说,任何一年转移给穷人的总数,如果不转移,这个数字就会转变为资本,就成为对今后的国民所得有明显贡献的惟一部分。转移给穷人部分的总数多大,现在和将来在某种程度上都取决于采用税收的方法。根据所得税方法,我们可以假设,从 20 万富人一年征收 2,000 万英镑,每人征税 100 镑;根据遗产税方法,可以从 1 万富人征集相同的税款,每人 2,000 英镑。毫无疑问,可以作这样的安排使这两种方法基本上成为同一事务。因为根据遗产税方法,每人每年可能缴给保险公司 100 镑,由保险公司在此人死亡那年支付遗产税,而不必像缴纳所得税那样缴给国库。然而在实际生活中,落在第 20 年任何产业上的税收不大可能在这年以前或以后的不征税年份完全提供。因此很可能在遗产税方法下,大大多于 100 镑的税款是在实际征税这一年积累的资源里提出来缴税的,大大少于 100 镑的税款是由其他年份积累的资源中提供缴税的。可是很清楚,随着从任何那一年资源中抽出的数字增加,人们由于感到威胁他们生活习惯的痛苦,越来越不愿意把它从消费中抽出。因此出现一种倾向,使它的大部分出于纳税人资源中正常要储蓄的那一部分;如果这些资源不够充分,就

要变卖资本筹集。最后这种做法当然不意味将实际资本货物以税收的形式缴纳给国家,但它确实意味着否则本来要将资源盖厂房买机器的另外某人,将资源去购买纳税人被迫出售的现成厂房与机器;结果是作为整体的新的社会储蓄缩小的数字大致上等于该纳税人投向市场的现有资本数。一般说来,此时由长期间隔的大额遗产税代替短期间隔的小额遗产税的事实,表明通过它们转移的资源可能从潜在资本抽取的数量大大多于通过所得税征集同等数量的资源。这一点有进一步的事实加以证实与加强,即征收遗产税,征税的时间正是继承人进入全新财产的时间。在这个当口他还不习惯认为这些新财产在普通意义上是"属于他的";他要看一看他的"继承物"付了遗产税后还留多少,他还没有兴趣用新的储蓄去补足付了税后原来财产的不足数。至此,这个情况也等于用潜在资本支付赋税。在这方面遗产税和所得税的区别属于次要的问题。即使是遗产税,当向富人征收一定数量资源时,实际上可以肯定,其中一部分是从他们在一般情况下要消费掉的那个部分收取的(也许通过保险费)。这个状况意味着征税的全部数额不会减少本来将成为资本的那一部分资源。结果是从富人向穷人的一定资源转移(其本身和除了上一章讨论的影响外)必定会增加今后的国民所得,只要向穷人的投资通过穷人生产能力的增加而获得的回报,不少于向有形资本投资的回报——也就是说大致上不少于正常性的利率。

第 3 节

现在必须立即承认存在某一类穷人,任何资源转移都不能使其有察觉得出的较高的效率。这类人包括大量道德上、精神上或体格上低下的那些人。国内外失业收容所的历史以及我们自己专门接收弱智人的学校清楚表明,这类人要真正治愈是不可能的。“有人问失业收容所官员能否实实在在地说,凡送入收容所的人是否有较大部分人留在收容所时期在道德上或待人处世上能恢复为正常人,回答是,得到改造的非常之少。”①这是其他地方不止一个收容所从事照顾非犯罪人口中最差一类人的实际经历。事实是,在经济领域和在体格领域一样,社会面对一定数量的无法医治者,当发现这些人时,能做的最重要办法,是永远地使他们没有寄生在别人身上的机会,没有传布他们道德传染病的机会,和没有繁殖像他们本人同样性格的下代的机会。社会当然还要富于同情地关心这些无望地堕落、精神上的缺陷和其他不幸性格的残余,当发现它们存在时,忽视有可能把他们中哪怕是极少数人提高到较高水平的任何治疗方法是错误的。可是我们的主要努力必须放在教育上,更重要的是抑制精神上和体格上有疾病者的增殖,从源头上切断受污染生活的流水。要从任何真正意义上治愈他们超越人类的能力。对于那些并没有遗传缺陷且过着良好的公民生活但他们的能力因年老或受严重事故摧毁的人,情况也是一样。这里再从投资观点看,希望极为细微。对这些人给予任何形式的资源转移,从其他理由看可能是极端合乎想望,但是它不能在工业生产能力中获得任何有意义的回报。

第 4 节

然而幸运的是,这一类人在整个穷人中只占很小一部分。一

① 《皇家济贫法委员会报告》附录,第 32 卷,第 17 页。

般地就穷人来说不存在固定不变的品质，而对他们的投资是能够有实际效果的。也许乍一看，我们可能期望从这个领域得到的边际回报与在工业本身中投资的回报相等。然而情况不是这样。在有完善调节的社会中，资本投资在培植、教育和训练不同的人，不管他们出生在哪个阶级，这样，在资本供应的现有情况下，现有的对劳务的相对需求，要求有不同种类的劳动能力，而在工业技术的现有情况下，由这种技术获得的净产量边际的价值在任何地方都相同。因此在不同程度的同一种类能力的人们中间——公爵的儿子和厨师儿子一个样——投资在能力强者要比能力弱者较多；而在不同种类能力人们中间，一般说来较多投资在需求更迫切的能力种类的那些人。然而有理由相信，经济能力的寻常发挥往往不适当地缩小在正常贫穷人们身上的投资，结果是对虽非全部却是大量穷人及其孩子所投入资源的边际收益高于投入机器资源的边际收益。这个信心的理由是，穷人没有足够资金使他们能充分地投入于提高他们自己和他们孩子的能力，尽管他们十分适合接受投资，但其他有充分资金的人大半不愿为他们投资。在奴隶经济中，或者在这样组织的社会制度中，即在那里受他人投资的那些人能以他们自身的能力作为投资安全的担保，情况就不同。但在实际社会上，没有容易做到的办法，使资本家能获得保证他们投资于穷人能力上的金钱收益的任何可观部分将使他们自己得益。如果他们借出贷款，他们不能绝对保证安全收回；如果他们直接投资为自己的雇员提供培训，他们没有保证这些雇员不会很快离开他们的企业，除非他们是需要或多或少专业性劳动力的专利货物的工厂主，雇员的这种技能对其他雇主的价值比对他们小得多。甚至在有十分可靠的保证时，雇主必须预期，变得更有能力的工人将力求索取工资的增加与他们的效率成比例，从而把雇主投资的利益并入他们的所得。事实上，对穷人的投资被阻止的方式与阻止富人向租入穷人所有的土地进行投资相类似。土地所有人没有能力投资，承租的富人生活在没有适当安全感中谈不上叫佃户对土地进行改良，因此作为私人净产量的收入只有他们投资的社会净产量的一部分，他们当然不愿意投资得像国民所得利益所要求的那么多。鉴于这些考虑，有可靠的理由相信，如果中等数量的资源由相对富人转移给相对穷人，目光正确地着眼于尽可能普遍提高穷人的效率，投资在穷人身上的这些资源由于增加的生产能力，从额外产量获得的回报率将大大超过投资在机器和工厂的资本的正常利率。[①] 自然，在实际生活中，从富人向穷人的转移并不是全部符合资金应用于最能提高生产效率这个条件。因此，有必要分别检查某些主要种类转移的后果。

第 5 节

第一，考虑在体格健全成人工人中选择人员进行工业技术训练形式的转移。在这类人中总有一些人挣特别低的收入，因为他们不适应他们受雇用的职业，但是他们有良好的天赋。对这些人以培训形式转移资源可能获得巨大的回报。这个事实不但在战后复员官兵的特殊安排中，而且也在 1911 年国民保险法中得到承

① 应该注意，要是转移很大，由此产生有形资本的短缺可能引起利率显著增加；此时投资于提高穷人能力的利益将必然被投资于能产生这种增加利益的机器所抵消。

认。该法第100条规定：经过试验与调查后，如果“保险公司官员认为，一个工人（多次失业）的技能与知识有缺陷，但这种缺陷经过技术教育有改进的合理指望，保险官员应遵照贸易委员会颁发的指示，从失业基金中拨付提供这种教育所需的全部或一部分费用，即使他的意见认为对该工人的失业基金支付可能因提供教育而减少”。这个政策特别适合的那类人应是年纪不能太大的工人，他们的专业技能因某种发明而失去作用，因为发明使他学会的工作能由非熟练劳动照顾一部自动机器更经济地完成；合适的人还包括因事故或疾病被夺走某种专门能力，以及跟不上产品款式不断变更的那些人。为教育这些人有一种新行业的本领以代替他们失去作用的本领所花费的金钱可能获得明显的回报。教育那些偶然地或者阴错阳差地流落在另一种行业的人，使他们实际上能在一种职业中的才能出人头地，为此所花的钱也有相同的作用。在后一种类型中包括出生在乡村但极适合城市生活的人，他们被某些城市魅力诱惑放弃他们原有的行业。可是最主要的是选择人进行农业培训，应该仔细地从具有真正农业生活禀性的人中挑选。人们经常忽略这一点。[①] 早期英国农场收容所工作经验的比较失败可能就是这个缘故。1925年劳动部在萨福克郡的布兰登和克莱顿建立农业培训中心似乎取得相当成功。[②] 这些中心的效用也许可

① 在欧洲大陆，“农场收容所与劳改所不同，它们一般不接收真正的失业者（即非自愿失去工作的人）。经常被收容者大多数都是得过且过的懒汉，这些人在一年的难过季节或者特别困难时候，来此寻找由它们提供的住所，以免遭受长时间匮乏或冒进入劳改所的风险”（《美国劳动局公报》，第76期，第788页）。

② 参考韦布，《英格兰地方政府》，第4卷，第692页。

以扩充，如果它们不限于为失业者服务，而改为普遍培训的农业学校，向公众开放，使本身具有一种专业的而不是补习的氛围。[①]

第 6 节

第二，我们可以把医药保健和对暂时疾病患者的治疗区分开来。如果这些人得不到及时支助——延迟帮助可能失去效果——他们会落得永久性健康损坏。以医疗形式和适当食物形式给他们资源转移，可能阻止生产能力的巨大损失。当然，为了取得良好后果，转移必须足够，医药保健或指导必不可在过早阶段中止。关于这一点济贫法委员会内少数派报告对英国济贫法医疗所的经营做法提出严厉的指责："不作任何尝试对每星期从劳动救济所和济贫法医疗所出来的几百个肺结核和其他病人的家庭进行跟踪访问，这种访问无论如何可以保证对保健预防作某种观察，没有这种跟踪观察，他们的家庭或近邻必然很快再次成为病人"。[②] 然而，既然已向病人作了合理的转移，很多人希望这些转移将导致生产能力的巨大增加。

第 7 节

第三，可以把转移的注意力放在对穷人正常孩子的训练与培育形式上。这方面有有利投资的无限机会。此时他们的孩子正是幼稚少年，因此有许多方面是可以提供投资的最肥沃土壤，而穷人

① 参考《论济贫法当局职责的转移报告》(敕令书，8917)，第 26 页。

② 《皇家济贫法委员会少数派报告》，第 867 页。

家庭正处于最大的困难中，所以对他们至少应该充分给予帮助。在贫困中度过他们幼年的儿童的比例要比任何一个时候处于这种境况的家庭的比例大得多。鲍利博士采用类似朗特里先生贫困线的生活标准来衡量，他发现，在大战前不久，“雷丁地方一半以上工人阶级家庭的孩子，在 14 岁以前生活在达不到上边提到的生活标准的家庭里”。[①] 戴维斯小姐在考利乡村的考察得出相同观点，“在堂区救济的全部儿童中，有五分之二或接近一半来自八分之一的顶级贫困家庭，全区所有儿童只有三分之一生活于二级贫困线以上的家庭”。[②] 如本书第 1 编第 8 章第 6 节论述，这个问题战后有很大改善，部分由于非熟练劳动实际工资的提高，部分由于每个家庭儿童平均人数的缩小。因此在 1923～1924 年，雷丁地方 14 岁以下儿童生活的家庭达不到规定标准的（不含失业家庭）从二分之一降到七分之一。[③] 然而即使如此，状况仍是可悲。鲍利博士审核了从 5 个城市（北安普敦、沃灵顿、雷丁、博尔顿和斯坦利）收集的统计资料，他在 1924 年得出结论说：六分之一以上（儿童）在他们幼小生命某一时期生活在低于标准线（他计算的贫困线）的环境中；一小部分儿童在这条线以下连续生活许多年。[④] 对这些儿童作适当安排的帮助，在他们一生中最有希望的时期，建立强健的躯体和精神，赋予至少一般的知识，也许还能灌注某种形式的技术能力，是大有可为的。

---

① 《皇家统计学会会刊》，1913 年 6 月，第 692 页。

② 《英国乡村生活》，第 287 页。

③ 《贫穷减少了吗？》，第 24～25 页。

④ 同上。

当然,如果要使这些转移有成果,必须加以合理指导。例如,用钱教育儿童,同时又让他们成为道德败坏家庭条件的腐蚀对象,就不会有效果。如果儿童在家中得不到适当的照顾,转移给他们金钱的一部分必须使用在把他们搬出自己家庭,居住在经过仔细挑选的家庭中,或者强制送他们去教育机构或技工学校。济贫法委员中的多数派和少数派一致同意,接受救济父母的家庭中受忽视的儿童,应强制“送往教育机构或技工学校”,①对于经常出入于贫儿习艺所的儿童们,“当儿童父母被收容所拘留时,应采取强制手段把儿童留在教育机构里”。②

花钱教育营养非常不好的儿童不起作用甚至还有害处,因为他们接受教育时,不能好好学习,仅仅损耗他们的神经系统。③ 营养不良的儿童必须在使他们受教育同时供给膳食,这点几乎不需多说。这些膳食必须是正常性的,不能对不同儿童时有时无地一星期提供两三次。在学校节假日也许膳食应继续供给,不然将失掉许多益处。同样,花钱教育儿童,如果同时或稍后不久就允许他们从事经调查表明会毁坏期望良好教育能产生的任何效果的职业,也是没有好处的。有理由设想,目前对男孩开放的多种非熟练劳动形式,不仅不能训练出良好的劳动者,而且从反面训练出它们的受害者。杰克逊先生在提交皇家济贫法委员会的报告中写得好:“仅仅是用手或用眼的技术不能包含一切。需要培养的是性格与判断力,必须训练和养成的不止道德,还有勇气、耐力、精神力

① 《皇家济贫法委员会报告》,第 620 页。

② 同上,第 187 页。

③ 参考巴尔克利,《学校儿童的伙食》,第 179 页。

量、坚定、体格健壮和忍耐心”。可是这些一般的品质难以承受许多非熟练童工劳动的恶劣条件，如果这些条件未能改善的话。杰克逊先生提出这样的观点，“雇佣童工就是有计划地毁灭这个行业”。他还说，“有一种实际上一致同意的意见是，街头叫卖最会败坏儿童的道德。这不全是未能传授行业技术问题，而是它败坏地浪费孩子若干年生命的问题，此时正是孩子最需要广泛意义上有教育性经验的时候”。① 很清楚，如果要使对穷人孩子的投资真正有效，必须同时禁止，或者无论如何要限制孩子进入这些职业的权利。

与对病人一样，对于儿童也应该是，花费在他们身上的照顾时间必须足够的长。“把一个 14 岁的儿童送往可能证明是不适合的环境，并让他在那里自己照顾自己是不够的。”②总之，组织不妥地对儿童能力的投资和组织不妥的其他投资一样，产生不了什么回报；而组织完善的投资，尤其是对各种受益儿童的自然能力调整投资数量，会有巨大的指望。即使与产生在一般儿童身上的效果相比较，这个指望也不会落空。在大量工人阶级家庭中当然随时有杰出天赋的儿童出生。投资于儿童教育应该相信会在这些儿童身上产生这种效果。这一点及其含义得到马歇尔下边一段话的大力宣扬：“没有比听任出生在父母贫贱家庭的天才儿童，在低微的工作中虚度一生，对国民财富的增长更加有害的浪费了。有助于国民财富迅速增长的任何变革，没有一种能像改善我们的学校，特别

① 《皇家济贫法委员会报告》附录，第 20 卷，第 23～27 页。

② 同上，第 188 页。

是中等学校有那样巨大的力量了，只要它与广泛的奖学金制度相结合，使工人的聪明儿子逐步从低等升到高等学校，直到他享有时代能够提供的最好理论与实际教育”。[①]

第 8 节

到此为止，我们已论述了用经过选择的形式对穷人中经过选择的人群进行的转移；我们还了解存在一些可以进行转移的“机会”，其可能得到的回报要比投资于机器提供的要优越得多。于是，当有识之士进行这些转移的事实时，实际上肯定有利于国民所得。以控制购买力形式的一般方式进行转移的效果没有这么容易确定。主要困难在于许多穷人由于缺乏知识不能为自己和为他们的孩子以最佳方式投资。因而在教育委员会的新近报告中我们读到：“大部分营养不良孩子蒙受不合适食物之苦比缺少食物更为严重。也许可以毫不夸张地说，对我们大城市较贫穷部分小学儿童体格的改善，可以说，如果儿童的父母能接受教导或说服，把他们现在花在孩子食物上同样数量的钱，以更有知识和适当的方法使用，其效用要比以地方税开支的间歇地为儿童供膳办法实施的任何改进办法更大”。[②] 博赞克特夫人以同样方式提到，朗特里九分之三穷人中约有九分之二是“二级”贫困。她写道：“问题的重点在

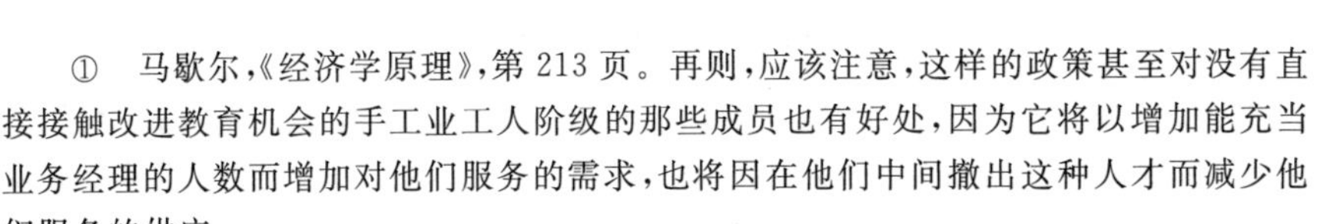

① 马歇尔，《经济学原理》，第 213 页。再则，应该注意，这样的政策甚至对没有直接接触改进教育机会的手工业工人阶级的那些成员也有好处，因为它将以增加能充当业务经理的人数而增加对他们服务的需求，也将因在他们中间撤出这种人才而减少他们服务的供应。

② （敕令书，5131），第 5 页。

于不短缺可以做得较好的资源的父母的无知和漫不经心；这个看法得到大量证据的进一步加强，那就是大多数营养不良是由于进食的错误方法，而不是食物不足”。[①] 指责整个穷困阶级无知和缺乏管理能力当然是十足的诽谤。必须在收入虽少但相当正规的贫穷家庭和父亲经常或不时地失业的贫穷家庭划一条明确的分界线。后一种家庭，它们的心理习惯和他们的住家一般杂乱，他们从不知道每天或每周的收入将是多少，不能好好安排他们的开支。但是前一种家庭，只要愿意，有能力建立起相当确定的生活标准。在这些家庭中，有许多家庭的支出甚至安排得不寻常的妥当和明智；如果他们越过越好，他们的妻子就不会有沉重的工作与忧虑，可以设想，他们目前的高生活标准还会进一步提高。因此，对某些贫穷阶级成员，责备他们没有能力管理是幼稚可笑的，而对另外许多成员，这样的指责无疑是正确的。从事物性质来看，事实就是这样。花钱的艺术，不但在穷人中间，而且在所有阶级的人群中间，比起赚钱的艺术来，发展得极少。人们在工业中的投资常常在专家帮助下进行，专家们彼此竞争，他们中间的不正确判断最后意味着企业破产；但是人们用自己能力的投资由他们自己指导——也就是说由不是专家的人们，在没有竞争的选择影响的环境中进行投资。这种区分可以从企业范围本身内部画出的图解来显示。那些为市场生产商品的企业家一般说来要在他们中间进行尖锐的竞争。竞争的结果是，笨拙和无知的人往往被挤出，只有那些密切接近他们阶级中平均智力水平的企业家才能继续经营。在生产商品

① 《体格的豪迈和贫困线》，见《当代评论》，1904 年 1 月，第 72 页。

不是为在市场出售而是为家庭消费的职业中，那里竞争松弛；那里的生活收入标准，在其他条件相等的情况下往往降低。这一点在英国纺织工厂史上有很好的说明。在产业革命时期的羊毛和亚麻，与农民生活常规密切有关，而棉花的处理与它们不同。“无论何处，专门从事棉花职业（不是副业）的那些人都是为了收入。”[①] 结果是，棉织业比起其他毛麻纺织业，其改良的发展与普及要迅速得多。很清楚，指导花钱艺术的条件与在家庭职业中流行的条件相同，与在专业职业中流行的条件不同。结果是缺乏追求能力的主要刺激和使用资源不同方式间的聪明选择能力。因此米切尔教授写道：“家庭生活的局限性有效地阻止我们全面使用我们的家庭头脑。高效率家庭主妇训练得来的智力和驾驭能力，不能使用于把她笨拙邻居混乱不堪家务整理得井井有条。这些邻居，甚至这些邻居中的丈夫容易把对他们松懈懒散的作风的批判性评论（不管性质怎么切实和有教育意义）看作爱管闲事的干预。对良好管理有强烈热情的妇女不能迫使她不进步的姐妹违背她们意志采取她的办事方法，不像一位有事业心的广告商可以强制他不承愿的对手听从他的摆布。好支配人的家庭主妇不能使懒散经理丈夫转变作风，而好支配人的商人却能赢得能力较小的顾客。花费金钱中哪种能力是在分散的个人中发展的问题，我们把它限制在单身家庭的围墙之中”。[②] 不可避免的结果是，在所有阶级中，在与其他人在一起的穷人中，关于花钱不同方式的比较（边际）利益，存在

① 参考克拉彭，《剑桥现代史》，第 10 卷，第 753 页。

② 《落后的花钱艺术》，见《美国经济评论》，第 2 期，第 274 页。

大量的无知。因此，期望以一般购买力形式转移给予穷人的资源，他们能完全使用于可能产生最大能力回报的良好机会是毫无根据的。当所犯的错误十分严重时，从穷人能力改善获得的国民所得要小于从寻常投资中抽出那部分转移资源引起的损失，那部分转移资源如果不转移到穷人那里，本来会投入于工业生产。① 存在一种危险，那就是以控制购买力形式向穷人转移的资源，从国民所得的观点来看将被浪费。例如皇家济贫法委员会抱怨，在英国许多地方进行的院外救济，仅仅有助于“永久保持最坏类型的社会与道德状况”。② 许多济贫委员会不采取措施弄清楚救济接受者用给予他们的救济金干点什么。③ “除了相当数量的例外，济贫委员会发给救济品和救济金，甚至不向被救济者要求做到最基本的条件……我们见到由公众基金维持生活的家庭处于无法形容的肮脏和杂乱状态，成为习惯性放纵和混乱生活的住所。”④

第 9 节

从这场讨论中得出的实际结论是，以控制购买力形式作出的给予穷人的转移，如果对给予转移的人连带某种程度的监督，就能有许多较好机会有利于今后的国民所得。这种监督以及需要与它配

① 也许有人可能反对说，在工业中投资 100 镑，其中 50 镑用作工资，因此这个数字也就是投给穷人。这是一种误解。当 100 镑投资工业时，价值 100 镑的劳动和工具用于制造商品；而当 100 镑投资于穷人时，价值 100 镑的劳动与工具用于制造为穷人使用的消费品。

② 《皇家济贫法委员会多数派报告》，第 102 页。

③ 同上，第 267 页。

④ 《皇家济贫法委员会少数派报告》，第 750 页。

对的不论什么控制办法，当然必须十分仔细地掩护好。这种监督应以充分认识以下事实为基础，即人不是机器，他们的生产能力——且不说他们作为人的能力——是他们物质环境与道德环境的函数。如果作这样安排，即此前值得尊敬的人被迫有一段相当长时间与懒汉和无赖朝夕相处，这就危及他们的勤奋秉性。相反，如果物质资助的赠予加上朋友们的兴趣、同情和勉励，就将大大和永久地鼓舞受赠者工作和节俭的意愿。出于完善的经验，卡农·巴尼特写道："我知道有许多改造的方案，但是鉴于我 11 年的经验，我敢说没有一个方案触及邪恶的根源，它没有使助人者与受助者形成友谊关系"。[①] 如埃伯菲尔德计划和伯根计划的管理制度——现在许多英国城市兴起的志愿的帮助协会基本上是根据它们的设想[②]——主要使用个人帮助的办法，这个制度即使从纯货币观点看，可能证明比依靠机械规则的办法是较好的投资。这个成熟的意见强调志愿努力与国家官方机构帮助穷人相结合的巨大重要性。

① 《可实行的社会主义》，第 104 页。

② 参考斯诺登先生的《地方政府委员会有关帮助协会的报告》(敕令书，5664)。

第 13 章　全国实际收入的最低标准

第 1 节

当我们希望断定，从相对富人到相对穷人的任何特定年份资源转移量的事实或事实预期是否可能增加国民所得的时候，必须想到以上几章中提到的所有种种不同考虑。毫无疑问可以设计出一些计划，使用这些计划能使包含很大数量资源的转移获得有利于生产的结果。由于大多数这些转移也能增加相对穷人的实际收
786 入，它们必然以完全明确的方式促进经济福利的进步。另一方面，通过这个论题讨论过程中指出的种种不同反应，可见减少国民所得的资源转移有可能减少相对穷人的实际收益；如果转移的数量不变，它们可能在很大程度上减少穷人收入，以致相对穷人的每年收入加上给予他们的转移，最后将少于没有这些转移他们本来能单独得到的收入。当发生这种情况时，这些转移也以明确的方式影响经济福利，这样会损害经济福利。然而，还有另外一种转移，它的结果不明确。我指的是一种每年变动的转移制度，其方式是补偿穷人收入可能出现任何减少的那部分。这种补偿的安排是含蓄地采取的，也就是政府规定一个实际收入的最低标准，不容许任何环境中的任何公民的收入低于这个标准。确立这样一个标准确

实暗示是一种有差别地对穷人有利的转移，很可能减少国民所得，同时它将在无限长时间里增加穷人实际收入的总量。要确定建立这种最低标准制度可能对经济福利产生的后果，有必要衡量彼此冲突的因素。

第 2 节

在作这种衡量之前，对采取最低标准精确地意味着什么，有一个清楚的概念是值得想望的。对于这个制度必定不可想象为主观的最低满足，而应看作客观的最低条件。而且，最低条件必定不可以仅仅是有关生活一个方面的条件，而应是关于总的生活条件。这样，最低条件包括了某个明确数量与质量的居住房屋、医药治疗、教育、食物、闲暇、从事工作的卫生与安全设施等等，而且最低条件是绝对的。如果一个公民有能力在各方面达到最低条件，国家就不再关心他甘愿缺少其中一种。例如，国家不允许为了狂欢作乐，以居住在不适合人居住的房屋中来节储金钱为代价。实际上实施这个政策有一定危险。国家权威地决定穷人应以什么方式在各种不同需要中分配稀缺的资源是一件十分微妙的事情。不同个人的性情与环境的差异如此之大，严格的规则肯定会令人不满。因此鲍利博士写道："有一种意见是完全站得住脚的，那就是穷人被迫(实施强制规定居住房屋的最低质量与数量)在住较高标准住房上比他们得到食物花费更多的钱，如果他们住得坏一点吃得好一点，他们将得到较多的收入"。[1] 必须认识这个危险；但是时代

① 《社会现象的衡量》，第 173 页。

的公众精神要求大家面对这个危险。必须不允许一个人为了提高其他条件而有一项条件落在最低标准以下。而且,如果一个公民没有钱达到所有方面的最低标准,但是低于个别标准仍能维持独立生活,在这种情况前面政府站在一边不予理会也不是正当的。国家必不可允许任何地方儿童劳动时间和妇女劳动时间或者住房条件不符合最低标准,理由是凭借最低标准某些特定家庭能够维持生活,没有它们就无法维持生活。如果这是事实,就不应要求这种家庭自己维持生活。这样看来"允许穷困寡妇们和丧失生产能力的父亲们让他们的孩子们失学,并取走孩子们的收入"[①]的政策是毫无道理的。可以说儿童雇用法委员会的宣称是完全在理的,它说:"此外我们觉得,现在经济上太多地依赖孩子劳动的寡妇和其他人的情况表明,此种为现在一代牺牲未来一代的情形不应继续下去,而应以更科学和也许更慷慨的国家资助的办法予以解决"。[②] 同一类型的推理甚至应有更大的力量应用于那个共同的要求,即应该允许妇女在分娩前后在工厂工作,因为,要是不允许她们在此时工作,她们以及她们的孩子将同样遭受惊人的贫困。在这种情况下,国家有责任放松执行这个法律,而应保护那些受这个法律影响的人免受此种可怕的后果。

第3节

在讲实际的慈善家中普遍同意,应当建立某种最低生活条件

① 参照亨德森,《美国的工业保险》,第301页。

② 《儿童雇用法委员会报告》,第15页。

标准，标准的水平应是不可能出现任何人处于极端匮乏；他们同意必须作出保证达到上述目标所必要的从相对富人向相对穷人不论哪种资源转移，不考虑对国民所得总量可能产生损害的后果。[①]讲实际的慈善家的这个明智行为在如下意义分析中得到证实，那就是要是我们相信极端匮乏对人们造成的不幸是难以确定地巨大的话，这个行为表明有助于改善整个经济福利；那么，消灭极端匮乏的好处不是因国民所得减少可能随之出现的任何害处能够比拟的。因此，这个想法到此为止并不存在任何困难。可是我们的讨论不能到此为止。有必要查问的不仅是确立任何最低标准能否推进经济福利，而且还要问哪种最低标准能最有效地推进经济福利。现在，在极端匮乏水平上，人们普遍承认收入的增加会引起满足程度的有限度增加。因此转移的直接好处和因缩小国民所得形成的间接害处的数量都是有限的；对我们提问的正式正确回答是，最低标准提高到如下一个水平时能最好地推进经济福利，这个水平就是，向穷人转移的边际英镑形式的直接好处正好抵消因转移而减少国民所得带来的间接害处。

第 4 节

从这个正式回答，可以推断任何特定时候的任何特定国家

① 人们有时提到，如本书以前几编讨论过的那样，劳动能力的那些改善有可能把一些人推到最低标准以下。如人们分析那样，情况确实如此，增加的劳动能力事实上等于增加劳动的供应，因而引起特定质量的一个劳动单位实际工资的细微减少。然而，鉴于对总的劳动需求的弹性性质，此种变化推动他们超过自我维持线的未改善能力工人的数量几乎可以肯定是十分稀少的。

建立实际收入最低标准应当作怎样的数量估计，这样做必须得到大量详细资料并加以分析；但在目前情况下许多资料是学者难以得到的。然而，能够可靠地作出一个实际结论，那就是其他条件相等，社会中每个人实际收入越大，最低标准可以有把握地定得越高。理由当然是，平均收入的每次增加，意味着凭本人努力不能达到任何特定最低标准的人数的减少；因此，从绝对意义和相对意义上来说，该项标准的外在保证对国民所得所带来的损害减少。结果是，当我们必须与恶劣自然环境中的一批拓荒工人打交道时，最低标准可以正确地订立在低水平上。但是，随着发明与发现的进步，随着资本积累与征服自然，水平必须相适应地提高。因而当相对贫穷国家只能为它的“困苦的”公民提供较差的供应，而相对富裕国家应为全体“贫困”[①]的人提供较好的供给，这是合理的。

第 5 节

在这个问题上，富裕国家的意义是什么不应混淆。就目前的使用方法而言，国家指的不是政府而是人民。有一种广泛的印象是，国家向它的贫困公民提供物品的责任取决于政府为其他用途必须提供的金钱数量；从这点推断，英国预算为满足每年战时债务支出需要的大量增加，证明要求社会开支的大量节省是合理的。这个想法在很大程度上是虚幻的。的确，继续征税每年达到 8 亿战后英镑的预期遏制生产的间接作用远远大过征税 2 亿战前英镑

① 这个词(necessitous)是 1909 年济贫法报告中多数委员使用的词。

的预期，这是正确的。但是这点虽然重要，它还是属于次要问题。紧要的事实是，当向国内政府债券持有人支付利息时——当然情况与向外国债券持有人不同——人民实际收入部分并没有被直接耗用。资源仅仅是从一部分公民转给另一部分公民。无疑，当一个国家必须为偿付大量由于战争而发行的内债提供资金时，这个迹象表明本来可以用于建立资本设备增大实际收入的资源已经花费在战争中。然而，务必不可忘掉，英国政府在大战中借入它公民的大部分资源，并不是从将成为实际资本的那部分抽取，而是在消费中节约出来和在生产中特殊活动的结果，若是没有战争本来不会出现那部分资源。因此，即使作为人民帮助穷人能力的标志，就战时内债的规模来说其用处也不大。这种能力的真实测试是直接测试——即总实际收入与人口的比较。实际上，从实际收入中减去必然以非生产方式用完的资源是合适的。这样，当一个国家处于如下情况，即它必须将它实际收入的极大比例使用于保持强大武装，或者用于支付过去曾借钱给它政府的外国债主的利息，或者用于维持国内秩序的机构时，它必须考虑到这些事情。然而一般说来，它们是相对次要的。总实际收入数与人口数的关系才是最主要的有关事实。

第 6 节

就联合王国而言，1913～1914 年最普遍认同的总国民收入估计数，以当时价格计算约为 22.5 亿镑。扣除赋税约 2.5 亿镑，新投资约 2.3 亿镑，如果此数在分配过程中不减缩，我们留下的总数足以使每户 4.5 人的代表性家庭得到的收入为

162 镑。[①] 当然，事实上完全不可能以这种方式分享国民收入而不使这笔金钱所代表的货物与劳务的一大部分完全失踪。除了我们也许可以希望生产结构的巨大改进，但对此我们肯定难以充满信心地预言，更没有理由期望这个国家的人均实际收入在不久将来，大大超过 1913～1914 年的数字（我们不需要麻烦自己虚妄地扩大收入数字）。鉴于这些事实，显然这个国家的富裕程度不论与自己的过去比较，还是与目前大多数邻国比较，它都说不上是绝对意义上的富裕。事实既然如此，这个国家确实不可能使用任何分配手段，为它的全体公民提供真正的高生活标准。因此，社会改革家迄今专注于财富分配方法的改进，而不重视生产的改进，他们的希望必定会破灭。如今国民最低标准可以正确地订立在比 100 年或 50 年前能够订立的高得多的水平上。然而，由于国民平均收入只有这么多，国民最低标准依旧必须订立在可悲的低水平上是无法避免的。

第 7 节

迄今为止尚无只字提及，在一个国家为本身决定最低标准时，它必须注意其他国家的政策这个共同看法。广泛认为英国禁止社会上以为不适合的做法，诸如在夜间雇用女工，使用没有掩护的机器，建造工厂没有适合的卫生设施，或者工作时间不适当的长等。如果我们单独执行这些禁令要比所有工业国家共同执行，会使我们支付较大的实际成本。普遍认为这个看法的理由是，我们这里

① 参照鲍利，《产业产品的分配》，第 20 页及以后各页。

的孤立行动会引起国外进口货物大量涌入，从而破坏我们的工业。其实这种观点没有考虑到如下事实，即根据某种著名的限制条件，没有相应的出口扩大，进口不能长时期扩大；因而作为整体的我们工业不可能遭受上面所说方式的损害。然而，如果只有一个国家的生产方法受到障碍出现不利，就会出现雇用能力、资本和劳动力离开这个国家的趋势，这是正确的。如果上述三者以同等比例离开，则该国工业的总规模将相应下降，每种生产要素每单位的支付工资率大致上保持和以前相同。国民所得不一定下降得像生产下降那么多，因为资本家在其他地方运用他们资本的同时，可能依旧在这里生活和接受收入。事实上，如果我们假设双重所得税的障碍的国际协定和帝国内部协定消除，无论如何资本流动要比劳动力的流动更快，可以设想资本将以略大的比例离开，因而工人的人均收入会下降。不论流动的细节以何种方式进行，明白无误的是，这个受影响国家的经济福利很可能减少。因而这个国家受到的损害（应该注意到）不能以建立关税来限制劳动立法落后国家的进口来避免。相反，这样的关税干扰国家资源在不同行业中的正常分配，一般说来会使国民所得减少，从而受损害更大。然而，如果这些过高最低标准的不利条件由国际劳动立法扩展到所有重要国家，我们资本被赶往国外的危险消失——代价是我们货物交换外国货物的条件对我们稍有不利。

第 8 节

根据这些考虑，看来通过国际劳动立法扩大其本身是值得想望但又是对工业真正障碍的规则，可能通过与寻常设想的不同方式，减轻这些规则对单独采取它的任何国家施加的负担。因此，在这个问题上，如果一个国家能说服其他国与它一起前进，它避免有害的方法与过程就要容易多了。此外，当有害的方法特别影响特殊工业的时候，一项国际协议将真正使在那些工业就业的人们更容易取得对有害方法的否决权；人们几乎总是想使那些人和作为整体的社会更容易做到这点。因此可以期望国际劳动立法机构的发展可以完成某种有力的工作以加速工业生产条件的改善。寻求的有利条件中较重要的是许多方法的改进，使它们实际上根本不是障碍，而是通过它们对效力的作用成为纯粹的利益。可是普遍相信它们是障碍，因此小心的政治家若没有外部的刺激不可能予以采取。国际谈判可以常常提供这样的刺激，并给予社会运动松弛或既得利益力量强大国家中的改革家以力量。例如，毫无疑问，1906 年的法—意条约间接导致意大利在监督和实施劳动法律上有普遍的改进。与此同时，期望通过国际主义的杠杆获得超过它有力量给予的更多东西是错误的。国际最低标准，如果打算获得普遍或广泛的同意，它不可避免地必然落后于最先进国家的实际做法。如果把这些国际最低标准看作国家准则，这个习惯要是扩展增强，那将是灾难性的；因为这个情况将遏制先进国家的前进运动，并间接遏制整个世界的前进步伐。正如一位“良好”雇主，虽然欢迎工厂法，但他将使他自己的做法远远走在法律标准的前面；同样，一个“良好”国家将永远比当时受国际制裁的那些国家更热心地维护国家法律。①

① 1919 年国际劳工会议在制订妇女就业协定时瞄准高标准。在协定每个独立条款上，其标准落后于某些国家的做法，但是没有一个国家的现有法律包含协定的全部要求（G. 赫瑟林顿，《国际劳动立法》，第 90 页）。

第 9 节

在最后结论中应该加上一句话。不管本书第 1 编第 9 章关于增加的财富对生活标准的可能反应说过什么，必须承认国家建立有效的全国性最低标准，由于它在实际上而不是在名义上，在某种程度上有差别地有利于人口多的家庭，可能在穷人中增加出生率。有理由希望这种趋势不会十分强烈，因为受影响的人主要是那些人，他们家庭的规模在很大程度上不是由经济考虑决定的。然而，同样不能说没有一种与此有联系的趋势。建立一种有效的最低标准，如果只有一个国家采用，很可能导致人口有相当数量增加，因为相对低效穷人受国家资助前景的吸引，移民前来。要是真的出现这种状况，新来移民消费的国民所得将比他们贡献的更多；随着这些人数量的增多，这个国家本地出生的公民为了保持他们生活标准，将越来越感到沉重的困难。因此，为了已建立超过邻近国家能享受的最低标准的国家的利益，就得禁止那些看来没有国家基金帮助不可能获得这个最低生活标准的人们移入。为达到这个目标，白痴、低能者、残废人、乞丐与流浪汉以及超出或低于一定年龄的人可能被禁止入境，除非他们或者有支持他们的亲属伴同，或者他们本人拥有来自投资的充分收入。① 但是不幸的是，要设计出机构使它能排斥“不合想望的”移民同时不排斥一些“合乎想望的”移民是非常困难的。

① 关于这个问题的若干法律的概述，参照格林察尔，《经济保护主义》，第 281 页及以后几页。

附录Ⅰ　作为生产要素的承担不确定性

第 1 节

在经济问题讨论中，人们习惯于把等待时间和各种不同的脑力与体力劳动及自然资源一道归类于生产要素。在所有未来情况完全可以预见的世界里，这样的分类是相当适合的。但是在实际世界中，某些未来事务不是完全可以预见的。相反，在极大多数企业中，经营的是哪种资源尚在等待，它们也处于不确定中；也就是说，把资源投入使用时，其结果如何难以肯定地预计。在这种情况下，在上文历数的生产要素清单上增加一类包含不同种类的承担不确定性是合适的。

第 2 节

为什么通常不采用这样做法的主要理由看来是，实际上承担不确定性必然与等待十分密切联系，以致在分析中把二者分开不是立即明白清楚的。然而，仔细思考能够了解，在它们之间的连接并非是必要或固有的连接——事实上它们只是通常总是一起发现的两件事，不是单一的事情。让我们想象一个人拥有一只花瓶，作为花瓶它价值 100 镑，如果打碎了就一文不值；再让我们假设，花瓶所有人知道，这只花瓶装有某种东西，其价值可能等于 0 到 250 镑之间的任何数字。如果花瓶的所有人打破这只花瓶，此时他可能损失高达 100 镑的任何数字或者获得高达 150 镑的任何数字。因此，他机会的保险统计值为 25 镑。要是有 100 万人处于他的地位，他们全都选择打破他们的花瓶，他们全体的总财富也许会增加 2,500 万镑。换言之，这 100 万人的劳务在承担把每人 100 镑放在同样可能变作 0 与 250 镑之间的不确定性地位时，就是使国民财富增加 2,500 万镑的原因。这个例子表明，承担不确定性虽然一般与等待相联系，它分析起来与等待很不一样。也没有实际必要寻找迄今远离实际生活的说明。如果一个人订立合同在 6 个月后交付小麦 100 蒲式耳，意图到交付日希望小麦价格跌落到合同价之下时购进，此人和打破花瓶的人一模一样，他提供承担不确定性而不提供任何等待。因此承担不确定性是独立和基本的生产要素，与任何人熟知的要素处于同一水平上。

第 3 节

在这样的构想方法中存在两种严重困难。第一个困难能够概述如下：大家都知道普通生产要素是两维的，意思是任何这种要素单位只能用时间数量乘以物质数量来表示。等待包含在特定时期内提供一定量资源和提供一定量劳动。这样把等待单位说成一个年镑，把劳动单位说成一个年劳动者。[①] 因此，看来如果作为生产要

① 参照第 2 编第 7 章第 3 节注释。

素的承担不确定性处在与等待和劳动的水平上，它必定多少与时间（相同于它们承担的时间）有关系。可是承担不确定性不像等待和劳动，它本质上与时间无关，从纯理论上说，它能够在瞬间完成。因此，为一定时期提供一定数量的任何种类的承担不确定性，初看之下似乎仅是没有实质意义的措辞。然而，这样提出的困难可以用以下事实排除，即实际上，承担不确定性的任何行动的完成不是瞬间的，而是涉及一个时间过程。例如，一位公司筹备人答应的承担不确定性，在公众加入和答应他卸去责任之前是没有完成的，当然要做完这些过程，肯定有一段相当长时间消逝。这种情况使我们能按照等待单位和劳动单位的同一计划形成承担不确定性的单位。这个单位是使1英镑经受一个特定的不确定性计划，这是需要一年才能完成的行动。将1英镑在一年中连续经受同样不确定性计划，这些行动的完成譬如说平均需要10天，它们因而包含这些单位的$\frac{365}{10}$。以这种方式我们已获得承担不确定性的两维单位，它们与等待单位和劳动单位相类似，这一节想要讨论的困难已经克服了。

第4节

第二个困难是这样的，劳动与等待是客观劳务，厌恶提供这些劳务的程度，不同人可以不同，但是它们本身对每个人都一样。然而，承担不确定性可以说其本质是一种主观状态，实际上由外部条件引起，而不同性情和有不同信息的人对于这些外部条件有十分不同的关系。因此，初见之下似乎是，完成任何工作中包含承担不确定性的数量必然不但取决于工作的性质，而且取决于承担这种不确定性者的性情与知识。可是这样的概念对我们分析的匀称性的损害是致命的。如果存在与劳动和等候任何真正的平行，我们必须客观地为承担不确定性下定义。这样，在特定资源数量投资中包含的承担不确定性对我们意味着那笔投资包含的承担不确定性就像它是有代表性性格和具有代表性知识的人所投资的。如果这笔投资确由从未感觉到主观不确定性的人所为，或者不论有什么证据证明投资是由掌握信息足以消除主观不确定性的人所为，我们应该说，此人不是承担较小的承担不确定性，而是承担了一定数量的承担不确定性，只是根据他的性格与信息，他是特别愿意承担不确定性的人。务必承认，为我们对关键性名词下定义的这种方法有武断和人为的外形；但是看来没有办法避免这一点。

第 5 节

直到此时我们尚未考虑到这样的事实，那就是承担不确定性与劳动一样，是包含大量而不止一个生产要素的名词。然而，现在必须注意到，正如劳动有许多种类一般，所以不确定性也有许多不同种类，它们体现在许多不同预期回报的计划中，在工业生产过程中资源要受这些预期回报计划的运用。预期回报计划能以如下形式的图解来表示。沿底线 OX 用界线隔开表示由 1 英镑经历讨论

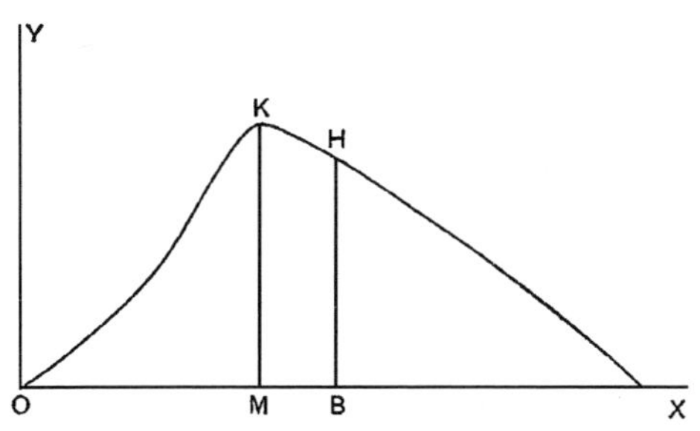

中计划使用而产生的全部可能收益;通过 OX 线上的每一点,根据证据画一条与相应回报几率成比例的纵坐标。一条曲线连接这些全部纵坐标的顶点如上图所示。显然任何预期回报的计划能够用根据这个方法形成的曲线来表示。此外,容易发生的计划的主要种类可区分为某些广泛的类群。在 OX 线上找到点 B,这样 OB 表示曲线上指出的回报机会的精确值,或者换句话说,OB 等于每个纵坐标线乘以相应横坐标之积,除以纵坐标总数而答出的产量总数;并让纵坐标通过 B 在曲线 H 处相接。以同样方式在 OX 线上找到点 M,这样 OM 表示查考中与预期回报计划有关的最可能或最“经常的”回报;让纵坐标通过 M,与曲线在 K 处相接。在这个基础上我们可以首先区别 BH 和 MK 长度相同的对称曲线与不对称曲线。对称组包括这样的一种计划,即如果 r 是 1 英镑遭受任何计划运用的精确值,其获得回报($r—h$)的机会等于获得回报($r+h$)的机会(不管 h 的值如何)。不对称组包括所有其他构想。只有当条件是 1 英镑遭受不肯定性不能获得大于 1 英镑收益时才可能有对称类型,因为根据事物性质,这种情况不能产生大于 1 英镑的损失。其次,在对称组里我们可以区分像打开雨伞一样向外展开的曲线与像收紧雨伞一样的狭窄的曲线。前一种曲线表示实际上与最可能回报有广泛分歧的计划,后一种曲线表示只有小小分歧的计划。第三,在不对称组内我们可以分辨出 MK 分别处于 BH 右边和左边的曲线。前一种曲线代表的计划表明最可能的结果是投资金钱的中等回报,小量回报比大量回报更加可能。这种计划具体表现为提供众多小奖和一两个不中奖的奖券。再者,1 英镑可以借给他人;可能有百分之九十六的机会全部收回,有百分之一机会收回 10 先令，百分之一机会收回 5 先令，百分之二机会完全收不回。这个预期计划的精确价值为$\frac{96\frac{3}{4}}{100}$英镑；最可能收回是 1 英镑。后一种曲线表示最可能的结果是小量回报，但大回报也有可能性。一种普通彩票包括几个大奖和许多无奖，它提供这种计划的例子。在这样区分的每一组中能够再作无数次的再划分。当然大量预期回报的计划不是由连续曲线表示，而是由中间有空隙的少数独立点表示，这些空隙相应于不可能的回报。

第 6 节

各种各样预期回报计划的存在(每种代表不同种类的不确定性)，乍一见可能像是会使上一节中以相同依据对待“承担不确定性要素”和“等待要素”的尝试失去说服力。因为等待是单一事情，而承担不确定性是一组不同事情。因此，改变等待的供应的意思是清楚的；但是我们怎样去想象承担不确定性的供应的改变呢？这个困难是容易克服的，尽管它是自然会出现的困难。因为承担不确定性在这方面毕竟确切地处于与劳动同一位置。一般说来劳动包含大量不同种类和质量的劳动。这个状况并不妨碍我们与使用等待这个概念一起使用劳动这个一般性概念。为了使得这个程序正规化，我们需要做的一切就是以任意方式选择某种特殊的劳动作为我们的基本单位，在这个单位在市场上比较价值的基础上，使用它的名义来表示其他种类劳动的数量。按照这个办法，任何时候所有不同种类劳动的供应或需求，都可以用单一数字表示，作为许多特殊任意选择等级的劳动的相等物。同样的办法可以恰当

地使用于承担不确定性。1 英镑遭受特殊任意选择的预期回报计划使用中包含的不确定性，可以选作基本单位，1 英镑在遭受其他用途中的不肯定性，在比较市场价值基础上，可以换算成用这个单位表达的它的相等物。一旦理解了这个道理，就能成功地克服在同化承担不确定性为其他生产要素的道路上显然可怕的障碍。

第 7 节

在同化完成时，人们在不同产业中提供资源的所有各种不同种类的不确定性，都改写为包含在预期回报的某种代表性计划中的承担不确定性这个名词，遭受这个计划使用的英镑将有供应价目表与需求价目表，就像遭受“等待”的英镑有供应价目表与需求价目表一样。任何特定数量英镑遭受承担不确性的需求价格与供应价格就是超过经历如此遭遇的 1 英镑精确价值所提供或索取的多余的金钱。对于不同数量的承担不确定性，需求价格和供应价格当然都将不同。对于某些数量，供应价格将是负数。人们在一定程度上愿意赌博，因为他们喜欢刺激，即使他们知道总的看来他们可能输钱。可是，虽然某个数量的承担不确定性像某个数量的劳动一般，对工业是现成的，即使没有预期的报酬，在目前情况下，按照那些条件需求要比能得到的多。主要理由是精确值 100 英镑钱的不肯定的期望，其满意程度远比也值 100 英镑钱的肯定期望为小。这根据的是效用递减的法则。一笔 90 英镑收入加一笔 110 英镑收入，在其他条件相等情况下，要比两笔都是 100 英镑的收入令人满意程度较小。因而，关于这种数量的承担不确定性，如目前在现代工业中使用的那样，其供应价格和其他生产要素的供

应价格一样，是正数；而决定承担不确定性的价值或价格的一般条件，与决定那些要素价格的条件是相同的。

第 8 节

必须明确了解，为承担不确定性这样索取和提供的付款，与在风险事业中成功者获得的特别利润完全不是一回事。不确定事业是风险事业。但是风险这个词一般用来表示获得回报的机会要比精确可能回报较少。这个状况必须由获得比这较大回报的相应机会来补偿。即使没有为承担不确性作不论何种付款，风险事业中成功的事业仍然需要获得特别利润来抵消那些失败事业中的特别损失。否则这种事业中投资者整体，从集体说来，将得到少于从那里投资的正常回报。因此，为承担不确定性的付出不是那些成功事业经营者赚得的超过正常利润的整个超出部分，而仅是在竞争中失败的其他经营者相应损失不能抵消的那个超过部分（一般很小）。

第 9 节

其次必须注意的是——这里我们循着第 4 节中提出的思路——承担不确定性的供应（如在那里以客观方式解释的）将由能使具备更多知识的人代替较少知识的人去从事风险事业的任何事物而增加。能使风险转移到专家肩上的每种形式组织——农场主在谷物价格上通过农产品交易所预先抛售，将风险转移给投机商；银行家在谈判票据折扣上依靠票据经纪专家；制造商依靠专业出口商打开国外市场，如此等等——均有这个效果。还可以进一步说，当风险事业由富人经营而不是由穷人经营时也产生相同效果。

因为，如果一个人拥有$(x+100)$英镑，使100英镑遭受5%范围的不确定性，他等于接受拥有$(x+105)$英镑或$(x+95)$英镑的相等机会。但是有理由相信，人们不仅一般地想有一个额外资源单位的欲望，而且这个欲望的减少率，随着人们拥有的单位数量的增长而缩小。于是，如果x值越大在接受上边盈亏相等机会而不是接受固定的$(x+100)$英镑中满意程度的可能失落就越小。

第10节

像任何其他生产要素一样，承受不确定性在技术效率上可以改进。已经实际发生它的技术效率改进依靠的核心事实是，以现有知识为基础的预测，一般说来当它们预测是关于集体的时候要比预测关于集体中个别成分更为可靠。如果所有个别成分是以此种形式连接在一起，以致它们必须一直以相同方式行动，情况当然不是这样。但是在许多集体中有一些个别成分它们彼此补充。如在休假日，室内游艺场进账很多还是进账很少是不确定的，因为那天天气是雨或晴难以确定。同样由于相同理由，露天游艺场进账极少还是收入颇丰也是不确定的。可是两种娱乐场所一起的收入总数可能接近精确预测。[①] 国家之间的出口商与进口商的情况也是如此，他们货币的相互交换率在不断变化；如果在外贸合同签订和完成之间，货币交换率上升或下降，出口商与进口商将遭受好坏相反的后果。在这些环境中，一并建立一种组织，把两种互补的不确定性合并在单一项目之下，它们就中和或者彼此抵消。也不是

① 参照马歇尔，《工业与贸易》，第255页。

只有当不确定性互补时它们的合并减少盈亏；当它们完全独立时，也有相同结果，只是在程度上不很明显。从合并这些条件可以期望的减少量，在对正常误差法的熟悉推论中有所指明，它断言，“平均数的精确性与它包含的项数的平方根成正比”。[①] 这说明如果在一个指定的风险企业里投资100英镑存在获得大于95镑小于115镑的相等机会，那么将100镑分散在100个相同的投资里，要是影响不同投资的原因是独立的，就会获得介乎104镑和106镑之间回报的相等机会。如果影响这些投资的原因只有几个是独立的，有些是共同的，则更大的可能是，回报的范围更可能落在大于104镑和106镑之间的范围，可是它仍比95镑和115镑之间的范围为小。于是，如果有100个人，每人有100英镑进行投资，他们把投资分布在100个企业里，他们全体遭受的承担不确定性总额要比每一个投资者把100英镑集中投资在单一企业里较少。然而，加在一起的投资物质结果必然相同。因此，不论何时把或多或少独立的不确定性合在一起，较少量的承担不确定性能获得特定的结果；或者换一种说法，可以使得承担不确定性要素在技术上更有效率。[②] 这样解释的原理得到企业家的完全承认，长久以来成为保险业和许多交易所投机行为的基础。这样在某种形式行业中隔开投机要素，并使它集中在相对少数投机者身上，不但改变了产业

① 鲍利，《统计学初步原理》，第305页。

② 当然，这种状况允许资源的释放，部分用于直接消费，部分用于投资，换一种状况这些资源必然还贮存着。例如将社会资金储备聚合在中央银行，降低了必需的总资金储备量，增加了可用于投资的资本，从而降低了利率（参照H. Y. 布朗，《经济学季刊》，1910年，第743页及以下几页）。

中要求的承担不确定性的分布，而且减少了它的总量。现代能够应用这个原理的范围由于3项重要的发展而大大扩展。这3项发展的第一项是法律的改变，也就是让股份公司享有有限负责的特权；第二项是经济方面的改变，也就是有组织的投机市场的发展；第三项也是经济方面的改变，也就是交通运输的发展。以下考察这3项改变促进上述原理应用范围的方式。

第11节

如果责任没有限制，一个人扩展他的投资常常对他不利；因为，要是他这样做，他大量增加投资点，可能产生无限制地要求他付出资源。1862年英国有限责任法以及其他国家类似法律能使扩展投资不至于引起这种危险。此外，本身受有限责任支持的中介组织业已出现，它有能力代理个人扩展投资，那些人的资源太少不容许其由本身扩展投资。因为工业企业的最小股份很少低于1英镑，小投资者直接扩展投资的能力受很大限制。储蓄银行、友谊社、工会、建筑社、合作社、信托公司等等组织——它们全是有限责任社团——无论如何能使个人在这方面处于像大资本家那样的有利地位。有限责任制度促进的不仅是扩展投资，它还有可能在更广泛意义上扩散或合并风险。因为一般说来，每个企业直接或间接与许多企业做生意。如果有一个企业亏损100万英镑，在无限责任制度下，全部损失落在股东或合伙人身上——当然假设他们的总资源足以支付亏损——但在有限责任制度下，损失的一部分分散到大量企业的股东或合伙人头上。因此任何一个企业的股东不但承担他自己企业的不确定性，也承担他人企业的一部分不确

定性。于是，投资于企业中100英镑由于亏损而承担的不确定性范围在数量上将进一步减少。这个好处加在直接国民收益之上但又与它截然不同，这个好处是由有限责任制度通过把亏损企业实际成本的一部分转嫁给外国人而给予国家的。

第12节

有组织投机市场的发展使生产阶级将承担不确定性转移给投机者，在他们手中大部分不确定性被抵消。这样，面粉厂主与人订约几月后以确定价格送交面粉，他可以同时签订合同购进小麦“期货”来保护自己。以后他可以抛出面粉“期货”，同时平行地购进为碾粉所需要的各级小麦“现货”。农场主可以用相同方式在收获以前出售期货来保护自己，以后在投机市场买进以抵消抛空，与此同时在现货市场出售他的实际小麦。简言之，这些买卖过程能大大减轻为完成特定后果必须经受的承担不确定性的量。为使任何生产阶级适应在有组织投机市场进行买卖需要具备的主要条件，马歇尔曾简明地指出：“(1)产品不会很快失去效用；(2)每种产品的量可以用数字表明其个数、重量或尺度；(3)产品的质可以由测试决定，当由假定为有专长和诚实的不同官员测试时可获得几乎一样的结果；(4)产品等级很重要，足以招徕大量的买主与卖主”。[①]

第13节

有待讨论的是交通工具的发展。这点以一种十分简单的方式

① 《工业与贸易》，第256页。

促进不确定性的联合。它使投资者比以前能接触大量不同的机会。这个后果尽管极其重要但却如此明显和直接，毋需加以评论。然而，交通工具的发展还以一种较微妙的方式发挥作用。卡斯尔博士曾说，如今工业企业一直在削减存货量，他们存贮起来以待加工的货物，相对于他们整个业务来说比以前少了。这方面的改进到处可见。就生产而言，“在组织完善的工业中，在两个不同工序之间很少有原材料闲置着，即使这两个工序必须在不同工厂进行，这两个工厂也许相距很远，情况也一样。现代炼铁厂没有大量原料或成品的存货，有的只是不断的铁矿与煤的流入和不断的铁锭的产出”。[①] 其他工厂也是一样，它们保留较少数量的资本，以不正常使用的备份机器的形式封存着。相同的倾向在零售商业中也很明显。平均库存量对每年总营业额的比率比以往减少。“在现代条件下，这个国家的商业在零售体系中经营，而零售体系一年又一年地增长。保留大量存货的做法几乎已经停止，订货的数量只满足目前需要。”[②]这样做的一个理由就是交通工具的改善。“美国铁路主干线连同它们广泛分布的支线使得在城市和大市镇的商人能够每天添加与装满他们的柜台与货架。因此，不需要有往日那么多的存货，一般说来当时整个冬天的货物在 10 月份就得备齐……城市间道路正在扩展，有利于乡村零售商，他早上打电话到托莱多、克利夫兰或底特律告诉他所要货物，下午就可以在柜台上陈列所订货物。”[③]现在，乍一看此种习惯的变化似乎没有什么意

① 《利息的性质与必要》，第 126 页。

② 英格利斯，《贸易委员会铁路会议报告》，1909 年，第 33 页。

③ 艾利斯，《发明家在起作用》，第 483 页。

义。零售商持有成品数量的减少,工厂主持有备用机器的减少等等,毕竟不一定不意味着整个工商业家阶层持有这些物资总量的减少。相反,我们自然地倾向于设想,批发商和机器制造商随着他们顾客存货的减少,必须以相同比例增加他们的存货。然而事实上,这种设想不正确。理由是批发商和机器制造商处于各种不确性能够合并的地位。因此交通工具的发展,它将直接把承担不确定性的任务转移给他们,间接减轻需要承担的不确定性的分量。简言之,这使承担不确定性更加有效。使得较少量的承担不确定性获得与先前相同的结果,或者说,使用意在消除应用承担不确定性需要的较少量等待,其结果完全相同。

附录Ⅱ 需求弹性的测量

第1节

根据目前可获得的资料，关于不同商品的需求弹性，除了第2编第14章提出的一般性陈述外不可能再作任何说明。如同马歇尔曾经指出，试图用直接比较不同时候的消费价格与数量来为任何市场中任何商品决定需求弹性，必然会遇到极大的困难。[1]如果可以假设，价格变化对需求数量所施加的反应能立即出现，如果能够消除实际价格变化与人们对由此产生的未来相同或相反方向的价格变化的预期的联系，如果能为需求一览表的那些向上和向下移动给予一定的容给额(这些移动是由于对货币购买力信心的波动以及货币供应的变动所致)，并将连续几年中价格百分比的变化与同样年份中消费百分比的变化作一比较，由于存在关于商品的充分统计数字，就可能获得平均实际消费量领域的大概消费量弹性的数值。[2]看来对于某些

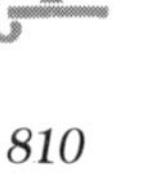

① 《经济学原理》，第109页及以后几页。

② 穆尔教授在他所著《经济周期》第4章和第5章中，不依赖正文中规定的容给量进行某些商品需求弹性的计算。但如他自己完全承认，他的方法使他能测量的弹性与马歇尔所使用和解释的需求弹性不是同一事物。我们知道，马歇尔所说的弹性有可能预计所出现的一种以某种方式改变供应的新原因在多大程度上影响价格；穆尔教授所说的弹性理论预测，何种价格变化连同迄今发现伴随这种变化的其他各种变化与自然地出现的供应变化很可能是有关联的。这种区别有如下事实表明其巨大的实际重要

商品，上边的假设可以合理地成立。在此基础上，第一次世界大战前不久莱费尔特教授计算出英国对小麦总需求的弹性约为－0.6.[①]但是要使许多弹性可以用这种直接方式计算希望极小。因此，重要的是查明是否有任何间接计算方法以克服由于反应出现缓慢而造成的困难。[②]

第 2 节

几年前我设计了一种方法，这个方法以比较不同收入的人们

性。尽管在马歇尔观念中生铁需求的弹性当然是负面的——也就是说其供应的增加引起价格的下落——但在穆尔教授意识中，根据他统计数字计算，这个弹性是正面的。其理由是：事实上出现的生铁价格的重要变化主要由需求扩大引起（一般在需求一览表上呈上升），而不是在需求一览表不变时出现供应的变化引起。在特定条件下有可能从穆尔教授所说的弹性中引出马歇尔所说的弹性，只要能够假设由供应变化对价格施加的反应出现得十分迅速。除了这个假设之外，不论统计材料如何充分，这样的引申是不可能的。

① 《经济学杂志》，1914 年，第 212 页及以后几页。

② 直接方法以及任何可能的间接方法受到下述事实的严重阻碍，那就是对一件物品的需求弹性可以因物品不同数量而不同。假如我们开始时消费为 A 价格为 p，价格上升百分之 p，这个上升是消费下降百分之 a 的直接和惟一原因。我们不能由此推论消费 A 或消费 $A(1-\frac{a}{100})$ 的需求弹性等于 $-\frac{a}{p}$，除非 p 的数值很小——严格地说除非 p 是小得微不足道。如果 p 不小，在能作出任何推论之前必须作出邻近弹性关系的某种假定。一种可能的假定是，需求曲线是一条直线。根据这个假定，关于消费 A 的需求弹性将是 $-\frac{a}{p}$；关于消费 $A(1-\frac{a}{100})$ 的需求弹性将是 $-\frac{a}{p}\cdot\frac{100+p}{100-a}$. 另一个可能的假设是：需求弹性对于从 A 到 $A(1-\frac{a}{100})$ 的所有消费数量是不变的。根据这个假定，正如 H. 达尔顿博士向我指出的那样，可以证明所说的弹性不是 $-\frac{a}{p}$，而是：$\frac{\log(1-\frac{a}{100})}{\log(1+\frac{p}{100})}$ 这个数字必定介于 $-\frac{a}{p}$ 和 $-\frac{a}{p}\cdot\frac{100+p}{100-a}$ 之间可能与 $-\frac{a}{p}\sqrt{\frac{100+p}{100-a}}$ 的值相差不大。

以特定价格消费的商品数量为基础，不是以比较特定收入的人们以不同价格消费的商品数量为基础。这个方法需要的统计数据从家庭开支中取得。政府部门和某些个人对这种开支的研究给予相当重视；出版的一些表格表明不同收入人群中一些家庭花费于各种不同主要商品的金额占他们收入的比例。使用这些数据有可能从中取得有关某种需求弹性的资料。

第 3 节

让我们假设这些数据比实际更好，而我们制作的表格说明了工资在 30 先令和 31 先令之间的工人群体的支出状况，和工资在 31 先令和 32 先令之间的工人群体的支出状况，以及如此往上推直到所有工资水平工人群体的支出状况。掌握了这个工资相差紧密接近的工人群体支出状况，我们可以合理地假设，在任何两组相邻人群的爱好与性格几乎相同。也就是说任何商品（或商品群）第 x 单位的欲望在收入为 30 先令到 31 先令群体和在收入为 31 先令到 32 先令群体的代表性人们中是相等的，他们对任何商品第 x 单位的需求与他们对其他商品的需求并无明显的相互关联。假定对这种商品第 x 单位的欲望量为 $\phi(x)$，或者换句话说 y 是对第 x 单位的欲望，并让这种商品的欲望曲线用 $y=\phi(x)$ 来代表。我们有道理进一步假定，在不知道相互关联的情况下，相邻两个群体对这种商品的需求曲线与消费其他商品的数量无关，因此也与金钱的边际欲望无关。设较低收入群体与较高收入群体的这种边际欲望分别为 μ_1 和 μ_2，这两种群体消费的商品数量为 x_1 和 x_2. 因为这两种群体为商品支付的价格必定相同，于是我们知道这个价格 p 对 $\frac{1}{\mu_1}\phi(x_1)$ 和对$\frac{1}{\mu_1}\phi(x_2)$都是相等的。因此这两种表达彼此也是相等的。可是，如果有理由假设，当这两个群体的收入十分接近时，x_2 与 x_1 只有极细微的差别，一般可以将 $\phi(x_2)$写成 $\phi(x_1)+(x_2-x_1)\phi'(x_1)$；

$$\therefore \phi'(x_1)=\frac{1}{x_2-x_1}\cdot\frac{\mu_2-\mu_1}{\mu_1}\phi(x_1).$$

但是已知关于任何消费 x_1 的欲望曲线的弹性等于$\frac{\phi(x_1)}{x\phi'(x_1)}$. 让我们把这个弹性写成 η_{x1}，于是

$$\eta_{x1}=\frac{x_2-x_1}{x_1}\cdot\frac{\mu_1}{\mu_2-\mu_1}.$$

但是，由于任何寻常商品消费的微小变化，只花费一个人总收入的极小比例，这不会引起此人金钱边际欲望有任何可察觉的变化，[①]关于任何消费 x_1 的欲望曲线的弹性等于那种消费需求曲线的弹性。因此较低收入群体的需求弹性以及欲望弹性与其消费 x_1 单位的关系可以用 η_{x1}表示，而

$$\eta_{x1}=\frac{x_2-x_1}{x_1}\cdot\frac{\mu_1}{\mu_2-\mu_1}.$$

第 4 节

如果我们知道 μ_1 和 μ_2 的相对价值，这个方程式使我们能确定最低收入群体对任何商品的需求弹性，就这个群体在消费的这些商

---

① 当然，严格地说这样的变化必然引起其金钱边际欲望的一些变动，除非对讨论中商品的需求弹性等于1。要是此弹性不等于1，商品消费的变化将伴随出现支出在这种商品的金钱转移到其他商品上，或者反过来也一样。这样必然影响花费在这些物品上金钱的边际欲望，它的边际欲望如果在一个方面受到影响，因为它必然完全相同，所以要受到全面的影响。

品的数量而言，对这些商品的需求与对别的商品的需求没有明显的相互关系。同样的方程式使我们能确定其他收入群体中每一个群体的相应弹性。如果有人反对这个意见说，我们得出的结果会在实际上受如下事实的破坏，那就是较高收入群体能够使这个群体消费较好质量的商品，不仅仅消费较大数量的商品，这个困难只要在我们的方程式上以代表不同群体人们在商品上总支出的数字替代被他们消费的商品数量，就可容易地克服。这个方法把改善的质量作为另一种形式的增加的数量，从而避开了提出的反对意见。为了获得作为整体的商品需求弹性，必须为所有收入群体计算单独的弹性，并在它们分别提到的购买数量的基础上，再把它们合并计算。

第 5 节

814

不幸的是，我们不知道和不能确定 μ_1 和 μ_2 的相对价值。因此我们被阻止去使用上文的分析来以绝对明确的语言确定任何商品的需求弹性。[①] 但这点并不阻止我们的调查。因为，根据上边

① 芬奇教授在他十分有趣的专论《消费的弹性》中提到，上文描述的方法能被扩展，用以区分名义价格与实际价格间的不同，从而获得弹性的绝对值。较高收入群体支付的货币价格与较低收入群体支付的货币价格相同。可是他认为，较高收入群体的收入在比例上超过较低收入群体，所以前者的货币实际价格要比后者少。所以，如果较高收入群体有多10%的收入，他们支付相等货币价格意味着只有后者货币价格的$\frac{10}{11}$；让$\frac{1}{11}$的实际价格差额除以代表相关消费差额的不管什么分数，就得到需求弹性（所引书第22页）。然而这个程序是不合逻辑的，因为在消费中，由较高收入群体消费的所有商品的实际价格为较低收入群体的$\frac{10}{11}$. 因此，在任何特殊商品消费中的差额不是单独由于那种商品的价格差额所致，因而一般说来不能投入需求弹性的方程式中。芬奇教授事实上只是不言而喻地假设，货币的边际欲望在两种群体中是相等的——这个假设只有在两个群体对商品总数（不是在调查中的一种特殊商品）的需求弹性等于1的情况下才能予以认可。

指出的方法，任何收入群体的需求弹性都可用这方程式来确定，因为不论哪个收入群体消费的所有物品都以 μ_1 和 μ_2 表示，以绝对相同方式进入方程式的项 $\frac{\mu_2-\mu_1}{\mu_1}$。如果当几种弹性为 η_x、η_y、η_z 等等，它们中任何一个可用任何其他的项来表示，不必顾及 μ_1 和 μ_2。这些未知数被消除，于是我们得到方程式

$$\eta_y=\eta_x\cdot\frac{x_1}{x_2-x_1}\cdot\frac{y_2-y_1}{y_1}.$$

应该注意，这个结果只是直接根据上述的论点得出，除非有关商品只有两个群体中一小部分代表性人士的收入正常地花在购买它们上。然而一般地说，虽然弹性的绝对方程式（从它得到上边的结果）只能在这个假设上有效，上述的比较方程式对大部分代表性人士收入花费购买的两种商品上接近有效，只要花费在一种商品的部分与花在另一种商品上部分相差不大。这样说的理由是，绝对弹性的两个方程式除外合并错误，否则倾向于彼此抵消。我们的比较方程式只有当它用来取得一个群体对两种物品的需求相对弹性时（这个人群对一种物品花大部分收入比例，对另一种物品花一小部分收入比例）才受到严重怀疑。除此之外，这个方程式当用在两个相邻收入群体使用或花费在不同商品上的数量统计时，能使我们能从数字上确定任何收入群体对任何一种商品的需求弹性（就它实际消费的商品数量而言）对这个群体对任何其他商品的需求弹性的比率。这个资料本身常常有价值。知道每周 35 先令工人对衣服的需求弹性是对食物需求弹性的两倍还是 10 倍很重要。但是这个资料也有间接的价值。因为，如果我们能用其他方

法——通过核查店主人的账册或其他手段——来确定任何收入群体(或收入群体的集体)对一种物品的需求弹性,我们就有了一座桥梁,通过它我们可以继续确定他们对其他所有物品的需求弹性。

第 6 节

在解释上边的方法中,如同一开始就指出的那样,我已经假定我们的资料比它们实际具有的更好。我想这么说是合理的,因为在事物本质中没有理由认为这些资料不会改进;实际上,无可怀疑它们是会被改进的。当然,即使到那时任何人试图尽量细致地应用这个方法,一定会遇到严重困难,其中也许困难不小的是,决定分别处理不同商品细到何种程度,和按照它们共同具有的用途把它们聚合到何种程度。当在某些应用中试验这个方法时,这些困难证明无疑是难以克服的。然而从第二次财政蓝皮书第 215 页和第 217 页上给出的数字所进行实验的结果看,无论如何不由我不希望有更好的效果。这些数字指的是一些工人群体"食物"与"衣服"的支出,他们的工资分别是 20 先令以下、20 到 25 先令、25 到 30 先令、30 到 35 先令以及 35 到 40 先令。我的方法得出几个群体的衣服需求弹性对食物需求弹性的比率如下:

工人收入在 20 先令以下 ……1.16
从 20 到 25 先令……1.31
从 25 到 30 先令……1.62
从 30 到 35 先令……1.25
从 35 到 40 先令……2.46

除了收入为 30 到 35 先令工人的比率下降外——可以顺便地提一

下，形成这个群体平均数的实例个数只有前后两组人数的一半——这些数字是连续升高的，与我们从一般观察中所预期的完全相符。很自然，在十分贫困的群体中，对衣服的需求应是像对食物需求一般几乎没有弹性，随着我们继续进行较富裕群体的调查，它的相对弹性应该增大。因此，这个小小的实验令人鼓舞，十分希望某个经济学家会沿着相同方向进行更广泛的研究。[①]

① 参照《一个确定需求弹性数值的方法》一文，见《经济学杂志》，1910 年 12 月。

附录Ⅲ　某些竞争与垄断问题的数学与图解论述

这个附录的目的是研究某些纯理论问题，没有某种技术手段的帮助不能容易地进行。

一、正常供应价格

第 1 节

我把任何数量产品的正常供应价格的含义定为：当在研究中的产业完全适合生产这个数量和不存在垄断行为时足以不断地产出正规价格的产量。初看时一个产业随着它产量的增加，它的供应价格可以下降、稳定或上升。根据它进行三者中的这种或那种行为，可以分别地说这个产业遵从降低、稳定或增加供应价格的法则。① 当然同一个产业可以使产出的某些数量遵从这些法则的一种，使其产出的其他数量遵守另一种法则。本文将一般性地研究决定正常供应价格变化与产品数量变化之间关系的方式。

---

① 参照第 2 编，第 11 章。

第 2 节

大多数产业由若干厂商组成,任何时候这些厂商有的在扩展而别的在衰落。记得马歇尔把它们比作森林中的树木。这样,当需求条件不变,作为整体的产业产量相应地不变时还会有许多工厂的产量有变化。作为整体的产业处于均衡状态,个别厂商方面的扩展和萎缩趋势会相互抵消;但是肯定的是,许多厂商本身不会处于均衡状态,可能没有一家处于均衡状态。当需求条件发生变化,作出必要的调整,我们可以设想,作为整体的产业将通过不同的产量和也许不同的正常供应价格变动再次处于均衡状态;但是它包括的许多也许全部厂商作为个体将失去均衡,尽管它们的扩展与萎缩趋势必然彼此抵消。这显然是事物的状态,对它的直接研究将是高度复杂的。然而幸运的是有一种间接的方法。当作为整体的产业调整产量以适应特定需求状态时,由于个别厂商方面的扩展与萎缩趋势相互抵消,可以正确地认为它们与整个产业的供应计划没有关系。当需求条件变化时,整个产业的产量和供应价格必须改变,改变方式必须像是在原来与新的需求状况中,如果它们所属全部厂商各自都处于均衡情况时,它们将做的完全相同的方式。这个事实为我将称为均衡产业的概念提供根据。这个概念的意思是,可能存在某个企业,每当整个产业处于均衡时,也就是这个产业在正常供应价格 p 的条件下生产正规产量 y,这个企业本身也个别地处于均衡状态,即生产正规产量 x_r.[①]然而就我有

① 马歇尔关于他“代表性企业”的声明表明,这种企业就可认为是“均衡企业”。

限的目标来说，该产业的状况与这样一个企业的存在是协调的，不管这样的企业事实上存在与否，如果它确实存在，这些条件的内涵将继续有用，并必然产生效果。因此，为了研究这些条件的目的，说它确实存在是合理的。对于当时整个产业的任何特定产量，整个产业的供应价格必须等于整个产业当时产量能使均衡企业保持均衡的价格。因此，这个产业根据在均衡企业保持均衡条件下，使价格增加、保持不变或随着正规产出率的增长而降低，这就是符合增加、不变或降低的供应价格规律（这里我们不考虑短期价格波

但是它还有更多一些含义。在某种意义上它是中等规模的企业。马歇尔把它描写为在一定规模上建立的“典型”企业，实际存在的企业往往与它近似；出于某些目的他暗示，为我们自己描绘几种不同典型的企业可能有好处，例如一种企业采取公司形式，另一种企业可以规模较小，具有私人厂商形式。这个观念符合实际情况已由西德尼·查普曼爵士与艾什顿先生于1914年对若干厂商进行规模研究中清楚表明。他们的结论是：“一般说来，在各产业或分支产业里似乎存在适当的规模，在若干条件下，企业趋向于发展为典型的或代表性的规模，在它们各部分之间有典型的比例和典型的结构……如同人有正常的大小和体形，所以企业也有正常的规模和形式，只是较不明显罢了”。（见“主要在纺织工业里的企业规模”，《统计杂志》，1914年，第512页。）这点不会令人惊奇。因为，我们此刻从现实到抽象，假设有大量具有每一等级经营才能的人，每个产业将倾向于把那里“比较效率”最佳的那个等级的人叫到它所属的企业。如果该产业的产量为y，其典型企业的产量为x，那家企业产出的总成本为$F(x,y)$，F是由技术条件决定的明确函数，对于任何指定的y的价值，x是由下列方程式求出的

$$\frac{\partial}{\partial x}\left\{\frac{F(x,y,)}{x}\right\}=0.$$

没有必要要求有任何代表性或典型的企业规模。企业的规模可以有各种各样，不限于任何准则。所要求的全部只是一个企业是上边限定意义上的“均衡企业”，或者不如说这个企业具备使它成为“均衡企业”的条件。

动)。在不是由许多企业而仅由一个企业组成的一些产业中,当然,作为整体的产业和那个均衡企业是一回事,除了均衡企业外没有其他企业,我们关心以下两种产业:(1)有些产业其所属个别企业的产量相对于整个产业的产量来很少;这意味着我们均衡企业产量 x 相对于 y 来很少;(2)只包含一个企业的一些产业。一种困难属于中间程度的产业,其 x_r 既不相对少于 y,又不等于 y——一种包含某种不明确性的情况——不在我们讨论之列。我们始终认为,我们所研究的产业不排除以上两种产业以外的产业,我们要在法律规则或联合办法方面谈到它们。

二、多企业产业

第 3 节

马歇尔关于内部经济和外部经济的论述,使人们一般地熟悉一种思想,那就是多企业产业中的个别企业的长期生产成本,有时不单单取决它自己产量的多少,而且也取决于整个产业的产量的规模。但是这个思想需要说得精细一点。可以区分为三个阶段,在最简单阶段个别企业的成本单独取决于它自己的产量。不存在外部经济或不经济,存在这样的内部经济或不经济完全不受整个产业规模变化的影响。如果以 y 代表整个产业产量,以 x 代表均衡企业的产量,均衡企业的货币成本以 $F_r(x_r)$ 计量。在下一个阶段,个别企业的货币成本由两部分组成,一部分取决于它本身产量的大小,另一部分取决于整个产业产量的规模。我们要是愿意,可以称前者为内部成本,后者为外部成本。后者由企业在购买原料、机器等等支出组成，这些东西的价格由作为整体的产业方面对它们的需求变化而变化。这里均衡企业的货币成本以如下程式计算：$F_r(x_r)+\frac{x_r}{y}\psi(y)$. 在第三阶段，成本与个别和集体产量的关系更加复杂。把个别企业的货币成本认为是由两个分开与独立部分组成的看法不再正确，这些成本将根据整个产业产量所处的水平使它的产量发生特定变化而经历不同的变化；它们还将根据个别企业本身产量所处的水平使整个产业的产量发生特定变化而经历不同的变化。均衡企业的成本用 $F_r(x_r, y)$ 计算。这个最后程式是一种一般性的程式，当然包括两个较简单程式作为特殊情况。因此，第一步使用它进行我们的分析是方便的。

第 4 节

设 y 为整个产业的产量；x_r 为均衡企业的产量；$F_r(x_r, y)$ 为均衡企业的总成本；p 为产业产品的供应价格。必须区分下列数量。

第一，哪家均衡企业的边际附加成本，也就是在其他企业产量不变情况下，将产量从 x_r 增加到 $(x_r+\Delta x_r)$ 时那家企业总成本的差额，等于 $\frac{\partial F_r(x_r, y)}{\partial x_r}+\frac{\partial F_r(x_r, y)}{\partial y}$. 第二，均衡企业的边际替代成本，也就是在整个产业产量不变情况下该企业的产量从 x_r 增加到 $(x_r+\Delta x_r)$ 时总成本的差额（即该企业产量增加数被其他地方同等减少所抵消），相等于 $\frac{\partial F_r(x_r, y)}{\partial x_r}$. 第三，均衡企业的平均成本等于

$$\frac{F_r(x_r, y)}{x_r}.$$

第 5 节

当一个企业考虑在它产量上增加或减少微小数量对它的总成本将产生何种差额时，如果它认为其他企业的产量不会由于它的行动而改变，它就使用边际附加成本来计算差额，如果它认为其他企业将因它的产量扩大，被迫相应缩小它们的产量时，它就使用边际替代成本来计算差额，因而整个产业包括它自己在内的产量不会变化。它可以认为，处于这两种情况之间的某种中间情况可能发生，在发生这种中间情况时它指望使用处于边际附加成本与边际替代成本之间的某种中间办法。如果任何一家企业生产特定产量的总成本相同，不论别的企业生产多少产量，这两种边际成本都是一样的。在任何情况下，只要整个产业的产量比任何一家企业的产量相对都大，这两种边际成本不可能相差很大。如果我们假定，均衡企业认为它产量的稍稍增加将引起整个产业的产量同等增加、零增加或者介乎二者中间的增加，我们讨论的方法将作稍稍变动，但是对总的结果不会有什么差异。因此，如果均衡企业认为它的产量有微小的变动，将引起它的竞争者同等的或相反的变动，这个分析最为简单。我将继续假定事实上确是这样。因此，只要我们考虑的是多企业产业，就不需再提到边际附加成本；以后在使用边际成本这个词时不再加形容词，指的就是边际替代成本，也就是：

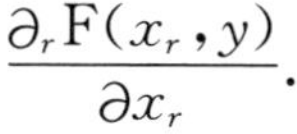

$$\frac{\partial_r F(x_r, y)}{\partial x_r}.$$

第 6 节

于是容易看出，如果产业的供应价格小于均衡企业的边际成本，以这个供应价格出售产品将引起企业的损失，企业将趋向缩小。如果供应价格大于均衡企业的边际成本，企业将以牺牲其他企业为代价得到扩展而获益，因为，它原来产量的成本仍可由销售价格收回——销售价格不变，因为总产量不变——而新产量的成本收回后还有多余。[①] 因此在两种情况下，均衡企业都不再均衡。按假设，从那时起它必须处于均衡，因此产业的供应价格必须等于均衡企业的边际成本。也就是：

$$p=\frac{\partial \mathrm{F}_r(x_r, y)}{\partial x_r}.$$

第 7 节

如果供应价格低于均衡企业的平均成本，显然那家企业将蒙受损失，因此将趋向缩小，从而背离它作为均衡企业的性质。因此供应价格不能低于均衡企业的平均成本。可是，如果供应价格大于均衡企业的平均成本，将引诱业外人进入这个产业，建立起同样的企业，从而增加该产业的生产能力，直到产量 y 的供应价格不再超越均衡企业的平均成本。因此供应价格不能大于均衡企业的

---

① 如果边际附加成本是边际成本的确当形式，这个论点将有稍稍不同的形式，但其结果相同。参照下文第 14 节注释②。

平均成本。故而供应价格应等于均衡企业的平均成本，①也就是：

$$p=\frac{\mathrm{F}_r(x_r,y)}{x_r}.$$

第 8 节

用言辞表示，这个条件以及前边条件一起说明，多企业产业产品的正常供应价格，就全部产业的数量而言，既相等于均衡企业的边际成本，又相等于它的平均成本；当然所谓成本就是货币成本之意。这两个条件是基本的和普遍应用的。由此得到的相等

$$\frac{\partial \mathrm{F}_r(x_r,y)}{\partial x_r}=\frac{\mathrm{F}_r(x_r,y)}{x_r}.$$

也能直接从如下命题得到，即当 y 为已知时，x_r 的值必然使 $\frac{\mathrm{F}_r(x_r,y)}{x_r}$ 的值为最小。为避免可能产生的误解，可以再多说一句，即因为 x_r 是 y 的隐函数，作为整体的产业的供应函数，如果希望可以表达为一个变数的函数，从而能够用平面图形来表示。

第 9 节

有三种均衡状态——不稳定均衡、中性均衡和稳定均衡。一个企业体系当出现任何轻微干扰时，如果能发挥力量重建原来的状况，它就是稳定的均衡；当这样的一种干扰出现时，如果没引起重建的力量，但也没有引起进一步干扰的力量，所以这个体系就停

① 看得出不论是上边论证还是第 3 节里提出的条件，即各种不同非均衡企业的扩展和缩小趋势必然相互抵消，并不一定意味着供应价格等于整个产业的平均成本。

留在它先前移动的位置上，它就是处于中性均衡；如果细小的干扰引起进一步干扰力量，后者以渐增的方式把这个体系驱逐离开它原来的位置，它就是处于不稳定均衡。具有沉重龙骨的船处于稳定均衡；平放着的鸡蛋处于中性均衡；竖立在一端的鸡蛋处于不稳定均衡。从实际用途看，不稳定的均衡显然是根本没有均衡可言；它的状态将引起这个体系衰落到一个状况，此时该产业只剩下一个企业。为了使均衡处于中性状态，我们需要有进一步的条件，那就是$\frac{\partial F_r(x_r, y)}{\partial x_r}$在一个确定的范围内固定下来；为了使它稳定，进一步的条件是

$$\frac{\partial^2 F_r(x_r, y)}{\partial {x_r}^2} > 0.$$

第 10 节

现在让我们依次考虑在第 3 节中区分的三种情况。在三种情况最简单一种里，那里均衡企业的成本取决于它本身的产量，根本不取决于整个产业的产量，它的表达式 $F_r(x_r, y)$降为 $F_r(x_r)$. 均衡的两个条件变为

$$p = F_r'(x_r), \quad \cdots\cdots\cdots\cdots\cdots\cdots \quad (1)$$

$$p = \frac{F_r(x_r)}{x_r}, \quad \cdots\cdots\cdots\cdots\cdots\cdots \quad (2)$$

而均衡应为中性或稳定的条件成为

$$F_r''(x_r) = > 0. \quad \cdots\cdots\cdots\cdots\cdots\cdots \quad (3)$$

在有许多企业的产业中，条件(3)连同条件(1)排除在产量等于或大于实际出售量时出现的递减供应价格律。因为，如果那个规律

对整个产业适用，它必然对属于它的一些个别企业适用，这样的企业一旦得到偶然的启动，它将越来越以低价出售货物，驱逐所有别的企业。然而，条件(3)并不真正必然排除递减供应价格律，因为条件(1)和条件(2)连在一起，不但排除这个法则，还排除递增供应价格律。这点容易证明。这两个条件共同产生

$$\frac{F_r(x_r)}{x_r}=F_r'(x_r).$$

这意味着 x_r 和作为结果的 $F_r'(x_r)$ 的决定与整个产业的产量无关；这反过来意味着产业的供应价格（不管其产量如何庞大）是不会变动的。换言之，产业必然按照不变供应价格律经营。

第 11 节

在这种简单情况下，由于均衡企业的成本函数——因为它不能有更复杂的情况——能够用平面图解表示，不管整个产业的产量如何图表同样令人信服，它对愿意用它不愿用代数阐明以前用这种手段分析复杂含义的人们有所帮助。在所附图解中，SS_m 曲

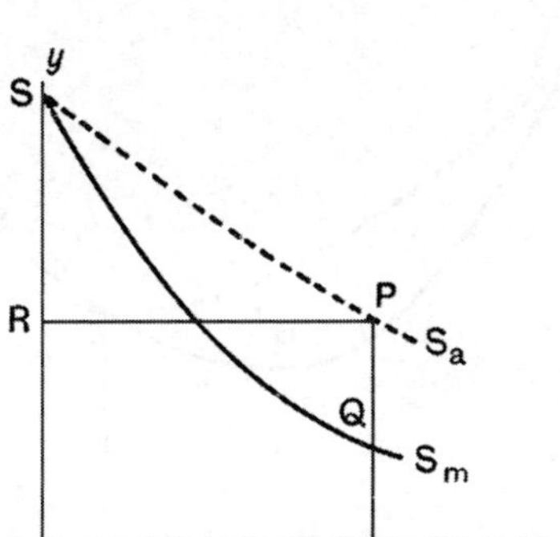

图 1

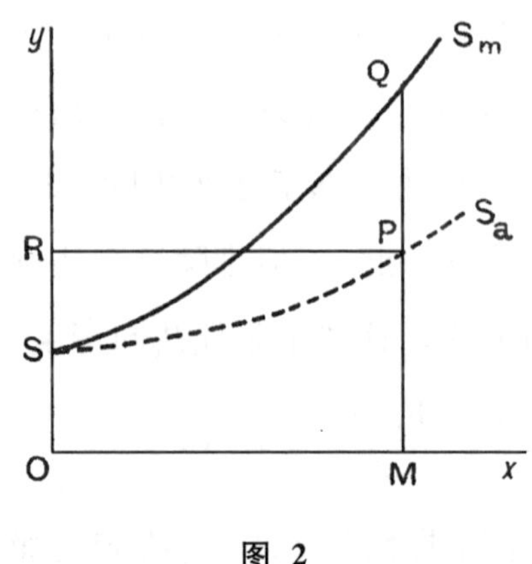

图 2

线代表均衡企业不同的产量数的边际成本，SS_a 曲线代表它的平均成本。当然这两条曲线由一种严格的关系联系在一起；因此，如果 M 是 Ox 线上的任何一点，通过 M 画一条垂直线与 SS_m 线在 Q 相交，与 SS_a 线在 P 相交，不论两条曲线的形状如何，$SQMO$ 的面积相等于长方形 $RPMO$. 容易看出，如果不论哪条曲线向下倾斜贯穿全图（如图 1），另一条曲线必然也向下倾斜；如果不论哪条曲线向上倾斜贯穿全图（如图2），另一条曲线也必然向上倾斜。如果

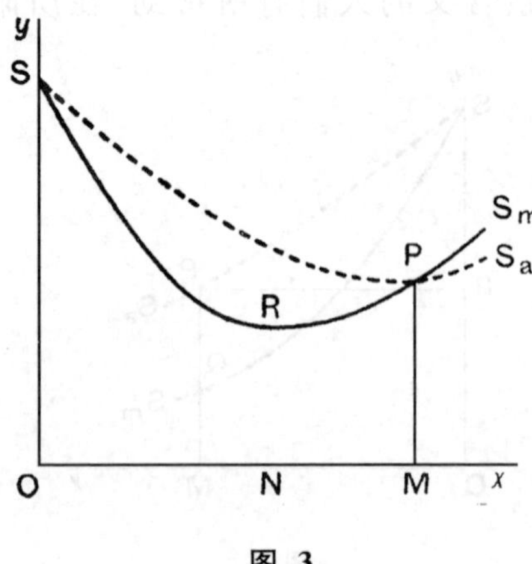

图 3

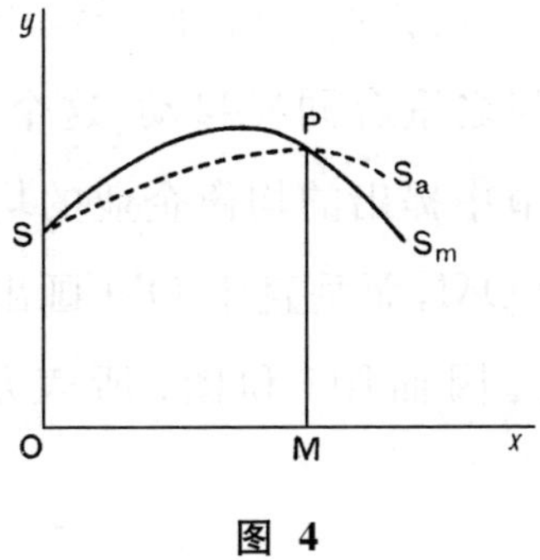

图 4

SS_m 曲线先向下然后向上倾斜，并继续上升，曲线 SS_a 将继续向下倾斜，直到与此刻向上移动的曲线 SS_m 相交于一点，然后它本身向上倾斜，这个情况由图 3 表示。如果 SS_m 首先向上倾斜，然后转而向下并继续下降，SS_a 以同样方式将向上倾斜，直到与 SS_m 相交，然后它本身转而向下倾斜，这个情况由图4表示。最后，如果

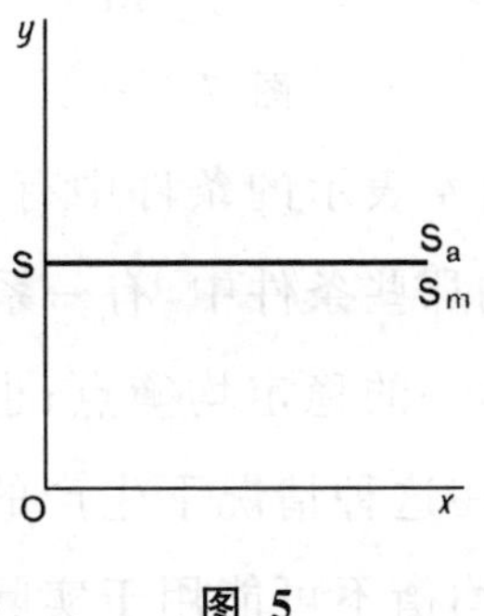

图 5

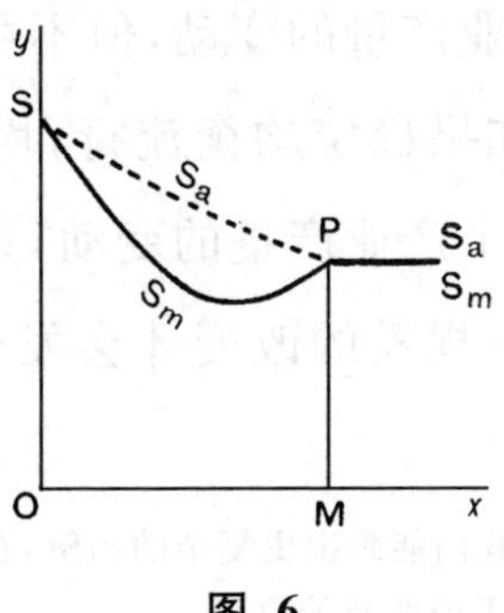

图 6

在开始时或在两条曲线相交点以后,两条线中不论哪条此后水平移动,另一条线必然与之重合同样移动,这个情况在图 5、图 6 和图 7 中表明。[①] 上一节中提出的均衡企业的均衡条件意味着此企业正在生产的产量为 OM,而垂直于 OM 画出的纵坐标在同一点上与 SS_m 和 SS_a 相交。因而图1和图2所表示的条件不可能有

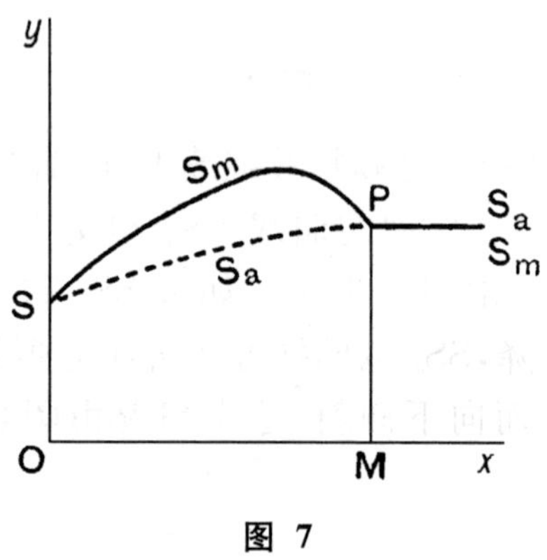

图 7

任何种类的均衡。在图 4 表示的条件中有单一的不稳定均衡点;由图 5 到图 7 所表示的那些条件中,有一系列的中性均衡;在图 3 表示的那些条件中有单一的稳定均衡点;也就是在这一点上内部经济达到它们的极限,在这种情况下生产的平均成本为最小。如我们已经了解,不稳定均衡不可能用于实际用途。如果中性均衡流行,可能出现均衡企业产量的变动,但不可能是由整个产业产量的联合变动引起的。如果稳定均衡流行,均衡企业的产量不可能变动,它严格固定。整个产业产量的变动,只有通过所属企业家数的改变或者非均衡企业规模的改变才会发生。无论如何,不管中

① 当然要是我们愿意,我们能画出更复杂的图解,在那种图解中曲线将不止一次倒转其移动方向,但这样做并不说明新的原理。

性均衡还是稳定均衡流行，均衡企业的平均（和边际）成本以及产业的供应价格对该产业的所有产量来说都是同样的，也就是该产业符合不变供应价格的条件。

第 12 节

在第 3 节中区分的第 2 类情况下，均衡企业成本招致的程式降为

$$\mathrm{F}_r(x_r)+\frac{x_r}{y}\psi(y).$$

均衡的两个条件成为

$$p=\mathrm{F}_r{}'(x_r)+\frac{\psi(y)}{y}, \quad \cdots\cdots\cdots\cdots\cdots\cdots\cdots\cdots \quad (1)$$

$$p=\frac{\mathrm{F}_r(x_r)}{x_r}+\frac{\psi(y)}{y}, \quad \cdots\cdots\cdots\cdots\cdots\cdots\cdots\cdots \quad (2)$$

而均衡应为中性或稳定的条件，和以前一样成为

$$F_r{}''(x_r)=0. \quad \cdots\cdots\cdots\cdots\cdots\cdots\cdots\cdots\cdots\cdots \quad (3)$$

像前面情况一样，条件(1)和(2)产生$\frac{\mathrm{F}_r(x_r)}{x_r}=\mathrm{F}_r{}'(x_r)$. 因此，迄今就内部位置和我们可以称为均衡企业的内部成本而言，一切完全与它在那个情况下一模一样。产品每单位的内部成本由与整个产业的产量无关的一个固定水平决定，而均衡企业的规模也与那个产量无关。然而在这种情况下，这些结果并不意味着整个产业必须符合不变供应价格规律。因为，虽然$\frac{\mathrm{F}_r(x_r)}{x_r}$的确定与 y 无关，但元素$\frac{\psi(y)}{y}$，以及

$$\frac{\mathrm{F}_r(x_r)}{x_r}+\frac{\psi(y)}{y}$$

就目前论证而言，它们可以不顾 y 的变化而自由地增长或降低。这样，如果棉纺产业的产量增多，导致其原料原棉价格上升，整个棉纺业将符合递增供应价格律；如果该产业的扩展导致原棉价格的下降，它就将符合递降供应价格律。当一个产业的产品增加时，决定由其他产业供应这个产业的原料、机器等等的价格事实上是上升、下降还是保持不变，我们需要走出主要在研究的这个产业，去调查其他产业的生产状况。

第 13 节

在第 3 节区分的第三个和最普遍的情况下，显然可见，三种占支配地位的条件对存在于供应价格变化与产量变化之间的关系并不施加任何限制。对于整个产业的任何特定产量来说，均衡企业的产量必须使其边际成本相等于其平均成本，这也是正确的。但是，随着整个产业产量发生变化，将使两种成本相等和决定它们相等时规模的均衡企业的产量可能向任何一个方向作不确定的变化。因此，即使从外界购买的原料与机器的价格不因我们产业规模的变化而变化，它自己的供应价格可能变化。普遍化类型的多企业产业有完全自由遵照递增供应价格律、不变供应价格律或递减供应价格律，或者遵照与产出的不同数量有关的这些规律的任何组合行事。上文图 3 依旧正确地表明，当总需求的状况是能从该企业以每单位 PM 的价格购买 OM 单位时均衡企业的供应条件。但是当总需求改变时，曲线 SS_m 与 SS_a 也同时改变。它们向上或向下移动，或者改变它们的形状，或者它们同时出现这些情况。经改变后，和以前一样，均衡只有在出售价格等于均衡企业的

平均价格和边际价格时才能获得。该企业的产量仍由 OM 计算，图解里 M 是从 SS_m 和 SS_a 交叉点垂直下画的基点；但是均衡企业的出售价格和产量可以与它们在改变前不同。

三、一个企业的产业

第 14 节

现在让我们回过来讨论与只有一个企业的产业有关的供应价格规律。这里均衡企业与整个产业是一回事，所以没有需要使用两个变数的函数。此外，边际成本不再含糊不清，它必定指边际附加成本，因为没有了边际替代成本这个东西。如果我们盲目地跟随上边讨论的引导，我们会作出结论说，均衡要求

$$p=\frac{F(y)}{y}=F'(y).$$

这意味着对于一种产量只能有一个供应价格，或者说，如果边际成本曲线与平均成本曲线彼此几次相交，对于少数孤立产量也只能有一个供应价格，除非该产业遵照不变供应价格的条件。只有此时似乎有可能存在一种普通类型的不断的供应计划。然而不难看出，这个论证的基础是不牢固的。对于多企业产业的均衡企业而言，只有它的平均成本和它的边际成本都相等于该产业的供应价格才能得到均衡这是正确的。但是对于一个企业产业的均衡企业而言这就不正确了。实际上，如果平均成本大于供应价格，该产业以供应价格出售产品，在这样情况下，这样的产业将趋向于收缩。同样，如果边际成本大于供应价格，该产业以供应价格出售产品，

也不能有均衡，产业同样将有收缩趋向。可是，因为我们只与一个企业打交道，均衡不一定禁止平均成本少于供应价格。① 此外，如果那里的平均成本等于供应价格，边际成本少于供应价格，这个企业以供应价格出售产品，产量没有扩大的倾向，因为任何扩大必然引起损失，所以均衡与这种状态并无任何不协调。② 因此，我们的

① 如果该企业的供应计划属于图3描绘的那种类型，如果图中的OM形成总产量的一个巨大比例，而市场有能力以PM价格吸收这个产量，均衡不禁止平均成本少于供应价格；因为在这种情况下，单一企业可以获得异常的利润而不会招来新的竞争者进入这个产业。

② 这个问题最好使用图解来解释。设DD′是需求曲线，SS_m是边际成本曲线，SS_a是单一企业产业的平均成本曲线。设OM单位是生产和以价格PM出售的，而P是DD′曲线和SS_a曲线间的交叉点。如果该产业打算增加其产量超过OM，譬如说生产ON，额外单位生产的成本少于PM。可是，尽管可以假设，所有单位全以同一价格出售，ON单位若以少于QN价格出售一定会引起该产业亏损。然而，由于在P右边的DD′部分必然处于SS_a线以下，产量ON不可能像QN那么高的价格出售。因而，如果该产业扩大产量超过OM，它就将亏损；因此，该产业没有扩大的倾向。当曲线SS_m和SS_a代表许多企业中一个均衡企业的状况，情形就大大不同。此刻画一条DD′形状的需求曲线是不合适的。均衡企业方面产量的扩张，只要它的扩张被其他企业相应收缩所抵消，市场价格不会有绝对的变动；假定这个均衡企业比起整个产业来相对的小，如果其他企业的产量保持不变，市场价格不会有近似的变动。因此均衡企业把产量扩大

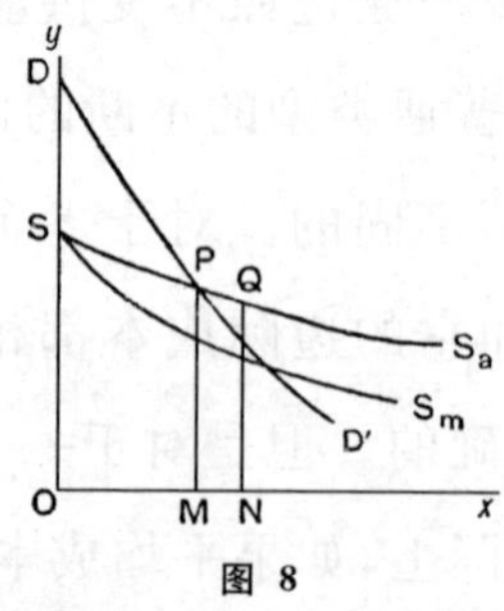

图 8

到ON，仍旧能以接近原来价格PM出售产品。这样它能以大于那个产量平均成本的价格出售扩大的产量，从而增加收益。对于许多企业中的一个企业而言，产业供应价格等于均衡企业的平均成本但大于它的边际成本的状况下，它不是处于均衡状态。

结论是，在单个企业的产业中，任何给定产业产量的供应价格等于平均成本或边际成本，取决于这两种成本中这个或那个较大。就形式上的考虑而言，这个产业可以自由地遵循递降的、不变的或递增的（货币）供应价格。如果它始终遵循递降供应价格，其供应曲线与平均成本曲线重合；如果它始终遵循递增供应价格，其供应曲线与边际成本曲线重合；如果它始终遵循不变供应价格，其供应曲线与这两条曲线重合。如果它的有些产量遵循递增供应价格的条件，另一些产量遵循递降供应价格的条件，供应曲线在平均成本曲线高于边际成本曲线的地方它沿着平均成本曲线走，在边际成本曲线高于平均成本曲线的地方它沿着边际成本曲线走。

四、多企业产业的理想产量

第 15 节

任何产业的产量，凡能使国民所得最大化，而且除了不同人们货币边际效用不同外，并能使人们得到最大满足，这个产量我称它为理想产量。如本书第 2 编第 11 章所说，当投资在讨论中产业的每种资源的边际社会净产量的价值相等于一般产业中资源的边际社会净产量的价值，或者更严格地说相等于第 2 编第 11 章第 1 节所说的主要典型产业中资源的边际社会净产量的价值时——不理会多种最大状况的可能性——就达到这个产量。在这种主要典型产业中，每种生产性资源将有相等于它边际单位净产量价值的每单位货币价值。因而我们特定产业理想产量就是使这个产量的需求价格等于投资于生产边际单位产量的资源的货币价值；换言之，它就是使需求价格和对社会的边际供应价格相等的产量。

第 16 节

在总产量为 y 的产业的均衡企业中生产产量 x_r，该企业直接或间接所需要的几种国内所有的要素（当然包括生产要素）的数量分别设为 a、b、c，其价格为 p_1、p_2、p_3. 它需要从外国进口的要素（即进口机器或原料）数量为 q，其价格为 p_q. 在一个多企业产业中我们可以区分以下数量：

第一，供应价格等于

$$\frac{ap_1+bp_2+\cdots+qp_q}{x_r} \quad \cdots\cdots\cdots\cdots\cdots\cdots\cdots\cdots \quad (1)$$

第二，产业的边际供应价格，即增加小量产量增加量对该产业的总货币费用造成的差额，

$$=\frac{d}{dy}\left[\frac{y}{x_r}\{ap_1+bp_2+\cdots+qp_q\}\right]$$

$$=y\left[\left\{p_1\frac{d}{dy}\left(\frac{a}{x_r}\right)+p_2\frac{d}{dy}\left(\frac{b}{x_r}\right)+\cdots+p_q\frac{d}{dy}\left(\frac{q}{x_r}\right)\right\}\right.$$

$$\left.+\left\{\frac{a}{x_r}\cdot\frac{dp_1}{dy}+\frac{b}{x_r}\cdot\frac{dp_2}{dy}+\cdots+\frac{q}{x_r}\cdot\frac{dp_q}{dy}\right\}\right]+\frac{ap_1+bp_2+\cdots qp_q}{x_r}. \quad (2)$$

第三，社会的边际供应价格，即增加小量产量的增加量对社会的总货币费用造成的差额，

$$=y\left[\left\{p_1\frac{d}{dy}\cdot\left(\frac{a}{x_r}\right)+p_2\frac{d}{dy}\left(\frac{b}{x_r}\right)+\cdots+p_q\frac{d}{dy}\left(\frac{q}{x_r}\right)\right\}+\frac{q}{x_r}\cdot\frac{dp_q}{dy}\right]$$

$$+\frac{ap_1+bp_2+\cdots+qp_q}{x_r}. \quad (3)$$

第四，随着产量增加，根据产业的观点，供应价格变化率，

$$=\frac{d}{dy}\left\{\frac{ap_1+bp_2+\cdots+qp_q}{x_r}\right\}$$

$$=\left\{p_1\frac{d}{dy}\left(\frac{a}{x_r}\right)+p_2\frac{d}{dy}\left(\frac{b}{x_r}\right)+\cdots+p_q\frac{d}{dy}\left(\frac{q}{x_r}\right)\right\}$$

$$+\left\{\frac{a}{x_r}\cdot\frac{dp_1}{dy}+\frac{b}{x_r}\cdot\frac{dp_2}{dy}+\cdots+\frac{q}{x_r}\cdot\frac{dp_q}{dy}\right\}.\quad(4)$$

第五，随着产量增加，根据社会观点，供应价格变化率

$$=\left\{p_1\frac{d}{dy}\left(\frac{a}{x_r}\right)+p_2\frac{d}{dy}\left(\frac{b}{x_r}\right)+\cdots+p_q\left(\frac{q}{x_r}\right)\right\}+\frac{q}{x_r}\cdot\frac{dp_q}{dy}.\quad(5)$$

这最后表达式是由前一个表达式消除表示我们产业中均衡企业与它使用要素的国内所有者之间因转让增加量的因素。

第 17 节

上边表达式(4)乘以 y，计算出表达式(2)高于表达式(1)的超出数；表达式(5)乘以 y，计算出表达式(3)高于表达式(1)的超出数。因此：

(1)在所有产业中，当产量增加时，根据产业观点，供应价格的变化率为正的地方(即那里递增供应价格普遍流行)，产业的供应价格小于边际供应价格；情况相反时供应价格大于边际供应价格。

(2)在所有产业中，根据社会观点，供应价格的变化率为正的地方(即从社会观点看那里的递增供应价格流行)，社会的供应价格小于边际供应价格；在情况相反时供应价格大于边际供应价格。

第 18 节

第 2 编第 11 章第 10 节表明，表达式

$$\left\{\frac{a}{x_r}\cdot\frac{dp_1}{dy}+\frac{b}{x_r}\cdot\frac{dp_2}{dy}+\cdots+\frac{q}{x_r}\cdot\frac{dp_q}{dy}\right\}$$

不可能是负的；在同章第 7 节，表达式

$$\left\{p_1\frac{d}{dy}\left(\frac{a}{x_r}\right)+p_2\frac{d}{dy}\left(\frac{b}{x_r}\right)+\cdots+\frac{d}{dy}\left(\frac{q}{x_r}\right)\right\}$$

绝对不可能是正的。我们可以认为，虽然可能有例外，这两个不等式一般说来继续有用。另一方面，表达式

$$\left\{p_1\cdot\frac{d}{dy}\left(\frac{a}{x_r}\right)+p_2\frac{d}{dy}\left(\frac{b}{x_r}\right)+\cdots+p_q\frac{d}{dy}\left(\frac{q}{x_r}\right)\right\}+\frac{q}{x_r}\frac{dp_q}{dy}$$

如果$\frac{dp_q}{dy}$是正的它可以是正的；当然那个从产业观点看，供应价格的变化率的表达式可以是正的，也可以是负的。

因此：

(1)在产量增加时，从产业观点看供应价格的变化率大于或等于从社会观点看供应价格的变化率。因而递减的供应价格（普遍的）意味着从社会观点看来也是递减供应价格；可是递增的供应价格（普遍的）并不意味着从社会观点看也是递增的供应价格。

(2)一般说来，除非在使用进口递增供应价格原料的产业里，随着产量增加，从社会观点看，供应价格变化率为零或负，而供应价格等于或大于对社会的边际供应价格。

(3)在一般产业中，对产业的边际供应价格等于或大于对社会的边际供应价格。

第 19 节

如上文所述，当对社会的边际供应价格等于需求价格时，达到

了理想的产量。

当供应价格等于需求价格时，达到了适合简单竞争的产量。

当对产业的边际供应价格等于需求价格时，达到了适合第一级有差别垄断的产量。

下列推理一般地可以成立（即当第18节中提出的不等式有效时）：

（1）除了在使用递增供应价格进口原料的产业中，适合于简单竞争的产量等于或小于理想的产量。

（2）在任何产业中，如果对社会的边际供应价格与对产业的边际供应价格有差别，亦即如果从产业观点看供应价格的变化率与从社会观点看供应价格变化率有差别，则适合于第一级有差别垄断的产量小于理想产量；如果它们相同，它等于理想产量。

（3）适合于简单竞争的产量小于或大于适合于第一级有差别垄断的产量，要根据那个产业遵循普遍递减还是普遍递增供应价格条件而定。

（4）当递减供应价格普遍流行，适合于简单竞争的产量小于理想产量要比适合于第一级有差别垄断的产量小于理想产量更甚。但是当递增供应价格普遍流行时，适合于简单竞争的产量虽然大于适合于第一级有差别垄断的产量，却可能大于或者小于理想产量。在前一种情况下，国民所得要比它在有差别垄断下较好；在后一种情况下，国民收入比在有差别垄断下可能较好或者较坏。

第20节

上节（4）的分析可以说明如下：假设小麦生长从社会观点看符

合不变供应价格规律，但从产业观点看绝对地符合递增供应价格规律，因为和只是因为当需要更多的土地种植小麦时，土地价格上升。在这种情况下，供应价格等于对社会的边际供应价格，而适合于简单竞争的产量等于理想产量。可是，假定从地主那里租入土地种小麦的农场主联合起来实施第一级有差别垄断，他们将削减他们的小麦种植，因为这样做，他们将促使他们必须支付的每亩地租金的下降。此时他们的产量小于理想产量，不再像以前那样等于理想产量。如果农场主拥有他们的土地，不需租借土地，产业利益与社会利益之间的区别消失；小麦产量在第一级有差别垄断下与在简单竞争下相同，也就是等于理想产量。

五、独家企业产业的理想产量

第 21 节

在独家企业产业中，当$\frac{F(y)}{y}>F'(y)$，而产量 y 的供应价格为$\frac{F(y)}{y}$时，上面讨论的分析适合应用，它正式的表达式只需修改一下，提供 x_r 和 y 的量相同就行。在独家企业产业中，那里边际成本超过平均成本，就需要某种不同的对待。对产业的边际供应价格和供应价格都等于 $F'(y)$。因此，如果不包含转移因素，那么对产业的边际供应价格就等于对社会的边际供应价格；使供应价格与需求价格相同的产量——在这种情况下，它就是同样适合于简单竞争和适合于第一级有差别垄断的产量——就等于理想产量，尽管有这样的事实，即该产业遵循递增供应价格律。一般说来这种情况只有当使用递增供应价格的进口要素时才会发生。如果包含转移因素，使供应价格与需求价格相等的产量将小于理想产量。[①]

六、需求价格与边际需求价格

第 22 节

在前边讨论中，曾不明言地假定，需求曲线由于与供应曲线相类似，也可以称为边际需求价格曲线。这点不一定如此。任何商品数量 y 的边际需求价格是消费者每年（或每周）分别总共购买数量 y 和数量（$y+\Delta y$）的欲望（以货币计量）之间的差额。y 单位的需求价格是保持每年（或每周）购买数量 y 的价格。因而它等于数量 y 中最小希望的增加量（Δy）对那个增加量购买者的欲望（以货币计量）。如果当时边际单位的购买间接增加或减小了其他单位购买者拥有它们的欲望，边际需求价格和需求价格将有所不同。有一些商品，对它们的欲望部分就是对不寻常物品的欲望，当购买为零时，其边际需求价格的曲线与需求曲线重叠，随着购买增加，它将越来越落在需求曲线之下；有一些商品，对它们的欲望部分就是对寻常物品的欲望，它们的情况正好与上述的相反；当对商

① 应该注意，在独家企业的产业中，当实际投资不同于理想投资时，这个分歧的原因不能解释为社会净边际产品与私人净边际产品之间产生差异的道理。因为只有一个企业，这两种净产品必定相同。当存在这种情况时，分歧的原因是由于不存在竞争，私人边际（在这里它等于社会）净边际产品不等于平均净产品。如果独家企业产业获得正常利润，平均净产品的价值等于本书第 2 编第 11 章第 1 节想象中的中央产业里社会净边际产品的价值；因此，在独家企业产业中社会净边际产品的价值不等于那个价值。

品的欲望单独由它们给予直接满足时，两条曲线完全重合。[①] 当两条曲线分叉时，假定有关群体的财富与爱好相同，他们从一种产量得到最大满足，这个产量的边际供应价格不等于需求价格，而等于边际需求价格。

七、简单垄断与最高价格

第 23 节

如果政府设法保护消费者不受垄断之害，应固定最高价格在适合自由竞争的水平上。很明显，在递减或不变供应价格下，垄断者增加他的产量，不超过在自由竞争本来会生产的数量，他将获利。然而，如果此时递增供应价格条件流行，垄断者能有利生产的数量(也就是使产量最大化的数量乘以控制销售价格超过供应价格的超过部分)必然小于自由竞争时的产量。它可能大于或小于不变控制垄断下生产的产量。如果需求曲线和供应曲线都成直线，产量将正好等于这个数量。这点从审视一张合适地绘制的图表就容易看出。

第 24 节

在递增供应价格条件下，如果政府确定的最高价格小于垄断价格但大于竞争价格，一般地说产量可能处于竞争产量和适合于不受控制垄断的产量的中间。如果需求曲线和供应曲线都是直

① 参照本书第 2 编第 11 章第 13 节。

线，那可以肯定就是这个结果。制一个图表（图9），图中PM代表

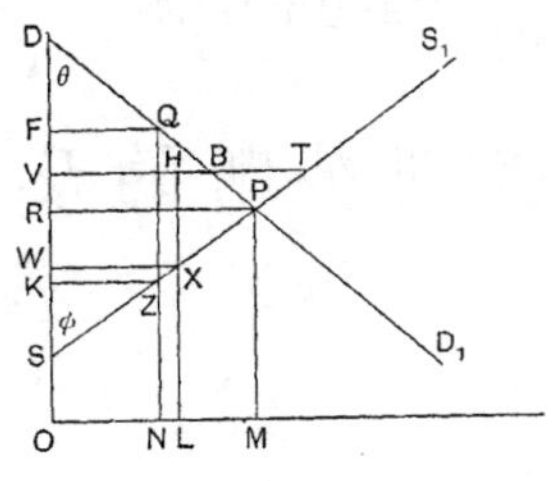

图 9

竞争价格，OM代表竞争产量；QN代表垄断价格，ON代表垄断产量。设由OV计量的政府控制价格大于竞争价格但小于垄断价格，通过V画一条水平线VBT与DD_1于B点相交，与SS_1于T点相交。它清楚地表明垄断产量ON是竞争产量OM的一半；当价格由政府固定在OV时，垄断者有利可图的生产产量由从V水平画出在T点与SS_1相交的VT线的二分之一来测量，或由VB线来测量，根据这两条线中这条或那条较短而定。可是，由于OV大于PM，显然VT大于OM。因此VT的一半大于OM的一半。这证明在控制价格下的产量大于垄断产量；由于VB必然小于RP，它必然小于竞争产量。也就是它处于二者之间的某个地方。

第 25 节

将上述论点加以扩充表明，在仔细考虑的条件下，当需求曲线与供应曲线俱为直线时，能使产量大于任何其他水平下产量的控制价格水平，将引起VT与DD_1的相交点（即B点）与VT的中点（即H点）完全在同一位置上。如果∠SDP为θ，∠DSP为ϕ，这个产量表明相等于适合于简单竞争的产量乘以下列分式：

$$\frac{\tan\theta+\tan\phi}{2\tan\theta+\tan\phi}.$$

八、有差别垄断的几个问题

第 26 节

考虑一个递减供应价格流行的产业，其中供应曲线整个置于需求曲线之上，所以不论在简单竞争下还是在简单垄断下皆不能出现任何产量。如图 10 那样画需求曲线 DD_1 和供应曲线 SS_1，通过 S 画曲线 SS_2，如果从 SS_1 上任何点 P 画一条垂直线在 Q 点上与 SS_2 相交，图就这样完成了，不管 P 与 Q 在任何位置，SQMO 的面积等于长方形 KPMO. 如果 DD_1 整个处于 SS_1 和 SS_2 之下，显然正像在简单竞争下不能出现产量一般，在垄断加第一级有差别之下也不能出现任何产量。然而，在某些递减供应价格的产业中，可以发生 DD_1 虽然处于 SS_1 之下却与 SS_2 相交。如果它与后者相交一次，显然它一定会与后者第二次相交。设它与后者相交于 R 和 Q. 那么，在简单竞争条件下不能发生任何产量。但是在垄断加第一级差别对待的条件下，若是 RQ 的面积大于 DRS 的面积，产量 OM 将产生超过总成本的总收入，因而将会出现这个产量。曲线 SS_1 向下倾斜度越陡，也就是说递减供应价格律的作用越强，越有可能达到这个结果；因为当 OM 的距离已知时，SS_1 越陡，PQS 的面积越大，因此需求曲线的范围也越大，将使 RQ 的面积大于 DRS 的面积。考虑到 SS_1 的倾斜程度，如果需求曲线不在较早阶段陡峭下倾，也就是说如果需求在达到相当低价格水平时才

有弹性，更有可能达到这个结果。

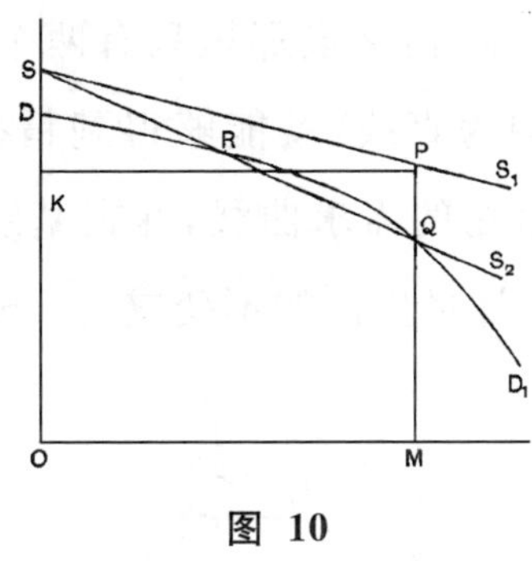

图 10

第 27 节

垄断加第二级差别对待，如本书第 2 编第 17 章第 5 节解释的，当垄断者有可能索取的不同价格的数目增加时，它的作用近似垄断加第一级差别对待。这个结果一般说来很明显，可以用一个特殊事例正确地显示出来。设适合于第一级差别对待的产量为 a，设 n 为不同价格的数目。根据需求和供应的曲线都是直线的假设，能够看出，当商品遵照不变供应价格律时，对于所有 n 的价值，产量将相等于$\frac{n}{n+1}$a. 那就是说，如果只能选择一种价格，其产量将为$\frac{1}{2}$a；如果可能选择两种价格，产量为$\frac{2}{3}$a……等等。当商品遵照递减供应价格律时，如果 n 相等于 1，产量仍然等于$\frac{\mathrm{a}}{n+1}$a，但是，如果 n 大于 1，产量将比这个数字略小。

第 28 节

我们的下一个问题必须分别探究在第三级有差别垄断下（如

本书第 2 编第 17 章第 5 节解释的)和在简单垄断下的相对产量。设不变供应价格条件流行,又设那里只有两个市场,那么,如果两个市场的需求曲线均为直线,就能够得到精确的结果。设 D_1D_2 和 $D_1'D_2'$ 代表两个市场的需求曲线,并在基线以上垂直距离 OR 画一条 SS′线,由 OR 计量生产的不变成本。通过 D_1'

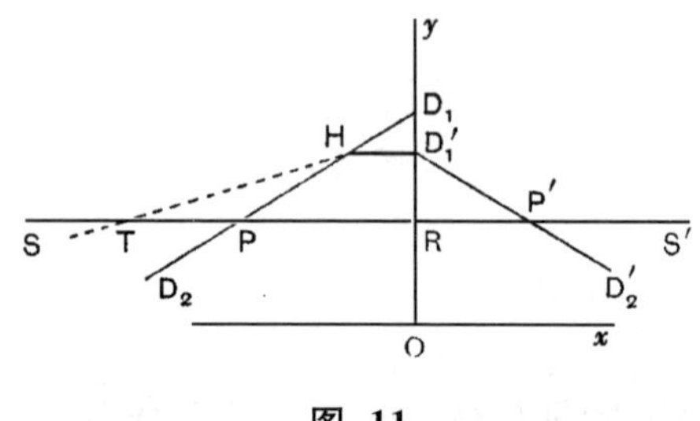

图 11

画一条平行于 SS′的 D′H 线,并通过 H 画一条直线 HT,这样 PT 等于 RP′。此时在有差别垄断下,这两个市场的产量分别是$\frac{1}{2}$RP′和$\frac{1}{2}$RP。在简单垄断下,如果 PH 大于 HD_1,产量将是$\frac{1}{2}$RT。但是,由于 PT 相等于 RP′,$\frac{1}{2}RT=\frac{1}{2}RP'+\frac{1}{2}RP$. 因此,由于上述 PH 大于 HD_1 的条件,在简单垄断下和在有差别垄断下的产量将是相同的。如果 PH 小于 HD_1,在某些条件下简单垄断下的产量是$\frac{1}{2}$RP,而在较不利的市场中不再有消费。当这些条件流行时,在简单垄断下,这两个市场之一将没有消费,由有差别垄断替代简单垄断能增加产量,但除了这些条件外产量不会改变。当舍弃不变供应价格的消费允许递增或递减供应价格流行,上边达到的结果不会有修改,因为只有通过产出数量的变化,才能使递增或递减供应价格发挥作用。[①] 然而，递减供应价格开启本书第 2 编第 17 章第 13 节提到的可能性，上文第 26 节也讨论了类似的问题，只是前边的讨论对此没有提到。事实是，在某些条件下，简单垄断和简单竞争都不会导致任何产量变动，有差别垄断可能导致某种产量变动。

九、产业酬劳方法

第 29 节

本书第 3 编第 8 章的中心论点能够使用图解的方法解释清楚。让我们假设任何产业里雇用工人人数和工作日的时间长度业已规定。然后有可能画出一条代表雇主对一个代表性工人每单位时间劳力的不同数量的需求价格（以产量计算）的需求曲线，和一条代表工人不同劳力数量的供应价格（以产量计算）的供应曲线。劳力单位沿 Ox 线标出，沿 Oy 线标出劳力不同数量的需求和供应价格（按产量计算）。

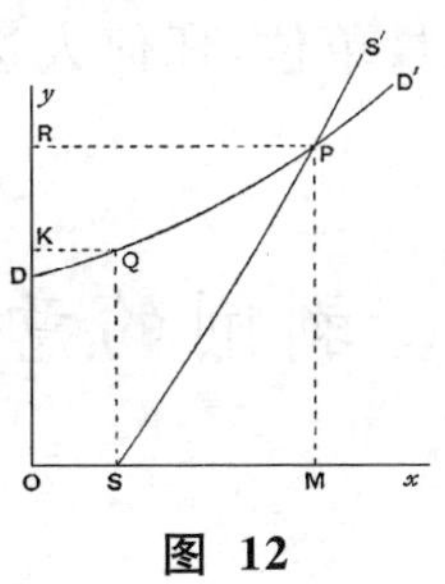

图 12

① 在简单垄断只能在市场有销售，而有差别垄断也能在市场有销售的条件下，很容易看出，采取有差别垄断将以如下方式影响市场 A 的消费与价格：在不变供应价格下两个市场将保持不变；在递增供应价格下，消费将缩减而价格将增加；在递减供应价格下，消费将增加而价格将降低。这些情况对政府有实际重要性，它们能使政府考虑是否应允许当地卡特尔以比国内价格较低的价格将货物销往国外。

因为劳动者方面每次劳力增加，使雇主能更快地完成任何特定工作，更快地开始用机器做其他工作，需求曲线 DD′将向上向右倾斜。因为，如果一个人既然来做工，公众舆论和他自己的生活都不允许他什么都不干，供应曲线 SS′将从沿 Ox 线某一点开始，此后将略为陡峭地向上倾斜。让此线与 DD′曲线在 P 点相交。通过 P 点画 PM 垂直到 Ox 线，画 PR 线与 Oy 线成直角。然后，除了对此处不考虑的生产能力的可能损害反应外，一个典型工人劳力的数量（这对国民所得和经济福利最有好处）用 OM 计量，而他相应的产量用长方形 OMPR 计量。如果付给他的工资完全与他的劳力及由其产生的产量无关，他的劳力数量大致为 OS，而他的产量大致为 OSQK. 劳力 OM 的量和由其生产的产量 OMPR 可以由为每劳力单位（它的意思是每 PM 产量单位）提供 PM 工资率（以产量计）获得；也可以由提供相等于 OMPR 的总工资（以产量计）获得，总工资可按日计算也可以按任何时间单位计算，条件是此人需生产 OMPR 的产量单位，任何人达不到这个标准，就要接受相当较低的工资。

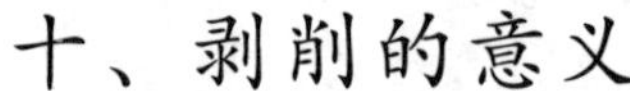

十、剥削的意义

第 30 节

设 DD′为雇主对劳动的需求曲线，SS′为任何地区或职业中工人的供应曲线。设 PM 为由自由竞争形成的工资，也就是它等于有关等级工人的一般工资率；QM″为最有利于联合一起工人的工资；而 RM′为最有利于雇主的工资。本书第 3 编第 6 章描述的不确定的范围是由 QM″和 RM′之间所有的工资率形成。如果雇主连续发给工人工资小于 PM，必然存在剥削。让我们假设雇主连续支付工资 RM′，结果是：如果雇主得到由 OM′代表的劳动量，那么工资中不公正的量就是 PM 减去 RM′的余额，但是剥削量就是 PM′高于 RM′的超出部分。如果工人连续拿到大于 PM′的工资，则交换指数必然落在 P 以左的需求曲线上，譬如说落在 Q 上，我们可能说雇主被工人剥削，剥削量用 QM″高于 FM″的超出部分计量。

人名译名对照表

A

Abbe 阿贝
Abbot 艾博特
Acworth 阿克沃斯
Aftalion 阿夫塔林
Alden 奥尔登
Aldrich 奥尔德里奇
Ashley 阿什利
Askwith, George 阿斯克威思,乔治
Asquith 阿斯奎斯
Aves 阿夫斯

B

Bacon 培根
Bâle 巴勒
Barker 巴克
Barnett, Canon 巴尼特,卡恩
Bateson 巴特森
Bauer 鲍尔
Becker 贝克尔
Beckhover 贝克豪夫
Bemis 比米斯
Benini 贝尼尼
Bernhardt 伯恩哈特
Bertillon 贝蒂莱
Besse 贝西
Bickerdike 比克迪克
Black 布莱克
Booth, Charles 布思,查尔斯
Bonn 博恩
Bosanquet 博赞克特
Bousquet, M. 鲍斯魁特,M.
Bowley 鲍利
Brace 布雷斯
Brentano 布伦塔诺
Brick 伯克
Broadhead 布罗德黑德
Brooks 布鲁克斯
Browning 布朗宁
Bryce 布赖斯
Bulkley 巴尔克利
Burns 伯恩斯
Burton 伯顿
Butterworth 巴特沃思

C

Cadbury 凯德伯里
Cannan 坎南
Carlyle 卡莱尔
Carnegie 卡内基
Carr-Saundevs 卡尔—桑德斯
Carver 卡弗
Cassel 卡斯尔
Cecil, Hugh 塞西尔,休
Chapman, Sydney 查普曼,西德尼
Chiozza-Money 齐奥扎—玛尼
Clapham 克拉彭
Clark, V. S. 克拉克,V. S.

Clay 克莱
Clifford 克利福德
Cole, D. H. 科尔,D. H.
Colson 科尔森
Comte 孔德
Cournot 古诺
Crompton 克朗普顿

D

Dale, David 戴尔,戴维
Dalton 达尔顿
Darwin, Major 达尔文,梅杰
Davies 戴维斯
Dawson 道森
da Vinci, Leonardo 达·芬奇,莱昂纳多
Dearle 迪尔
Dickinson 迪金森
Dicksee 迪克西
Doncaster 唐卡斯特
Douglas 道格拉斯
Dunraven 邓拉文
Durand 杜兰德

E

Edgeworth 艾奇沃斯
Elderton 埃尔德顿
Ely 伊利
Emerson 埃默森

F

Fay 费伊
Fichte 费希特
Fisher, Iving 费雪,欧文
Fiske 菲斯克
Florence, Sargent 弗洛伦斯,萨金特
Flux 弗勒克斯
Foville, De 福维尔,德
Foxwell 福克斯韦尔
Freeman 弗里曼
Fry, Edward 弗赖伊,爱德华

G

Gaevernitz 盖弗尼茨
Galton, Francis 高尔顿,弗朗西斯
Gannt 甘特
Gates 盖茨
Gibb, George 吉布,乔治
Giffen 吉芬
Gillman 吉尔曼
Gini 吉尼
Goethe 歌德
Going 戈因
Goldmark 戈德马克
Goodall 古多尔
Graham, J. W. 格雷厄姆,J. W.
Greene 格林
Griinzel 格林察尔

H

Haggard, Rider 哈格德,里德
Haines 海恩斯
Hamilton, W. R. 汉密尔顿,W. R.
Hartman 哈特曼
Hawtrey 霍特里
Haycraft 海克拉夫特
Hayes 海斯
Heilman 海尔曼
Heimann 海曼
Henderson, H. D. 亨德森,H. D.
Heron 希伦
Hertz 赫兹
Hetherington, G. 赫瑟林顿,G.
Higgins, Justice 希金斯,贾斯蒂斯
Hill, Octavia 希尔,奥克塔维亚
Hise, Van 海斯,范
Hobson, J. A. 霍布森,J. A.

Holcombe 霍尔姆博
Holland 霍兰
Hooker 胡克
Hotelling 霍特林
Hourwich 霍里奇
Howe 豪
Hoxie 霍克西
Huebner 许布纳
Hunter 亨特
Hutchins 哈钦斯

I

Iles 艾利斯
Inglis 英格利斯

J

Jackson 杰克逊
Jameson, Sheriff 詹姆森,谢里夫
Jaurès, M. 若雷,M.
Jenks 詹克斯
Jevons 杰文斯
Johnson 约翰逊
Jones 琼斯

K

Kant 康德
Keyness 凯恩斯
Knoop 努普

L

Laughlin, H. H. 劳林,H. H.
Lavington 拉文顿
Lawson 劳森
Layton 莱顿
Lazard, M. 拉扎德,M.
Leake 利克
Leger, St. 莱杰,圣
Lehfeldt 莱费尔特
Levasseur 勒瓦瑟尔
Leverhulme 利弗休姆
Levoy-Beaulieu 勒鲁瓦—博留
Levy 莱维
Liefmann 利夫曼
Lloyd 劳埃德
Lock, R. H. 洛克,R. H.
Lyttleton 利特尔顿

M

MacDonald Ramsay 麦克唐纳,拉姆齐
Macgregor 麦格雷戈
Macpherson 麦克弗森
Mahaim 马海姆
Maitland, Steel 梅特兰,斯蒂尔
Majewski 马斯夫斯基
Marconcini 马尔孔奇尼
Marconi 马尔科尼
Marken, Van 马肯,范
Marriott 马里奥特
Marshall 马歇尔
Mavor 马弗
Mazzini 马志尼
McCabe 麦凯布
McCrosty 麦克罗斯特
McDougall 麦克道格尔
Meade 米德
Meakin 米金
Mendel 门德尔
Meny 梅尼
Mertz 默茨
Meyer, H. 迈耶,H.
Miers 迈尔斯
Mill 穆勒
Mitchell 米切尔
Mite, Mattew 迈特,马修
Mond 蒙德
Mombert 莫伯特

Money, Chiozza 玛尼,齐奥扎
Moore 穆尔
Morgenroth 摩根罗斯
Morison, Theodore 莫里森,西奥多
Muckerjee 马克吉
Mukerjee 慕克吉
Mundella 芒代拉
Munsterberg 芒斯特伯格

N

Newsholme 纽肖尔姆
Nicefero 尼斯法罗
Nicholson 尼科尔森

O

Owen 欧文

P

Paish, George 佩什,乔治
Pareto 帕累托
Pearson, Karl 皮尔逊,卡尔
Pelham 佩勒姆
Plunkett, Horace 普伦基特,霍勒斯
Poincaré, P. 庞加莱,P.
Porter 波特
Prato 普拉托
Preece, W. H. 普里斯,W. H.
Price, L. L. 普赖斯,L. L.
Pringle, Messrs 普里格尔,梅斯尔斯
Proud 普劳德
Punnett 庞尼特

R

Raiffeisen 雷费森
Ramsey 拉姆齐
Rathbone 拉思伯恩
Rathenau, Walter 拉塞瑙,沃尔特
Raynaud 雷诺
Reckitt 雷凯特
Riesser 里塞尔
Ripley 里普利
Rignano 里格纳诺
Rosebery 罗斯伯里
Rothschild 罗思柴尔德
Rousiers, de, M. 德鲁西耶,M.
Rowe 罗
Rowntree 朗特里
Russell 罗素
Ryan 瑞安

Q

Quaintance 奎因坦斯

S

Sankey, Justice 桑基,贾斯蒂斯
Sauerbeck 索耶贝克
Schiller 席勒
Schlichter 施利奇特
Schloss 施洛斯
Schultze 舒尔策
Schuster 舒斯特
Schmoller 施莫勒
Shann 香恩
Shaw 肖
Shaw Bernard 萧伯纳
Sidgwick 西奇威克
Smart 斯马特
Smith, Adam 斯密,亚当
Smith, H. Llewellyn 史密斯,H. 卢埃林
Smith-Gordon 史密斯—戈登
Snowden 斯诺登
Sombart, A. G. 松巴特,A. G.
Speenhamland 斯皮汉姆兰
Squire 斯夸尔
Stamp, Josiah 斯坦普,乔西亚
Staples 斯特普尔斯

图书在版编目(CIP)数据

福利经济学

商务印书馆出版

商务印书馆发行

ISBN 978-7-100-14161-1

图书在版编目(CIP)数据

福利经济学.上下卷/(英)阿瑟·塞西尔·庇古著;朱泱,张胜纪,吴良健译.—北京:商务印书馆,2017
(汉译世界学术名著丛书:120年纪念版:珍藏本)
ISBN 978-7-100-14161-1

Ⅰ.①福… Ⅱ.①阿… ②朱… ③张… ④吴… Ⅲ.①福利经济学 Ⅳ.①F061.4

中国版本图书馆CIP数据核字(2017)第139293号

汉译世界学术名著丛书
(120年纪念版·珍藏本)
福利经济学
上下卷
〔英〕阿瑟·塞西尔·庇古 著
朱 泱 张胜纪 吴良健 译

商 务 印 书 馆 出 版
(北京王府井大街36号 邮政编码100710)
商 务 印 书 馆 发 行
南京爱德印刷有限公司印刷
ISBN 978-7-100-14161-1

2017年12月第1版 开本710×1000 1/16
2017年12月第1次印刷 印张55¾
定价:263.00元